Deliktische Haftung für das Fehlverhalten Dritter im Com-

Studien zum vergleichenden und internationalen Recht -
Comparative and International Law Studies

Herausgeber: Bernd von Hoffmann, Erik Jayme
und Heinz-Peter Mansel

Band 140

PETER LANG
Frankfurt am Main · Berlin · Bern · Bruxelles · New York · Oxford · Wien

Jens Engelmann-Pilger

Deliktische Haftung für das Fehlverhalten Dritter im Common Law

PETER LANG
Internationaler Verlag der Wissenschaften

Bibliografische Information der Deutschen Nationalbibliothek
Die Deutsche Nationalbibliothek verzeichnet diese Publikation in der Deutschen Nationalbibliografie; detaillierte bibliografische Daten sind im Internet über <http://www.d-nb.de> abrufbar.

Zugl.: Passau, Univ., Diss., 2007

D 739
ISSN 0930-4746
ISBN 978-3-631-56732-6

www.peterlang.de

Vorwort

Schon zu Anfang der Arbeit bin ich in leichter Verlegenheit. Denn ich sehe Fragen voraus wie: Inwiefern kann ein deutscher Beitrag zum englischen Recht zu irgendetwas nützlich sein? Oder etwa: Was ist so bemerkenswert an den dargestellten Entwicklungen, dass Sie gerade darüber schreiben? Für mich ist dieses Thema durchaus beachtenswert. Und ich hoffe, dass sich die Leser nach der Lektüre diesem Urteil anschließen können.

Ich möchte mich an dieser Stelle bei allen bedanken, die die Höhen und Tiefen der Entstehung und Fertigstellung der Arbeit mit durchlebt haben. In erster Linie bin ich Herrn Prof. Dr. Hau zu großem Dank verpflichtet, der die Arbeit als Dissertation betreut hat und ohne dessen tatkräftige und äußerst hilfreiche Unterstützung, auch schon im Vorfeld, diese Dissertation nicht realisiert worden wäre. Außerdem habe ich Herrn Prof. Dr. Schurig für die zügige und wohlwollende Erstellung des Zweitgutachtens zu danken. Ferner freue ich mich auch, von den Herausgebern, Prof. Dr. Mansel, Jayme und Hoffmann, in ihre Schriftenreihe aufgenommen worden zu sein. Vor allem möchte ich meinen Eltern danken, die mir den Studienaufenthalt in Neuseeland ermöglicht haben, der mich zu dieser Arbeit angeregt hat.

Inhalt

A. Einleitung

Es scheint einem tiefverwurzelten Gefühl im Rechtsverkehr zu entsprechen, dass derjenige, der sich Hilfspersonen für seine eigenen Zwecke bedient, auch für die Schäden, die sie dabei verursachen, einstehen soll. Ungeachtet der jeweiligen Ausgestaltung kann vermutet werden, dass jede zivilisierte Rechtsordnung für diesen Fall eine Regelung bereit hält.

Im Common-Law-Rechtskreis übernimmt *vicarious liability* – zu übersetzen in etwa mit „stellvertretende Haftung" – diese Rolle. Mit dieser Rechtsfigur kann einem Dritten Haftung für das deliktische Verhalten anderer auferlegt werden, auch wenn er selbst an dem von seinen Hilfspersonen verursachten Schaden schuldlos war. Es handelt sich also bei *vicarious liability* aus Sicht des Prinzipals um eine strikte Haftungsform. Er haftet aufgrund seiner Eigenschaft als Geschäftsherr (*master*) für die Delikte seiner Gehilfen (*servants*), die diese in Ausübung der ihnen übertragenen Tätigkeit (*in the course of the employment*) begehen.

I. *Vicarious liability* im Common Law

Vicarious liability nimmt eine zentrale Rolle im Haftungssystem des Common Law ein und wird heute nicht mehr generell in Frage gestellt.[1] Die Grenzen zwischen unmittelbarer Haftung des Geschäftsherrn und *vicarious liability* sind allerdings aus zwei Gründen verschwommen. Zum einen kann der Geschäftsherr auch im Common Law parallel selbständig für fahrlässige Auswahl, Einweisung oder Überwachung von Hilfspersonen haften. Insbesondere bei möglichen Unterlassungen des Geschäftsherrn lässt sich oft nur schwer feststellen, ob die Haftung nun auf eigenem oder fremdem Fehlverhalten beruht.[2] Zum anderen existiert noch ein weiteres Rechtsinstitut, dessen Anwendungsbereich sich teilweise mit dem von *vicarious liability* überschneidet. Das etwas diffuse Konzept der *non-delegable duties*, das im Folgenden noch näher betrachtet wird, bietet ebenfalls eine deliktsrechtliche Möglichkeit, jemanden für die Fahrlässigkeit eines Dritten verantwortlich zu machen. Darüber hinaus wird in bestimmten Fällen auch *vicarious liability* für den nur schwer bestimmbaren Kreis von *agents* im deliktsrechtlichen Sinne angenommen. Auch hier ist manches unklar und bedarf einer gesonderten Erörterung.

Die dogmatische Natur von *vicarious liability* hat vor Jahrzehnten Anlass zu juristischen Kontroversen gegeben.[3] Auf den ersten Blick stellt sich *vicarious liability* als ein Rechtsinstitut dar, mit dem das Delikt eines *servants* dem *master* zugerechnet werden kann: Der *servant* verwirklicht also ein eigenes Delikt, für

---

[1] Zuletzt von *Baty*, Vicarious Liability (1916).
[2] *Atiyah*, Vicarious Liability in the Law of Torts, S. 4.
[3] *Atiyah*, a.a.O., S. 6.

das dann der *master* ebenfalls haftet. Und dies ist auch unter dem Namen der *servant's tort theory* die gängige Erklärung. Alle Fälle von *vicarious liability* lassen sich damit jedoch nicht erklären. So hat ein Geschäftsherr auch schon für unerlaubte Handlungen seiner Verrichtungsgehilfen haften müssen, die gegen diese keine durchsetzbaren Ansprüche begründeten.[4] Ferner ist in einem vielbeachteten Fall die These vertreten worden, *vicarious liability* setze die Verletzung einer eigenen Pflicht des Geschäftsherrn voraus.[5] So hat sich eine gegensätzliche Betrachtungsweise, die sogenannte *master's tort theory*, herausgebildet, die davon ausgeht, dass der *master* eigentlich für ein eigenes Delikt hafte. Die Diskussion hat nicht zu einem besseren Verständnis von *vicarious liability* beigetragen, und daher ist es nicht verwunderlich, dass sie in der Zwischenzeit nicht mehr aufgelebt ist. Sie bewegt sich auf einer so abstrakten Ebene, dass sie kaum hilfreich bei der Lösung konkreter Fälle sein kann, insbesondere bei den Fragen, wann eine hinreichende Beziehung zwischen *master* und *servant* oder zwischen der aufgetragenen Arbeit und der schadensstiftenden Handlung besteht.

Vielmehr hat sich das Augenmerk in den meisten Common-Law-Jurisdiktionen auf eine lebhafte und breite rechtspolitische Diskussion über die Ziele und die Rechtfertigung von *vicarious liability* verlagert. Die Antworten sind unterschiedlich ausgefallen und lassen vielerorts eine klare Linie vermissen. In der Vielzahl der Entscheidungen und der kontrovers geführten Debatte spiegelt sich aber auch die Komplexität der Streitpunkte wider. Und auch wenn die einzelnen Common-Law-Jurisdiktionen keinen einheitlichen Weg einschlagen, lassen sich doch bestimmte Tendenzen aufzeigen, die die Entwicklung von *vicarious liability* in den letzten Jahren bestimmt haben und in nächster Zeit bestimmen werden. Auch auf das deutsche Recht könnte sich der eine oder andere Aspekt dieser Diskussion als ein positiver Impuls auswirken.

II. Die rechtsvergleichende Perspektive

Aus deutscher Sicht ist *vicarious liability* aber deshalb schwer fassbar, weil im deutschen Deliktsrecht eine Haftung nach dem Muster von *vicarious liability* nach wie vor die Ausnahme ist. Hier stellt nämlich § 831 BGB, der persönliches Verschulden des Geschäftsherrn voraussetzt, die zentrale Vorschrift dar. Daneben kann sich eine strengere Haftung aus spezialgesetzlichen Regelungen wie beispielsweise § 1 Abs. 1 S. 1 Produkthaftungsgesetz oder aber für öffentlich-rechtliche Körperschaften aus § 839 BGB, Art 34 S. 1 GG ergeben. § 831 BGB könnte zwar eine mit *vicarious liability* vergleichbare Rolle einnehmen. Aber aufgrund des Verschuldenserfordernisses, auf dem die Verfas-

---

[4] *Broom v. Morgan* [1953] 1 Q.B. 597.

[5] So z.B. *Uthwatt J.*, in *Twine v. Bean's Express Ltd.* [1946] 1 All E.R. 202; *Lord Hobhouse*, in *Lister v. Hesley Hall Ltd.* [2001] 2 All E.R. 769, 789-792.

ser des BGB unter fälschlicher Berufung auf das römische Recht und zur Schonung kleinerer Betriebe bestanden,[6] hat sich diese Vorschrift als notorisch schwach und unglücklich erwiesen und ist vielfach umgangen worden. Und das ist auch ein charakteristischer Zug des übrigen allgemeinen deutschen Deliktsrechts.[7]

Auf den ersten Blick scheint § 831 BGB zumindest in der Hinsicht weiter zu gehen als *vicarious liability*, als er kein Verschulden des Verrichtungsgehilfen voraussetzt. Dabei handelt es sich aber nur um einen scheinbaren Unterschied. Auch hier ist unabhängig von der Frage, welcher der beiden Rechtswidrigkeitstheorien man sich anschließt,[8] das Verschulden grundsätzlich erforderlich.[9] Und bei dem verbleibenden, theoretisch unterschiedlich zu behandelnden Fall fehlender Deliktsfähigkeit des Verrichtungsgehilfen[10] wird der Geschäftsherr in aller Regel ohnehin bei der Auswahl kompetenten Personals oder der sorgfältigen Überwachung versagt haben, so dass er auch im Common Law für eigene Fahrlässigkeit haften würde. § 831 BGB beschreibt vielmehr ein restriktiveres Haftungsregime als *vicarious liability*, weil er eben von dem Erfordernis persönlichen Verschuldens auf Seiten des Geschäftsherrn ausgeht. Auch wenn das Verschulden vermutet wird und harte Anforderungen an den Entlastungsbeweis gestellt werden,[11] so lässt sich diese Möglichkeit jedenfalls damit nicht ausschließen. Insbesondere hat die Rechtsprechung im Rahmen von § 831 BGB den „dezentralisierten Entlastungsbeweis" zulassen müssen.[12]

In eine rechtsvergleichende Betrachtung müssen deshalb auch andere Bestimmungen und Rechtsfiguren miteinbezogen werden, mit denen Rechtsprechung und Literatur die Lücken füllen, die durch die allgemein als unbefriedigend empfundene Regelung des § 831 BGB aufgerissen wurden. Zunächst kompensiert das Deliktsrecht diese Defizite teilweise selbst. So wird zum Beispiel die Produzentenhaftung über §§ 823, 31 BGB geregelt. Richterrechtlich ist hier die Figur des Organisationsmangels[13] und ferner eine Beweislastumkehr

---

[6] Vgl. z.B. *Zimmermann*, The Law of Obligations (1996), S. 1118-1122; *Zweigert/Kötz*, Rechtsvergleichung, S. 633 f.

[7] Vgl. beispielsweise *Markesinis/Unberath*, The German Law of Torts, S. 703 ff.

[8] Ausführlich *Staudinger-Belling/Eberl-Borges*, § 831, Rn. 67-78. Nach der Lehre vom Handlungsunrecht scheidet eine Haftung dann ohnehin aus. Nach der Lehre vom Erfolgsunrecht ist dies zwar nicht der Fall, die Haftung scheitert aber dann nach allgemeiner Ansicht aus anderen Gründen.

[9] Nach *Medicus*, Bürgerliches Recht, Rn. 782 ist bei fehlendem Verschulden die Kausalitätsvermutung von § 831 Abs. 1 S. 2 BGB widerlegt. Für *Palandt-Sprau*, § 831, Rn. 10 scheidet eine Haftung nach § 831 BGB aus Schutzzweckerwägungen aus. Die herrschende Meinung lehnt schon die Rechtwidrigkeit ab; vgl. HKommBGB-*Dörner*, § 831 Rn. 8; BGHZ 24, 21, 29 (der Straßenbahnfall); BGH NJW-RR 1992, 533, 533; OLG Hamm NJW-RR 1998, 1402, 1402; *Kötz/Wagner*, Deliktsrecht, Rn. 288.

[10] Ebenso, wenn der Gehilfe einer Gruppe angehört, an die verminderte Sorgfaltsanforderungen gestellt werden.

[11] Vgl. im einzelnen *Staudinger-Belling/Eberl-Borges*, § 831, Rn. 93-122.

[12] BGHZ 4, 1, 2f.; 11, 151, 153 ff.

[13] BGHZ 24, 200, 212 f.; HKommBGB-*Dörner*, § 31, Rn. 6.

eingeführt worden.[14] Der dezentralisierte Entlastungsbeweis ist in diesem Kontext nicht möglich. Darüber hinaus ist auch § 31 BGB im Laufe der Zeit auf einen wachsenden Personenkreis[15] und Kreis von Gesellschaften angewandt worden.[16]

Trotz allem legt das deutsche Deliktsrecht aber eher strikte Maßstäbe an die Haftung an. Es kennt nämlich nur sehr beschränkte Möglichkeiten der Zurechnung. Ferner ignoriert § 823 Abs. 1 BGB als zentrale Deliktsrechtsnorm reine Vermögensschäden völlig. Dies ist allgemein als bedauerlich empfunden[17] und über das Vertragsrecht korrigiert worden. Seine wohl harmloseste Erweiterung liegt in der Aufnahme der Schutzpflichten in das vertraglich geschuldete Pflichtenprogramm (heute § 241 Abs. 2 BGB),[18] deren Vorteile insbesondere in dem Zusammenspiel mit der Beweislastumkehr des § 280 Abs. 1 S. 2 BGB und § 278 S. 1 BGB liegen. Weiterhin sind gesetzlich oktroyierte vertragsähnliche Schuldverhältnisse, die quasivertraglichen Schuldverhältnisse, geschaffen worden.[19] Über die *culpa in contrahendo* (heute § 311 Abs. 2 BGB)[20] und auch mit der Figur des (inzwischen in § 311 Abs. 3 BGB erwähnten) Vertrages mit Schutzwirkungen zugunsten Dritter[21] wird der geschützte Personenkreis erheblich erweitert. Hier kommt dann selbstverständlich eine Zurechung fremden Verschuldens über § 278 S. 1 BGB in Betracht. Ferner ist so auch der Ersatz reiner Vermögensschäden möglich, insbesondere über die Figur der Sachwalterhaftung.[22]

Alle diese Rechtsfiguren und Vorschriften müssen bei rechtsvergleichenden Betrachtungen zusätzlich beachtet werden. Im Folgenden werden rechtsvergleichende Anmerkungen also auf deutscher Seite auch quasivertragliche Schuldverhältnisse berücksichtigen, um dem Umfang von *vicarious liability* gerecht zu werden. Ferner umfasst *vicarious liability* auch die Haftung öffentlich-rechtlicher Körperschaften, so dass vereinzelt auch auf § 839 BGB, Art 34 S. 1 GG eingegangen wird.

Obwohl die unbefriedigende Rechtslage in Deutschland durchaus einen gesetzgeberischen Eingriff gerechtfertigt hätte, sind entsprechende Schritte bislang unterblieben. Der vielversprechende Versuch von 1967, § 831 BGB dergestalt zu reformieren, dass er mit *vicarious liability* auf einer Linie gewesen

---

[14] BGHZ 51, 91, 104 f.; 116, 60, 72 f.; *Fuchs*, Deliktsrecht, S. 111 ff.

[15] *Kötz/Wagner*, Deliktsrecht, Rn. 302; HKommBGB-*Dörner*, § 31, Rn. 5.

[16] Zuletzt mit der analogen Anwendung von § 831 BGB auch auf die GbR in BGHZ 154, 88, 93 ff (24.02.2003).

[17] Vgl. *Medicus*, Bürgerliches Recht, Rn. 783; *Markesinis/Unberath*, The German Law of Torts, S. 701.

[18] Vgl. *Kötz/Wagner*, Deliktsrecht, Rn. 309; RGZ 66, 289, 291.

[19] Diese wurden zunächst richterrechtlich ausgestaltet und sind seit der Schuldrechtsmodernisierung 2002 teilweise gesetzlich geregelt.

[20] In der Rechtsprechung erstmals 1912 in dem berühmten Linoleumfall, RGZ 78, 239, anerkannt.

[21] Ausführlich dazu *Staudinger-Belling/Eberl-Borges*, § 831, Rn. 31-33.

[22] HKommBGB-*Schulze*, § 311, Rn. 19.

wäre,[23] ist erfolglos geblieben. Ferner hat § 831 BGB auch die Schuldrechtsmodernisierung sowie die Schadensrechtsnovelle aus dem Jahre 2002 unbeschadet überstanden. Dennoch wird sich das deutsche Recht im Zuge der Harmonisierung des europäischen Deliktsrechts *vicarious liability* auf Dauer nicht mehr verschließen können. § 831 BGB steht nämlich gegenüber den weitgehend inhaltsgleichen Konzepten des französischen Rechts[24] und des Common Law auf verlorenem Posten.[25] Ferner ist *vicarious liability* – anders als § 831 BGB für das deutsche Recht – ein fundamentaler Bestandteil des Common Law und deshalb schon aus rechtskundlicher Sicht von Bedeutung.

III. Der Gang der Untersuchung

Die rechtsvergleichende Literatur hat erst kürzlich wieder das Thema der deliktischen Haftung für Hilfspersonen im Rahmen der vorbereitenden Arbeiten für eine Harmonisierung des europäischen Deliktsrechts aufgegriffen.[26] Dabei wird bezüglich des Common Law freilich vor allem dem englischen Recht und auch diesem nur in seinen Grundzügen Beachtung geschenkt. Das Ziel dieser Arbeit ist es deshalb, vertieft die Ausgestaltung der Gehilfenhaftung im Common Law herauszuarbeiten. Die rechtsvergleichenden Anmerkungen treten dabei in den Hintergrund und sollen vor allem der besseren Orientierung und dem Verständnis dienen. Hier bedürfen die bereits existierenden Arbeiten von Zweigert/Kötz[27] und Wicke[28] keinerlei Ergänzungen, zumal auch das deutsche Recht auf diesem Gebiet in den letzten Jahren im Wesentlichen unverändert geblieben ist. Vielmehr sollen neben Großbritannien insbesondere auch Kanada, Australien und Neuseeland sowie US-amerikanische Literatur und einzelne US-amerikanische Jurisdiktionen berücksichtigt werden. Dies bietet sich schon deshalb an, weil sich diese Länder in ihrer teilweise unterschiedlichen Behandlung bestimmter Fragen gegenseitig inspirieren und beeinflussen und somit die einzelnen Probleme klarer zu Tage treten. Darüber hinaus sind die Entwicklungen der letzten Jahre bislang in der rechtsvergleichenden Literatur unberücksichtigt geblieben.

---

[23] Bundesministeriums der Justiz, Referentenentwurf eines Gesetzes zur Änderung und Ergänzung schadensrechtlicher Vorschriften, 1967, Bd. I, S. 4. Der Entwurf lautete: „*Wer einen anderen zu einer Verrichtung bestellt, ist, wenn der andere in Ausführung der Verrichtung durch eine vortsätzlich oder fahrlässig begangene unerlaubte Handung einen Dritten einen Schaden zufügt, neben dem anderen zum Ersatz des Schadens verpflichtet.*“ Er sollte den bisherigen § 831 BGB vollständig ersetzen.

[24] Vgl. Art 1384 Code Civil. Im italienischen Recht entspricht dem Art 2049 Codice Civile.

[25] Andere Länder, wie z.B. Schweden, Finnland und Japan, haben § 831 BGB entsprechende Regelungen bereits zugunsten einer strengeren Haftung i.S.d. Common Law aufgegeben; *Staudinger-Belling/Eberl-Borges*, § 831, Rn. 134.

[26] *Van Gerven*, Tort Law; *Markesinis/Unberath*, The German Law of Torts; *Spier*, Unification of Tort Law: Liability for Damage Caused by Others.

[27] Rechtsvergleichung, insbesondere § 41 Haftung für Leute, S. 632 ff.

[28] Respondeat Superior.

Hier ist das ohnehin schon unüberschaubare Fallrecht zu *vicarious liability* nicht nur kontinuierlich gewachsen, sondern in großen Teilen de facto „neu geschrieben worden".[29] Zum Beispiel hat eine bahnbrechende kanadische Entscheidung die erforderliche Verbindung zwischen Delikt und der Anstellung grundlegend neu definiert.[30] Diese Entscheidung ist in Australien auf erbitterten Widerstand gestoßen,[31] während sie vom House of Lords akzeptiert[32] und in Hong Kong, eventuell zu euphorisch, übernommen wurde.[33] Damit hat eine dogmatische Entrümpelung und Neuausrichtung eingesetzt, die selbst vor alt-ehrwürdigen, etablierten Formeln nicht halt macht und auch für das deutsche Recht von Interesse ist. Zum einen könnte diese Entwicklung auch den deutschen Gerichten und dem Gesetzgeber einen Anstoß geben.[34] Zum anderen wird sie wieder im Zuge der Harmonisierung des Deliktsrechts Bedeutung erlangen. Daher wird in dieser Arbeit neben einer ausführlichen Darstellung von *vicarious liability* und verwandten Rechtsinstituten ein Schwerpunkt auf die neueren und teilweise tiefgreifenden Veränderungen dieser Haftungsfigur gelegt.

---

[29] *Glofcheski*, A frolic in the law of tort: Expanding the scope of employer's vicarious liability, Tort L.Rev. 12 (2004), 18, 18.
[30] *Bazley v. Curry* [1999] 2 S.C.R. 534.
[31] *New South Wales v. Lepore; Samin v. Queensland; Rich v. Queensland* (2003) 195 A.L.R. 412.
[32] *Lister v. Hesley Hall Ltd.* [2001] 2 All E.R. 769.
[33] *Ming An Insurance Co. (HK) Ltd. v. Ritz-Carlton Ltd.* [2003] 1 H.K.C. 225.
[34] Vgl. etwa *Fuchs*, Deliktsrecht, S. 154, zu der Frage, was in die *Ausführung der Verrichtung* fällt: „Sichere Abgrenzungskriterien wurden hierfür bislang nicht gefunden."

B. Geschichtlicher und rechtspolitischer Hintergrund

Vicarious liability – insbesondere in Nordamerika auch häufig als *doctrine of respondeat superior* bezeichnet – ist ein Rechtsinstitut, das nun schon seit geraumer Zeit im Common Law verankert ist. Auch wenn seine Ursprünge weitgehend ungeklärt bleiben, wird es im allgemeinen als berechtigt angesehen, den Geschäftsherrn für das Fehlverhalten seiner Gehilfen aufkommen zu lassen. Ausgehend von diesem Konsens sind die Umstände, unter denen *vicarious liability* entstehen soll, nicht eindeutig und haben sich in den letzten Jahrhunderten stark verändert.

I. Geschichtlicher Hintergrund

Die Entstehung von *vicarious liability* liegt nach wie vor im Dunkeln.[35] Holmes leitet die Rechtsfigur von einer Erscheinung des Römischen Rechts, der Noxalhaftung, ab. Hiernach war der *pater familias* verpflichtet, seinen Sklaven an die von diesem geschädigte Partei auszuhändigen, so dass das Opfer Rache für die erlittenen Schäden nehmen konnte.[36] Wigmore verfolgt *vicarious liability* dagegen auf das Germanische Recht zurück.[37] Ihm zufolge konnte das Familienoberhaupt eine Blutfehde nur durch die Herausgabe des Schädigers abwenden. Dies führte allmählich zu der Regel, dass das Familienoberhaupt durch die Herausgabe auch der (zivilrechtlichen) Entschädigungspflicht entging.[38] Abgesehen von dieser Kontroverse besteht Einigkeit, dass im Mittelalter englisches Recht eine strikte Haftung des *masters* für seine *servants* vorsah.[39] Diese Haftung beschränkte sich nicht nur auf Sklaven oder Leibeigene, sondern erstreckte sich auf den gesamten Haushalt und schloss daher sowohl Familienangehörige als auch alle Angestellten und den Tierbestand mit ein. Nur *criminaliter* konnte der *master* der Haftung entgehen, wenn er die fragliche Handlung weder befohlen, noch ihr zugestimmt hatte.[40]

Der Niedergang des Feudalsystems führte zu der ersten signifikanten Veränderung dieses Konzepts in der niedergeschriebenen englischen Rechtsgeschichte.[41] Da ein *servant* nicht mehr zum Eigentum seines *masters* gehörte,

---

[35] Z.B. *James*, Vicarious Liability, Tul.L.Rev. 28 (1954), 161, 164 ff.

[36] *Holmes*, The Common Law, S. 15. Der *pater familias* war dann berechtigt, selbst den Schaden zu ersetzen und den Sklaven damit zurückzuerlangen.

[37] *Wigmore*, Responsibility for Tortious Acts: Its History II, Harv.L.Rev. 7 (1894), 383, 383. Unter Rechtshistorikern scheint sich diese Ansicht durchgesetzt zu haben; vgl. *James*, Vicarious Liability, Tul.L.Rev. 28 (1954), 161, 164 f. und *Flannigan*, Enterprise Control: The Servant-Independent Contractor Decision, U.Tor.L.J. 37 (1987), 25, 29 mit einem Überblick.

[38] *Wigmore*, Responsibility for Tortious Acts: Its History I, Harv.L.Rev. 7 (1894) 315, 330 f.

[39] *Wigmore*, a.a.O., 335; *Holdsworth*, A History of English Law Volume III, S. 382; *Holmes*, The Common Law, S. 20; *Fleming*, The Law of Torts, S. 409.

[40] *Wigmore*, Responsibility for Tortious Acts: Its History I, Harv.L.Rev. 7 (1894) 315, 335.

[41] *Fleming*, The Law of Torts, S. 409.

konnte er nicht ohne weiteres mit jenem gleichgesetzt werden. Aus diesem Grund – und wegen der „semi-strafrechtlichen Natur“[42] des *tort of trespass* – fanden die bislang nur strafrechtlich relevanten Gesichtspunkte wie Zustimmung und Anweisung auch Eingang in das Zivilrecht. Beginnend im 14. Jahrhundert, hatte es sich im 16. Jahrhundert dann durchgesetzt, dass ein *master* nur für die Delikte seiner *servants* belangt werden konnte, die er angeordnet oder aber zumindest (nachträglich) genehmigt hatte[43] („Qui facit per alium, facit per se“). Dem frühmittelalterlichen Prinzip der absoluten Haftung folgte also ein restriktives Haftungsregime, das als *command theory*[44] oder *concept of particular command*[45] in die Geschichtsbücher einging. Da in diesen Tagen Unternehmen in kleinen und überschaubaren Einheiten auftraten, konnte man davon ausgehen, dass die meisten Aktivitäten der Gehilfen wohl durch Anordnungen gedeckt waren. Das Erfordernis, eine solche explizite Anordnung oder Genehmigung zu beweisen, schränkte die Haftung jedoch erheblich ein.[46]

Am Ende des 17. Jahrhunderts begann ging die Entwicklung wieder in die andere Richtung, als die Nachteile der *command theory* unübersehbar wurden. Der industrielle Wandel führte zu komplexeren Arbeitsabläufen und größeren Betriebsstrukturen, die die Vermutung einer konkreten Anordnung in vielen Fällen nicht mehr erlaubten.[47] Parallel dazu dehnten die Common-Law-Gerichte ihre Jurisdiktion auf ein weites handelsrechtliches Feld aus, das bis dahin dem Court of Admiralty unterstand.[48] Dieses Gericht hatte ausgehend vom Römischen Recht seit je her ein weitergehendes Konzept für die deliktische Haftung für Dritte angewandt.[49] Angesichts des sozialen und wirtschaftlichen Wandels sowie der neuerworbenen handelsrechtlichen Gerichtsbarkeit überdachten die Common-Law-Gerichte ihre Einstellung zu *vicarious liability* und läuteten – insbesondere unter Federführung von Holt C.J.[50] – die moderne Phase dieser Rechtsfigur ein. Interessanterweise wurden damals auch in der heutigen Zeit vertraute Kriterien entwickelt, wie zum Beispiel die Fragen, wer von der frag-

---

[42] *Holdsworth*, A History of English Law Volume III, S. 383.
[43] *Seaman v. Browing* 4 Leon. 123 (1589); *Waltham v. Mulgarm* Moore (K.B.) 776 (1606).
[44] *Fleming*, The Law of Torts, S. 409.
[45] *Wigmore*, Responsibility for Tortious Acts: Its History II, Harv.L.Rev. 7 (1894), 383, 392.
[46] *Southern v. How* (1618) Cro. Jac. 468. Dargestellt von *Wigmore*, a.a.O. Von dieser Regel wichen Gerichte aber schon damals großzügig ab, wenn *„extra-hazardous“* Aktivitäten wie das Legen eines Brandes auf dem Grundstück des *masters* hinzutraten: *Holdsworth*, A History of English Law Volume VIII, S. 476.
[47] *Fleming*, The Law of Torts, S. 409; *Wigmore*, Responsibility for Tortious Acts: Its History II, Harv.L.Rev. 7 (1894), 383, 392 f.
[48] *Holdsworth*, A History of English Law Volume III, S. 387.
[49] *Holdsworth*, A History of English Law Volume VIII, S. 250-253.
[50] *Wigmore*, Responsibility for Tortious Acts: Its History II, Harv.L.Rev. 7 (1894), 383, 398; *James*, Vicarious Liability, Tul.L.Rev. 28 (1954), 161, 165.

lichen Handlung profitiert habe,[51] wer die Handlung autorisiert habe[52] und welche von zwei schuldlosen Parteien den Schaden eher tragen solle.[53] Als Ergebnis der gerichtlichen Bemühungen, eine befriedigende theoretische Grundlage für *vicarious liability* zu schaffen, wurde zwischenzeitlich die *doctrine of implied command* angewandt. Blackstone analysierte um 1765: „A master is answerable for the act of his servant, if done by his command, either expressly given or implied. […] [W]hatever a servant is permitted to do in the usual course of his business, is equivalent to a general command."[54]

Nachdem die Notwendigkeit einer ausdrücklichen Autorisierung aufgegeben worden war, gelangten die Gerichte unausweichlich zu der Formulierung von *scope* (oder *course*) *of employment* (oder *authority*)" als verbindendes Element zwischen Delikt und Anstellung.[55] Auch wenn sich dieser letzte Schritt nicht auf den Umfang der Haftung auswirkte,[56] trug die neue Formulierung zu dogmatischer Klarheit bei. Gegen Ende des 18. Jahrhunderts wurde nämlich deutlich, dass *vicarious liability* seinen Platz im Deliktsrecht und nicht etwa im (vertraglichen) Vertretungsrecht hat. Weil *implied command* dem *law of agency* entliehen war,[57] schwenkten die Gerichte zu der neuen Formulierung *in the course of employment* über, die immer noch gültiges Recht ist. Dass diese Formel solange überdauert hat, sollte aber nicht darüber hinwegtäuschen, dass sich ihr Inhalt stetig verändert. Auch heute ist nicht immer klar, was innerhalb und was außerhalb des von dieser Formel beschriebenen Bereiches liegt. Gelegentlich haben Gerichte daher auch auf den noch abstrakteren Begriff „*close connection*"[58] zurückgegriffen, der nicht viel mehr als die Funktion dieses Tatbestandmerkmals bezeichnet.[59]

Mit der veränderten Intensität moderner Arbeitsverhältnisse hat sich auch die Klasse der *servants* inhaltlich erheblich gewandelt.

---

[51] *Holt C.J.*, in *Turberville v. Stampe* (1698) 1 Ld. Raym. 264: „[T]hough [the servant] had no express command of his master, yet the master shall be liable […]; for it shall be intended that the servant had authority from his master, it being for his master's benefit."

[52] Z.B. *Holt C.J.*, in *Middleton v. Fowler* (1699) 1 Salk. 282: „[…] but when [the servant] acts in execution of the authority given by his master, and then the act of the servant is the act of the master […]."

[53] *Hern v. Nichols* (1709) 1 Salk. 289: „Holt, C.J., was of the opinion that the mercant was answerable […]; for seeing somebody must be a loser by this deceit, it is more reason that he that employs and puts trust and confidence in the deceiver should be a loser, than a stranger […]."

[54] *Blackstone*, Commentaries on the Laws of England Volume I, Rn. 429.

[55] Vgl. z.B.: *Savignac v. Roome* (1795) 6 T.R. 125.

[56] *Holdsworth*, A History of English Law Volume VIII, S. 477 f. In frühen US-amerikanischen Fällen wurde die *implied command rule* allerdings so verstanden, dass Haftung für vorsätzliche Delikte ausgeschlossen war; *Weber*, 'Scope of Employment' Redifined: Holding Employers Vicariously Liable for Sexual Assaults Committed by Their Employees, Minn.L.Rev. 76 (1992), 1513, 1516.

[57] *Holdsworth*, A History of English Law Volume VIII, S. 478.

[58] *Feldhusen*, Vicarious Liability For Sexual Abuse, Tort L.Rev. 9 (2001), 173, 173.

[59] Vgl. z.B. *McLachlin J.*, in *Bazley v. Curry* [1999] 2 S.C.R. 534, 557.

Alles in allem hat *vicarious liability* im Laufe der Zeit viele verschieden Formen angenommen, von absoluter Haftung bis hin zum faktischen Ausschluss der Haftung. In jüngerer Zeit haben sich die Haftungsvoraussetzungen wieder verringert. Es genügt ein loserer innerer Zusammenhang zwischen Delikt und Anstellung, der kaum noch mit der etablierten *in the course of employment*-Formel zu fassen ist. Gleichzeitig reicht auch die Klasse der *servants* weit über ihre semantischen Grenzen hinaus. Diese Entwicklung der Rechtsfigur der *vicarious liability* wurde von einer sich generell verändernden Einstellung zu Schäden begleitet. Die Auffassung des aufstrebenden Bürgertums des 19. Jahrhunderts, dass ein Schaden (außerhalb des Verschuldensprinzips) prinzipiell als persönliches Missgeschick aufzufassen sei, wird immer mehr zugunsten des Bedürfnisses nach sozialem Ausgleich revidiert.[60] Im Einklang mit der Erweiterung der Fahrlässigkeitshaftung[61] und strikter Haftung reflektiert auch *vicarious liability* diesen Wandel in der Wertorientierung.

[60] Siehe dazu auch *Fuchs*, Deliktsrecht, S. 4 ff.

[61] Siehe *Cane*, Atiyah's Accidents, Compensation and the Law, S. 148 zu der Objektivierung des Fahrlässigkeitsmaßstabes im englischen Recht, das sich insofern vom Verschuldensprinzip entfernt, als die Vorwerfbarkeit in den Hintergrund tritt.

II. Begriffliche Klärung

Die zu *vicarious liability* gehörenden Begrifflichkeiten sind selbstverständlich von der Geschichte dieser Rechtsfigur geprägt und müssen kurz vorgestellt werden, um Unklarheiten vorzubeugen.

Principal wird als Bezeichnung für die Vertragspartei gebraucht, die die Arbeit der anderen initiiert. Sie schließt also sowohl Geschäftsherren für die deliktische Gehilfenhaftung, den *master*, als auch Auftraggeber für unabhängige Vertragspartner (sogenannte *independent contractors*) ein.

Das Gegenstück zum *master* ist auf der Handelndenseite der *servant*, der Verrichtungsgehilfe. Die Begriffe *employer* (Arbeitgeber) und *employee* (Arbeitnehmer) werden in der Regel synonym zu *master* und *servant* verwendet. Wie sich zeigen wird (näher C I), ist dieser geläufige Sprachgebrauch aber nicht ganz korrekt, weil unter anderem im Bereich von Leiharbeit und Ausbildungsverhältnissen *servants* auftreten, die gerade keine *employees* sind. Dies sind zwar nur Ausnahmeerscheinungen, aber die begriffliche Gleichbehandlung kann hier zu Missverständnissen führen.

Vor dem geschichtlichen Hintergrund ist es auch nicht weiter verwunderlich, dass lange Zeit der Begriff „*agent*" synonym mit *servant* gebraucht wurde. Heute werden diese Begriffe aber im allgemeinen scharf getrennt. *Vicarious liability* für *agents* (vgl. C II) bezeichnet nach dem vorherrschenden Sprachgebrauch Fälle, in denen diese Rechtsfigur für einen Personenkreis zur Anwendung gelangt, der nicht unter den *servant*-Begriff fällt.

Der Gegenbegriff zu *servants* (oder *employees* im gängigen Sprachgebrauch) sind die *independent contractors* (dazu C III). Für diese haftet der *principal* im Rahmen von *vicarious liability* nicht, es sei denn, dass sie als *agents* eingeordnet werden.

III. Rechtspolitischer Hintergrund

Im Folgenden sollen zunächst die jeweils tragenden Erwägungen und Argumentationsmuster untersucht werden, derer sich Rechtsprechung und Literatur bedient haben, um die Doktrin und die einzelnen Entscheidungen zu begründen.

Wie bereits erwähnt, weicht *vicarious liability* von dem Verschuldensprinzip insofern ab, als den Geschäftsherrn (im Gegensatz zum Verrichtungsgehilfen) gerade kein Verschulden treffen muss. Aufgrund dieser Abweichung von dem Verschuldensprinzip, das als naturrechtlich vorgegeben empfunden wird, stellt *vicarious liability* also eine Anomalie dar, die einer Rechtfertigung bedarf.

In diesem Zusammenhang kann schnell festgestellt werden, dass eine monokausale Begründung nicht existiert, die sich auch in einer prägnanten und klaren Regel niedergeschlagen hätte. Auch wenn allgemein anerkannt ist, dass *vicarious liability* auf Fairnesserwägungen basiert, ist mit dieser Aussage nicht viel gewonnen. Es schließt sich nämlich sogleich die Frage an, weshalb die Haftung für das deliktische Verhalten Dritter fair sein soll und warum der Schadenstransfer nach den Grundsätzen von *vicarious liability* den Weg zu einer gerechten und fairen Rechtsdurchsetzung eröffnet.

Zur Begründung der Doktrin von *vicarious liability* sind vielmehr im Laufe der Entwicklung verschiedene Erwägungen angeführt worden, die von den Gerichten und der Literatur in unterschiedlicher Gewichtung immer wieder aufgegriffen werden und die alle teilweise zu ihrer Rechtfertigung beitragen. Atiyah behandelt in seiner bejahrten – aber immer noch führenden – Monographie unter Bezugnahme auf Baty[62] mehrere traditionelle Rechtfertigungsversuche für diese Doktrin. Hinzu kommen neuere Ansätze, insbesondere vertreten von US-amerikanischen Autoren. Auch wenn vorweggenommen werden kann, dass keiner dieser Versuche eine allseits befriedigende theoretische Rechtfertigungsgrundlage schaffen kann, stellen sie doch die zentralen Erwägungen im Zusammenhang mit *vicarious liability* dar.

1. Traditionelle Erklärungsversuche

a. Kontrolle/*control*

Historisch betrachtet hat der Gesichtspunkt der Kontrollmöglichkeit des Geschäftsherrn schon immer die Doktrin der *vicarious liability* begleitet. Bald jedoch wurde man sich bewusst, dass dieser Aspekt die *vicarious liability* zugedachte Funktion nicht in jeder Hinsicht hinreichend begründen kann.

---

[62] *Baty*, Vicarious Liability.

Zum einen greift *vicarious liability* weit über ein Verhältnis hinaus, das sich durch eine Position von Kontrolle einer Partei über eine andere beschreiben ließe. Dies gilt vor allem für die deliktische Haftung für *agents*. Auch sonst kann ein Arbeitgeber nach Gesichtspunkten von *vicarious liability* haftbar sein, ohne dass er seine Arbeitnehmer in dem Sinne kontrollieren kann, dass er ihnen konkrete Weisungen erteilen könnte. Insbesondere im Falle von qualifizierten Arbeitskräften, wie zum Beispiel Ärzten oder Kranfahrern, wurde *vicarious liability* bejaht, obwohl der jeweilige Arbeitgeber keinerlei Einfluss darauf hatte, *was* die Arbeitnehmer im Einzelnen taten oder *wie* sie ihrer Aufgaben erledigten.[63] Daher kann tatsächliche Kontrolle oder die Existenz eines Kontrollrechts nicht das gesamten Anwendungsgebiet von *vicarious liability* erklären. Weiter gefasste Formeln, mit geringeren Anforderungen an das Kontrollrecht helfen deshalb nicht weiter, weil sie Personengruppen miteinbeziehen, die jedenfalls keine *servants* sind, wie zum Beispiel Taxifahrer gegenüber ihren Kunden.

Ferner führt die schlichte Existenz eines Kontroll- oder Weisungsrechts auch nicht in jedem Fall zu der Haftung für die Schäden, die die kontrollierte Person anrichtet. So ist ein Vorarbeiter zum Beispiel nicht ohne weiteres für die Delikte seiner nachgeordneten Arbeiter haftbar.[64]

Schließlich scheint dieser Ansatz darauf abzustellen, dass der Geschäftsherr durch Ausübung seiner Einflussnahmemöglichkeit den Schaden hätte verhindern können. Mit diesem versteckten Schuldvorwurf rückt er in die Nähe des Verschuldensprinzips und kann folglich auch keine Begründung dafür bieten, dass *vicarious liability* gerade kein Verschulden auf Seiten des Geschäftsherrn voraussetzt. Die eigentliche Anomalie dieser Rechtsfigur bliebe daher bei diesem Ansatz unberücksichtigt.

Trotzdem bleibt die Kontrollmöglichkeit eine wichtige Erwägung im Zusammenhang mit *vicarious liability*. Dies ist insbesondere auch deshalb so, weil der Geschäftsherr ohne Kontrolle keine Möglichkeit hätte, vorbeugende Maßnahmen zu ergreifen.[65] Hierin wird ebenfalls einer der wichtigsten Rechtfertigungsgründe für *vicarious liability* gesehen, worauf im Folgenden noch näher eingegangen werden wird.

b. Auswahl und Beaufsichtigung

Außerdem ist der Umstand, dass der Geschäftsherr seine Verrichtungsgehilfen frei auswählen und beaufsichtigen kann, für die Begründung von *vicarious liability* angeführt worden.[66] Der Geschäftsherr hat diese Freiheit so auszuüben,

---

[63] *Cassidy v. Minister of Health* [1951] 2 K.B. 343; *Gold v. Essex County Council* [1942] 2 K.B. 293; *Mersey Dockes and Habour Board v. Coggins & Griffith* [1947] A.C. 1.
[64] *Atiyah*, Vicarious Liability in the Law of Torts, S. 16; *Stone v. Cartwright* (1795), T.R. 411; *Bird v. O'Neal* [1960] A.C. 907, 920.
[65] *Atiyah*, Vicarious Liability in the Law of Torts, S. 16 f.
[66] *Atiyah*, Vicarious Liability in the Law of Torts, S. 19.

dass kein anderer dabei zu Schaden kommt. Daher hat er die Schäden zu ersetzen, die durch die Einstellung inkompetenter Gehilfen oder deren mangelhafte Einweisung oder Beaufsichtigung entstehen. Weil er aber im Rahmen von *vicarious liability* auch bei fehlerloser Auswahl und Beaufsichtigung der Haftung nicht entgehen kann, korrespondiert auch diese Erwägung nicht mit der Konzeption von *vicarious liability*. Sie würde wiederum zu einer direkten – im deutschen Recht § 831 BGB entsprechenden – Fahrlässigkeitshaftung führen, die das Common Law ohnehin vorsieht.[67] Obwohl die Ergebnisse der Konstruktion des deutschen Rechts je nach dem, welche Anforderungen an den Entlastungsbeweis gestellt werden, ähnlich sein können, entspricht dies nicht der gegenwärtigen Konzeption von *vicarious liability*. Daher können Auswahl und Beaufsichtigung nicht als besonders gewichtige Faktoren angesehen werden.

c. Beweisschwierigkeiten

Ferner wird angeführt, dass viele Geschädigte ohne die Doktrin der *vicarious liability* keinen Ersatz für die von ihnen erlittenen Schäden erlangen könnten. Obwohl auch im Falle von *vicarious liability* (fast) immer jemand direkt haftet, würden nämlich oftmals unüberwindbare Beweisschwierigkeiten auftreten.

Eigenes Verschulden des Geschäftsherrn wird oft selbst da, wo es vorliegt, nur schwer zu erkennen oder gar nachzuweisen sein, da der Geschädigte regelmäßig keinen Einblick in Organisationsstruktur, Einstellungs- und Überwachungspraxis sowie Unfallvermeidung hat.

Außerdem tritt gerade im Bereich der Produkt- und Produzentenhaftung das Problem hinzu, dass sich der Verantwortliche häufig schlicht nicht identifizieren lässt. So war wohl in *Donoghue v. Stevenson*[68] nicht zu klären, welcher Mitarbeiter für die Schneckenreste in der Flasche verantwortlich zu machen war. Auch in *Kilgannon v. Sharpe Bros Pty. Ltd.*,[69] ein Fall, in dem eine Getränkeflasche explodierte, wäre der Kläger nicht in der Lage gewesen, denjenigen zu identifizieren, der für die fehlerhafte Herstellung der Flasche oder die fehlerhafte Mischung verantwortlich war. Der Vorteil von *vicarious liability* liegt dann offensichtlich darin, dass eine Klage gegen den Geschäftsherrn schon Erfolg hat,

---

[67] Der britische Sex Discrimination Act 1975 (sec. 41(1)) hat eine solche Arbeitgeberhaftung für Arbeitnehmer geschaffen. Ebenso der (NZ) Human Rights Act 1993 (sec. 68). Hier kann der Arbeitgeber der Haftung nur dadurch entgehen, dass der im Rahmen einer „*all reasonable steps defence*" darlegt, dass er den Vorfall nicht durch vernünftigerweise indizierte Maßnahmen hätte verhindern können. Teilweise wird dies auch als vorzugswürdige Alternative zu *vicarious liability* vertreten (*Townshend-Smith*, Vicarious Liability for Sexual (and other) Assaults, Tort L.Rev. 8 (2000), 108, 127-129).

[68] [1932] A.C. 562.

[69] (1986) 4 N.S.W.L.R. 600.

wenn feststeht, dass jedenfalls ein Verrichtungsgehilfe schuldhaft gehandelt hat.[70]

Es wird damit der Gefahr vorgebeugt, dass der Arbeitgeber von den immer komplexeren Organisationen und Produktionsabläufen profitiert, oder dass er sogar aufgrund einer bewusst undurchsichtigen Organisation der Haftung entgeht. Außerdem wird für ihn ein Anreiz geschaffen, selbst den Verantwortlichen zu identifizieren und gegebenenfalls vorbeugende Maßnahmen zu ergreifen, die unter Umständen seine Verkehrspflichten übertreffen.

In der Vermeidung von Beweisschwierigkeiten liegt sicherlich ein gewichtiger Grund für die praktische Bedeutung von *vicarious liability* im Common Law. Aber die zentrale Frage, warum der Transfer des Schadens auf eine gleichermaßen schuldlose Partei gerechtfertigt sein soll, kann sich nicht allein aus verfahrenstechnischen Schwierigkeiten, die schuldige Partei zu finden, erklären. Wäre dies so, dürfte dem Geschäftsherrn jedenfalls der Entlastungsbeweis nicht verwehrt werden. Die möglichen Beweisschwierigkeiten illustrieren lediglich einige unerwünschte Konsequenzen des Verschuldens-prinzips. Sie können aber nicht die Abweichung davon rechtfertigen. Außerdem können in die erwähnten betrieblichen Abläufe auch selbständige Unternehmer eingebunden sein, für die sich der Auftraggeber auch im Rahmen von *vicarious liability* nicht verantworten müsste.[71]

Folglich können Beweislastschwierigkeiten wohl den Erfolg von *vicarious liability* erklären. Sie können aber weder den Schadenstransfer auf den Geschäftsherrn rechtfertigen, noch deuten sie zwangsläufig auf ein solches Haftungsregime wie *vicarious liability* hin.

d. Nutzen des Geschäftsherrn – *commodum theory*

Als weitere Rechtfertigung für einen solchen Schadenstransfer wird häufig der Umstand genannt, dass der Geschäftsherr von der Tätigkeit seiner Gehilfen profitiert. Wie schon erwähnt geht diese Argumentation (auch als „*commodum theory*“[72] bezeichnet) auf die Zeit von Holt C.J. zurück und findet auch in der heutigen Rechtsprechung Zustimmung.[73]

Nach dieser Auffassung soll der Geschäftsherr in der gleichen Weise an den von seinen Hilfspersonen verursachten Schäden teilnehmen, wie er potentiell von ihrer Tätigkeit profitiert. Der dazugehörige Römische Rechtssatz („*Qui*

---

[70] *Cane*, Atiyah's Accidents, Compensation and the Law, S. 189. Bezüglich des zugrundeliegenden Delikts kommt dem Kläger die sog. „res ipsa loquitur“ Beweislastregel zugute, vgl. *S. Todd*, The Law of Torts in New Zealand, S. 255, 334 f.

[71] *Atiyah*, Vicarious Liability in the Law of Torts, S. 20 ff.

[72] *Williams*, Vicarious Liability and the Master's Indemnity, M.L.R. 20 (1957), 220, 231.

[73] *Duncan v. Findlater* (1839), 6 Cl. & Fin. 894, 909; *Lord Denning*, in *Broom v. Morgan* [1953] 1 Q.B. 597, 608; *Rix L.J.*, in *Viasystems Ltd. v. Thermal Transfer (Northern) Ltd.* [2006] 2 W.L.R. 428, 445.

sentit commodum debit sentire et onus") unterstreicht, dass es sich hierbei um ein „tief-verwurzeltes Gefühl"[74] handelt, das auch die Grundlage für noch strengere Haftungsmaßstäbe wie die Gefährdungshaftung ist. *Vicarious liability*, eine ältere Form einer solchen verschärften Haftung, war schon seit je her von diesem Gedanken durchdrungen.

Trotzdem lässt sich auch dieser Ansatz, die Haftung danach zu bestimmen, wer von einer risikobehafteten Tätigkeit profitiert, nicht vollständig mit *vicarious liability* in Einklang bringen.

Erstens setzt *vicarious liability* voraus, dass eine unerlaubte Handlung verwirklicht wurde.[75] Ein solches deliktisches Verhalten beinhaltet aber auch im Common Law fast immer schuldhaftes Verhalten. Wenn alleine die Frage, wer den Nutzen aus der Tätigkeit einer Hilfsperson hat, maßgeblich sein soll, wäre das Verschuldenselement überflüssig. Vielmehr sollte es dann reichen, wenn der Schaden die Kehrseite eines möglichen Nutzens für den Geschäftsherrn darstellt. Daher sind die *commodum theory* und das Verschuldensprinzip zwei unterschiedliche Ansätze, die von *vicarious liability* kombiniert werden.

Zudem kann *vicarious liability* auch dann entstehen, wenn der Gehilfe aus rein eigennützigen Motiven tätig wird und somit jedenfalls nicht im Interesse des Geschäftsherrn handelt.[76]

Schließlich gibt es eine Fülle von Fällen, in denen eine Partei von einer anderen profitiert, ohne für diese haftbar zu sein. Beispielsweise trifft zwischen Vertragspartnern die eine Partei regelmäßig keine rechtliche Verantwortung für das Fehlverhalten der anderen, wenn unbeteiligte Dritte bei der Vertragserfüllung zu Schaden kommen. Auch der Begünstigte eines *trusts* ist nicht haftbar für das Verhalten der *trustees*.

Die *commodum theory* gibt zweifellos einen essentiellen Aspekt von *vicarious liability* wieder und vermag die Existenz diese Rechtsfigur auch teilweise zu rechtfertigen. Sie erklärt zum Beispiel, warum ein Vorarbeiter trotz Kontrollrechts nicht ohne eigenes Verschulden für die Delikte seiner Nacharbeiter einstehen muss. Außerdem steht es außer Frage, dass eine Person, die Aufgaben delegiert und von deren Erledigung profitiert, auch an den Risiken dieser Tätigkeiten teilnehmen muss. Andernfalls wäre es möglich, sich hinter insolventen Arbeitern zu verstecken. Daher rechtfertigt dieser Ansatz auch einen Schadenstransfer auf den Geschäftsherrn. Andererseits kann die *commodum theory* das Verschuldenselement von *vicarious liability* nicht erklären. *Vicarious liability* stellt sich als Kompromiss zwischen Verschuldensprinzip und Gefähr-

---

[74] *Williams*, Vicarious Liability and the Master's Indemnity, M.L.R. 20 (1957), 220, 230.

[75] Zu den Einschränkungen hierzu siehe oben, A I.

[76] Die vermeintlich erste Entscheidung in diesem Hinblick ist *Lloyd v. Grace, Smith & Co.* [1912] A.C. 716, die von allen Common-Law-Jurisdiktionen übernommen wurde; vgl. beispielweise *Pettersson v. Royal Oak Hotel Ltd.* [1948] N.Z.L.R. 136. Ferner führt *Atiyah*, Vicarious Liability in the Law of Torts, auf S. 18, an, dass auch die *trustees* einer Schule für die *torts* der angestellten Lehrer haftbar sein können. Ausführlich unten, D I 2 b, c und D III 3.

dungshaftung dar, wobei der Gegensatz dieser Prinzipien auch im Common Law durch die Objektivierung des Fahrlässigkeitsmaßstabes nicht mehr so scharf erscheint.[77]

e. Identifikation

Weiter hat man *vicarious liability* darauf zurückgeführt, dass der Geschäftsherr und seine Gehilfen als eine Einheit aufgefasst werden.[78] Dieser etwas antiquierte Ansatz („*Qui facit per alium, facit per se*") reflektiert zweifellos eine weitverbreitete Einstellung, da der Geschäftsherr in der Regel dem Schädiger näher steht als der Geschädigte. Es handelt sich hierbei jedoch um eine Fiktion. Obwohl eine solche Fiktion ein beliebtes juristisches Instrument ist, kann sie keine Rechtfertigung bieten, sondern müsste ihrerseits erst begründet werden.[79] Schon Holmes bemerkte zu den fiktiven Elementen des law of agency:

> [T]he whole outline of the law, as it stands to-day, is the resultant of a conflict between logic and good sense – the one striving to carry fictions out to consistent results, the other restraining and at last overcoming that effort when the results become too manifestly unjust. To that task I now address myself. I assume that common-sense is opposed to making one man pay for another man's wrong, unless he actually has brought the wrong to pass according to the ordinary canons of legal responsibility [...]. I therefore assume that common-sense is opposed to the fundamental theory of agency.[80]

f. Schadensausgleich

Es hat sich schon bei der Diskussion von möglichen Beweisschwierigkeiten angedeutet, dass der Hauptgrund für den Schadenstransfer schlicht Mitleid mit dem Geschädigten sein könnte. Der Geschäftsherr ist regelmäßig eher in der Lage, einen Schadensersatzanspruch zu befriedigen, als seine Angestellten. Daher sichert er als zusätzlicher Schuldner den Ersatz für entstandene Schäden. Seine „tieferen Taschen" lassen die finanziellen Konsequenzen für ihn nicht so dramatisch erscheinen und stellen gleichzeitig sicher, dass die Entschädigung auch tatsächlich erreicht wird.

In der Tat dürfte feststehen, dass *vicarious liability* ohne die statistisch nachweisbare höhere Solvenz der Arbeitgeber außerhalb von akademischen

---

[77] Siehe oben, B I.
[78] *Atiyah*, Vicarious Liability in the Law of Torts, S. 19.
[79] *Schwartz*, The Hidden And Fundamental Issue Of Employer Vicarious Liability, Sou.Cal.L. Rev. 69 (1996), 1739, 1752.
[80] *Holmes*, Agency II, Harv.L.Rev. 5 (1892), 1, 14.

Diskussionen keine Bedeutung erlangt hätte.[81] Andererseits lässt dieser Ansatz bislang jede juristische Grundlage vermissen. Williams hat in diesem Zusammenhang beobachtet:

> [T]here is the purely cynical theory that the master is liable because he has a purse worth opening. The master is frequently rich, and he is usually insured – two arguments that might be used by any burglar, if he ever troubled to justify his thefts. The strange thing is to find them put forward by judges of eminence. Lord Lyndhurst L.C. said: "There ought to be a remedy against some person capable of paying damages to those injured,"[82] and this person of course is the master. The sentiment was repeated by Willes J.[83] Whatever (one may ask) can have put this extraordinary idea into judges' heads, that the mere possibility of wealth is enough to justify the imposition of legal liability for a wrong? Obviously there is something missing from the dicta. There must be some other fact to create liability, and not merely the attribute of solvency. Perhaps this fact is merely the fact of being a master. If so, we have another unprovable principle of natural justice: that masters ought to pay because they are masters. [...] However distasteful the theory may be, we have to admit that vicarious liability owes its explanation, if not justification, to the search of a solvent defendant. [...] [T]here is an interaction between opinion and law that may be either described as vicious or as benign according to the point of view.[84]

Insbesondere problematisch an diesem Ansatz ist, dass der Aspekt des Verschuldens sowohl auf Seiten des Geschäftsherrn als auch bei dem Verrichtungsgehilfen vernachlässigt wird. Seine konsequente Anwendung würde dem Deliktsrecht nicht gerecht, das eben auch die Frage zu regeln hat, wann kein Ausgleich erfolgen soll.[85]

---

[81] *Atiyah*, Vicarious Liability in the Law of Torts, S. 22.

[82] *Viscount Canterbury v. Attorney-General* (1842) 1 Ph. 306.

[83] *Limpus v. London General Omnibus Co.* (1862) 1 H. & C. at 539. See Pollock and Maitland (2nd ed.) i, 532-533; Carr, Law of Corporations (1905), 104 Contra, Martin B. In *Williams v. Jones* (1865) 3 H. & C. at 263.

[84] Vicarious Liability and the Master's Indemnity, M.L.R. 20 (1957), 220, 232.

[85] *Kötz/Wagner*, Deliktsrecht, Rn. 57. In manchen Staaten hat das Bestreben, Schadensersatz zu gewährleisten, zu öffentlichen Unfallversicherungen geführt. Insbesondere in Neuseeland ist seit 1974 das öffentlich finanzierte *accident compensation scheme* in Kraft, das für Personenschäden aufkommt. Common-Law-Ansprüche und -Klagen sind daneben ausgeschlossen. *Vicarious liability* kommt daher heute in Neuseeland nur noch für Sach- und Vermögensschäden und unter Umständen in Verbindung mit *exemplary damages* in Betracht.

2. Modernere Erklärungsversuche

a. Schadensstreuung (*loss-distribution*)

Oftmals ist der Geschäftsherr in der Lage, den durch Schadensersatzleistungen erlittenen Verlust weiterzugeben. In diesem Fall wird der Schaden voll ersetzt, ohne dass der Geschäftsherr die volle Belastung der Schadensersatzleistung zu tragen hat. Der Geschäftsherr dient schlicht als ein Vehikel, über das diese Belastung auf einen größeren und anonymeren Kreis verteilt wird. Dieser Mechanismus der Schadensverteilung ist eines der zentralen Argumente, warum es für gerecht gehalten wird, den Geschäftsherrn mit den Delikten seiner Hilfspersonen zu konfrontieren.[86] *Loss-distribution* geht von einem simplen Prinzip der Verteilung der Schadensersatzkosten auf mehrere Schultern aus. Ein Arbeitgeber wird entweder eine Haftpflichtversicherung in Anspruch nehmen oder sich entscheiden, die Schäden selbst zu begleichen. Er wird also durch zusätzliche Kosten entweder in Höhe der Schadensersatzansprüche oder der Versicherungsbeiträge belastet.

Diese Mehrkosten schlagen sich dann in der Regel in den Preisen der Produkte oder Dienstleistungen des betroffenen Unternehmens nieder. Somit werden an den Schadensersatzleistungen die Kunden beteiligt, die dann gegebenenfalls ihren Teil wiederum weitergeben können. Der Schaden kann damit häufig sehr weit gestreut und über einen langen Zeitraum an den Wirtschaftskreislauf weitergegeben werden. Damit wird bei einer solchen externen Schadensverteilung der Schaden von einer breiten Öffentlichkeit übernommen, von der jeder kaum wahrnehmbar zum Ersatz beiträgt.

Dort, wo der Preisdruck eine solche Weitergabe an den Kundenkreis nicht erlaubt, müssen die internalisierten Schadensersatzkosten intern von der Substanz des Unternehmens getragen werden. Der Schaden wird dann im Unternehmen selbst verteilt. Er wirkt sich direkt und negativ auf den Gewinn oder Verlust des Unternehmens und damit gegebenenfalls auch auf Gehälter und Ausschüttungen aus.

In der wirtschaftlichen Realität treten natürlich beide Modelle nebeneinander.[87] Man kann aber festhalten, dass ein Geschäftsherr auch dann nicht auf dem ganzen Schaden sitzen bleibt, wenn er keinen Regress an dem Gehilfen nimmt. Trotzdem ist es zweifelhaft, ob der Mechanismus der Schadensverteilung *vicarious liability* tatsächlich rechtfertigen kann.

Zunächst funktioniert die oben beschriebene Schadensverteilung am besten im unternehmerischen Kontext. Hier wird der Käufer de facto über eine kleine Preissteigerung gegen einen möglichen Schaden versichert.[88] Auch bei öffentlich finanzierter Arbeit funktioniert dieses Prinzip, da die finanzielle

---

[86] *Williams*, Vicarious Liability and the Master's Indemnity, M.L.R. 20 (1957), 437, 440 f.
[87] *Atiyah*, Vicarious Liability in the Law of Torts, S. 23.
[88] *Kötz/Wagner*, Deliktsrecht, Rn. 90.

Belastung direkt an die Steuerzahler weitergegeben wird. *Vicarious liability* geht aber über diesen Bereich hinaus und erstreckt sich auch auf Personen, die über keine besseren Möglichkeiten verfügen, Schäden zu verteilen, wie zum Beispiel private Einzelpersonen.

Außerdem steht es jedem offen, eine Haftpflichtversicherung abzuschließen. Weil Versicherungsverträge als eine Form der Schadensverteilung anerkannt sind, kann jeder diesen Effekt herbeiführen. Zwar wären die Transaktionskosten höher, wenn jeder einzelne einen Versicherungsvertrag abschließen müsste, aber dennoch müssen sich Haftungsregeln nicht zwangsläufig an den Geschäftsherrn richten, um den Effekt der Schadensverteilung zu erzielen.

Darüber hinaus lässt sich wiederum das Erfordernis des Verschuldens nicht erklären, wenn *vicarious liability* allein der Schadensverteilung diente.[89]

Deshalb kann der oben diskutierte Ansatz nicht begründen, warum ausgerechnet der Geschäftsherr Adressat der Haftungsregel sein soll. Zwar ist er eher zur Schadensverteilung geeignet als die Hilfspersonen, es sind aber auch andere Systeme denkbar, wie eine öffentliche Versicherung[90] oder eine Eigenschadensversicherung.

b. Ökonomische Analyse des Rechts

aa. Ziele

Angesichts der Schwächen herkömmlicher Erklärungsversuche sind auch ökonomische Prinzipien bemüht worden, um *vicarious liability* zu begründen. Die ökonomische Analyse des Deliktsrechts zielt auf eine effiziente Regulierung der Schadensquote ab.[91] Daher fragen ökonomische Analysten, welche Haftungsregeln im Deliktsrecht die richtigen Anreize setzen, um die Schadensquote auf ein effizientes Niveau zu reduzieren. Nach diesem Ansatz sollten Haftungsregeln nicht darauf abzielen, so viele Schäden wie möglich oder gar alle zu verhindern. Sie dienen vielmehr dem Zweck, die Unternehmen gewisse Schäden spüren zu lassen, so dass diese alle wirtschaftlich tragbaren Vorbeugemaßnahmen ergreifen. Die Internalisierung von Schadensersatzansprüchen – oder Risikoallokation – resultiert wiederum in höheren Preisen für Güter oder Dienstleistungen. Mit sinkender Nachfrage reduzieren sich die betrieblichen Aktivitäten daher auf ein effizientes Niveau.

---

[89] *Atiyah*, Vicarious Liability in the Law of Torts, S. 28.

[90] Wie z.B. die Arbeitsunfallversicherung oder das neuseeländische *accident compensation scheme*.

[91] *Schwartz*, The Hidden And Fundamental Issue Of Employer Vicarious Liability, Sou.Cal.L.Rev. 69 (1996), 1739, 1755. *Kötz/Wagner*, Deliktsrecht, Rn. 65, spricht daher von einer „Optimierungsaufgabe". Vgl. insb. *Eidenmüller*, Effizienz als Rechtsprinzip, S. 169 ff. zu dem Ausschließlichkeitsanspruch dieses Ansatzes und seiner Begründungsversuche.

Die effiziente Schadensquote stellt einen Zustand dar, in dem alle Schäden verhindert werden, deren Vermeidungskosten geringer sind als die Höhe des drohenden Schadensersatzanspruches.[92] Im Wettbewerb untereinander haben diejenigen Unternehmen einen Vorteil, bei denen die Summe aus „Resthaftung" und Vorbeugekosten am geringsten ist. Dadurch kann das optimale Unfallniveau erreicht werden. Die Einschaltung von Versicherungen stört diese Erwägungen nicht, wenn und weil sich Beitragszahlungen an der Wahrscheinlichkeit des Eintritts des Versicherungsfalls bemessen.[93] Auch wenn Versicherungsschutz menschliches Verhalten beeinflussen kann, sind die Auswirkungen dennoch gering[94] und können für die Zwecke dieser Arbeit vernachlässigt werden.

bb. *Vicarious liability* auf dem Prüfstand der ökonomischen Analyse

Nach Darstellung der Ziele und Grundprinzipien der ökonomischen Analyse des Rechts stellt sich die Frage, ob *vicarious liability* dem Ziel des optimalen Schadensniveaus Rechnung trägt.

Die beiden Grundprinzipien der Haftung, die dafür zunächst aus Sicht der ökonomischen Analyse des Rechts bewertet werden müssten, sind Gefährdungshaftung und Verschuldenshaftung.[95] Grundsätzlich werden beide Haftungssysteme im Hinblick auf die Anreize zu sorgfältigem Verhalten als gleichwertig angesehen,[96] sofern im Rahmen der Gefährdungshaftung auch das Mitverschulden des Geschädigten beachtet wird.[97] Das Verschuldenselement in *vicarious liability* ist daher auch aus dieser Sicht nicht zu beanstanden.

Der nächste Frage ist daher, ob eine Haftung ausschließlich für eigenes Verschulden oder aber das Modell von *vicarious liability* die effizientere Haf-

---

[92] Dies ist auch als die sogenannte *Learned Hand* Formel bekannt; vgl. *Kötz/Wagner*, Deliktsrecht, Rn. 70. Der Begriff geht zurück auf *United States v. Carroll Towing Co.* 159 F. 2d 169 (2d Cir 1947).

[93] *Deakin*, ‚Enterprise-Risk': The Juridical Nature Of The Firm Revisited, I.L.J. 32 (2003), 97.

[94] In diesem Zusammenhang haben Ökonomen ein Phänomen entdeckt, das die generelle Vermutung von Rationalität bei Risikoentscheidungen in Frage stellt. Versicherungsnehmer sind risikofreudiger, auch wenn sie deshalb höhere Beiträge zahlen müssen. Daher führt Schutz durch eine Haftpflichtversicherung zu rücksichtloserem Verhalten. Ebenso wird ein Versicherungsnehmer im Vergleich zu Nichtversicherten Leistungen, die unter den Schutz fallen, z.B. Arztbesuche, häufiger in Anspruch nehmen. Diese Erscheinung ist als *moral hazard* bekannt. Vgl. u.a. *Kötz/Wagner*, Deliktsrecht, Rn. 79. Siehe z.B. *Jansen*, Die Struktur des Haftungsrechts, S. 166 ff. zu den verzerrenden Auswirkungen unvollständiger Versicherungen, die den Regelfall darstellen.

[95] Vgl. hierzu *Shavell*, Economic Analysis of Accident Law, S. 54 ff.

[96] Gefährdungshaftung würde aber auch unvermeidbare Schäden einbeziehen und daher das Aktivitätsniveau weiter senken als Verschuldenshaftung. Schon deshalb tritt Gefährdungshaftung insbesondere bei Tätigkeiten mit besonderem Gefahrenpotential auf; vgl. MünchKommBGB-*Wagner*, Vor § 823, Rn. 46.

[97] Sonst hätte dieser keinen hinreichenden Anreiz, sich ebenfalls den Schadensvermeidung zu beteiligen.

tungsregel ist. Auf den ersten Blick scheinen *vicarious liability* und eine reine Verschuldenshaftung auf dasselbe Ergebnis hinauszulaufen. In beiden Fällen würde nämlich der Schaden im Unternehmen internalisiert. Wenn die Arbeitnehmer alleinige Adressaten der Schadensersatzforderungen wären, würde sich dies in entsprechend höheren Löhnen niederschlagen, die wahrscheinlich die Kosten einer Haftpflichtversicherung berücksichtigen. In der Regel wird es aber für den Arbeitgeber wegen geringerer Transaktionskosten (Abschluss nur eines Vertrages) günstiger als für die Arbeiter sein, eine Haftpflichtversicherung abzuschließen.[98] Dann würde der Unternehmer die Versicherung unabhängig davon übernehmen, an wen die Haftungsregeln ursprünglich adressiert sind:

Wenn er ohnehin (wie im Rahmen von *vicarious liability*) das Haftungsrisiko trägt, wird sich dies auf den Lohn der Arbeiter auswirken. Tragen aber die Arbeiter dieses Risiko, kann er den gleichen Versicherungsschutz für weniger Geld bereitstellen. Er würde sich also bereit erklären, sie zu versichern, und die ersparten Versicherungsbeträge von dem Lohn abziehen. Die dadurch ersparten Mittel könnten sowohl zu de facto höheren Löhnen als auch gleichzeitig zu einem höheren Unternehmensgewinn führen. Folglich würden alle Beteiligten davon profitieren, wenn der Unternehmer den Versicherungsschutz bereitstellt.[99] Es liegt daher der Schluss nahe, dass es bei niedrigen oder nicht existenten Transaktionskosten nebensächlich ist, an wen Haftungsregeln adressiert sind.[100] Folglich wären *vicarious liability* und persönliche Verschuldenshaftung als gleichwertig zu betrachten.[101]

Es bestünde daher kein Anlass, ein Haftungsregime wie *vicarious liability* einzuführen. Die ökonomische Analyse beginnt deshalb mit der Feststellung, dass für ihre Ziele die Haftung für persönliches Verschulden grundsätzlich die optimale Haftungsregel sein kann.[102] Trotzdem befürworten ökonomische Analysten *vicarious liability* aus einer Reihe von Erwägungen, die mögliche Ineffizienzen der persönlichen Verschuldenshaftung aufdecken.

Der erste Einwand gegen eine gleichwertige Effizienz einer persönlichen Verschuldenshaftung ist das sogenannte Problem der *employee insolvency*. Mit

---

[98] *Schäfer/Ott*, Lehrbuch der ökonomischen Analyse des Rechts, S. 378.

[99] Damit wäre dieser Zustand *Pareto besser*; vgl. *Sykes*, The Boundaries Of Vicarious Liability: An Economic Analysis Of The Scope Of Employment Rule And Related Doctrines, Harv.L.Rev. 101 (1988), 563, 564 f.

[100] Dieser Lehrsatz ist in der volkswirtschaftlichen Literatur eine Facette des „*Coase Theorem*", vgl. *Deakin/Johnston/Markesinis*, Tort Law, S. 25 f. Eingehend zu der Übertragung des *Coase Theorems* auf die ökonomische Analyse des Rechts: *Eidenmüller*, Effizienz als Rechtsprinzip, S. 59 ff.

[101] *Kornhauser*, An Economic Analysis of the Choice Between Enterprise and Personal Liability for Accidents, Calif.L.Rev. 70 (1982), 1345, 1357-1361; *Verkerke*, Notice Liability in Employment Discrimination Law, Virginia L.Rev. 81 (1995), 273, 312; *Sykes*, The Boundaries Of Vicarious Liability: An Economic Analysis Of The Scope Of Employment Rule And Related Doctrines, Harv.L.Rev. 101 (1988), 563, 566 f.

[102] *Schwartz*, The Hidden And Fundamental Issue Of Employer Vicarious Liability, Sou.Cal.L.Rev. 69 (1996), 1739, 1755.

diesem Begriff wird ein verminderter Anreiz zur Schadensvermeidung aufgrund beschränkter Finanzmittel beschrieben.[103]

Als Beispiel sieht sich ein Kfz-Halter mit einem pfändbaren Vermögen von € 25.000 einer Unfallwahrscheinlichkeit von 0,01 (in einem bestimmten Zeitraum) mit einem durchschnittlichen Schadensvolumen von € 50.000 gegenüber. In diesem Fall würden (für diesen Zeitraum) vernünftigerweise Kosten bis zu € 500 in Kauf genommen,[104] um die Unfallwahrscheinlichkeit auf Null zu reduzieren (0,01 x 50.000 = 500). Weil der Halter aber nicht mehr als € 25.000 bezahlen kann, droht ihm auch nur eine Haftung bis zu diesem Betrag. Er wäre nach ökonomischer Betrachtungsweise also nur gewillt, bis zu € 250 auszugeben (0,01 x 25.000 = 250). Damit würden die wirklichen Kosten nicht internalisiert und er würde sich unterversichern oder weniger investieren, als für die Erreichung einer optimalen Unfallquote notwendig wäre.[105]

Ebenso würde durch die Unfähigkeit, eventuelle Schadensersatzforderungen zu befriedigen, auch der oben beschriebene Haftungstransfer zwischen Unternehmer und Arbeitern gestört. Als Beispiel[106] dient ein Arbeitnehmer, der über ein pfändbares Vermögen in Höhe von € 25.000 verfügt und bei einer möglichen Haftung von € 100.000 die Unfallwahrscheinlichkeit von 0,02 auf 0,01 für € 400 reduzieren könnte. Es wäre wirtschaftlich effizient, bis zu € 1.000 dafür auszugeben ((0,02 - 0,01) x 100.000 = 1.000). Daher wäre es wirtschaftlich sinnvoll, die € 400 zu investieren und damit € 600 zu sparen. Wegen der maximalen Haftungssumme des Arbeitnehmers wäre dieser aber nur bereit, bis zu € 250 auszugeben ((0,02 – 0,01) x 25.000 = 250).[107] Folglich könnten Arbeitgeber und Arbeitnehmer aufgrund der unterschiedlichen Wertschätzung der Reduzierung der Unfallwahrscheinlichkeit auch nicht zu einer Einigung in dem oben beschriebenen Umfang gelangen. Deshalb würde nur *vicarious liability* zu einer effizienten Unfallregulierung beitragen, während reine Arbeitnehmerhaftung dieses Ziel verfehlen würde.

Ferner kann auch die Reallokation von Haftungsrisiken mit erheblichen Kosten verbunden sein.[108]

Abgesehen davon sprechen auch andere Erwägungen dafür, dass *vicarious liability* ein effizienteres Haftungsregime als reine Verschuldenshaftung ist. Selbst wenn ein Arbeitnehmer in der Lage ist, mögliche Schadensersatzforderungen zu bezahlen, kann ihn die Erwartung, dass ein Schadensfall nicht aufklär-

---

[103] Vgl. z.B. *Jansen*, Die Struktur des Haftungsrechts, S. 164; *Shavell*, Economic Analysis of Accident Law, S. 170 ff.

[104] Also als Versicherungsbeiträge bezahlt oder aber direkt in die Sicherheit investiert.

[105] Vgl. auch *Kötz/Wagner*, Deliktsrecht, Rn. 330.

[106] Nach *Shavell*, Economic Analysis of Accident Law, S. 170 (example 7.3).

[107] Für eine Befreiung durch Versicherungsschutz würde er demzufolge maximal € 500 bezahlen, während der Arbeitgeber bis zu € 2000 ausgeben würde.

[108] *Sykes*, The Boundaries Of Vicarious Liability: An Economic Analysis Of The Scope Of Employment Rule And Related Doctrines, Harv.L.Rev. 101 (1988), 563, 566 f. Das *Coase Theorem* funktioniert aber nur da, wo die Transaktionskosten vernachlässigbar sind. Vgl. auch *Schäfer/Ott*, Lehrbuch der ökonomischen Analyse des Rechts, S. 379.

bar sein werde, zu fahrlässigem Verhalten ermutigen.[109] Der Arbeitgeber als Haftender würde andererseits unabhängig davon, ob sich der konkrete Schädiger ermitteln lässt, vorbeugende Maßnahmen einleiten und wäre motiviert, an der Aufklärung mitzuwirken.

Ferner wird angeführt, dass nur eine direkte Unternehmenshaftung den Unternehmer dazu bewegt, sich die Informationen zu beschaffen, die zur Schadensabwendung notwendig sind. Bei reiner persönlicher Haftung bestünde kein Anreiz, Unfälle in diesem Maße zu untersuchen.[110] Daher sorge nur *vicarious liability* für einen Informationsstand, auf dem effiziente Unfallvermeidung betrieben werden könne.[111]

Ähnlich wird im Hinblick auf die Gerichte argumentiert. Es fehle den Gerichten oftmals schlicht an dem nötigen Erkenntnisgrad, um Maßnahmen zu bestimmen, die das Unternehmen zur Unfallverhütung hätte ergreifen müssen. Deshalb könne ein Gericht oft kaum sachgerecht entscheiden, ob mögliche Vorbeugemaßnahmen unterlassen worden seien.[112] Die Unfallquote läge demnach über dem optimalen Niveau. *Vicarious liability* könne hingegen Anreize schaffen, effiziente Vorbeugemaßnahmen einzuleiten.[113]

Schließlich seien die Verfahrenskosten bei Klagen, die auf *vicarious liability* basierten, niedriger als bei Klagen wegen einer Haftung für eigenes Verschulden, da dem Arbeitgeber keine Fahrlässigkeit nachgewiesen werden müsse. Andererseits führt *vicarious liability* wegen erleichterter Klagebedingungen zu einer vergleichsweise größeren Anzahl von Klagen. Mangels empirischer Daten schätzen einige Autoren die gesamten Kosten daher als in etwa gleich hoch ein,[114] andere setzen die Prozesskosten von *vicarious liability* höher an.[115] Tatsächlich wird das Verhältnis wahrscheinlich von Branche zu Branche variieren.[116]

Aus diesen Gründen befürwortet die traditionelle ökonomische Analyse des Rechts letztlich die Unternehmenshaftung in der Form von *vicarious liability* als die zweitbeste und die beste zur Verfügung stehende Lösung.[117] Allerdings fordern diese Autoren, die Rechtslage dahingehend zu reformieren, dass

---

[109] *Shavell*, Economic Analysis of Accident Law, S. 173.
[110] *Shavell*, a.a.O.
[111] So z. B. *Feldhusen*, in *Mullan/Linden*, Torts Tommorrow: A Tribute to John Fleming, 221, 226 Fußnote 19.
[112] *Schwartz*, The Hidden And Fundamental Issue Of Employer Vicarious Liability, Sou.Cal.L.Rev. 69 (1996), 1739, 1761.
[113] *Shavell*, Economic Analysis of Accident Law, S. 173.
[114] *Landes/Posner*, The Economic Structure of Tort Law, S. 55 f.; *Sykes*, The Boundaries Of Vicarious Liability: An Economic Analysis Of The Scope Of Employment Rule And Related Doctrines, Harv.L.Rev. 101 (1988),563, 579.
[115] *Shavell*, Economic Analysis of Accident Law, S. 174.
[116] *Schwartz*, The Hidden And Fundamental Issue Of Employer Vicarious Liability, Sou.Cal.L.Rev. 69 (1996), 1739, 1761.
[117] *Schäfer/Ott*, Lehrbuch der ökonomischen Analyse des Rechts, S. 379 f. beschreiben die Regelung des § 831 BGB (im Gegensatz zu der des § 278 BGB) daher als ineffizient.

Mitverschulden die Haftung ausschließen müsse.[118] In einem solchen Haftungsregime müssten die Unternehmen dann befreit werden, wenn die geschädigte Partei selbst zu dem Unfall beigetragen habe.[119] Eine solche Regelung würde auch die andere Partei dazu veranlassen, ihrerseits effiziente Vorbeugemaßnahmen zu treffen. In dieser Hinsicht weichen jedoch alle Common-Law-Jurisdiktionen von dem vorgeschlagenen Weg der ökonomischen Analyse ab.[120] Ebenso wie in Deutschland sehen sie in diesem Fall nur eine Anspruchsminderung vor, die sich an dem Verhältnis der Verursachungsbeiträge orientiert.[121]

cc. Kritik an der traditionellen ökonomischen Analyse

Auch der Ansatz der ökonomischen Analyse des Rechts kann hilfreich für die Bewertung von Haftungsregeln sein. Einschränkend muss aber gesagt werden, dass er „zuviel vermutet“[122] und manche dieser Vermutungen sehr spekulativ erscheinen.

Hinsichtlich der unterstellten Solvenzengpässe von Arbeitnehmern ist darauf hinzuweisen, dass in heutiger Zeit viele qualifizierte Arbeitnehmer beträchtliche Vermögen aufbauen können[123] und sie deshalb wohl meistens ebenso daran interessiert sind, Schäden zu vermeiden. Insbesondere gehobene Angestellte verfügen regelmäßig über ein Vermögen, das ihnen die Gefahr einer Haftung sehr real erscheinen lässt.[124] Es ist daher schon zweifelhaft, ob unzureichende Finanzmittel zur Befriedigung von Schadensersatzansprüchen bei Arbeitnehmern allgemein unterstellt werden können.

Es ist im Übrigen nur schwer nachzuvollziehen, warum eine Person, der Insolvenz bei Schadensfällen droht, weniger motiviert sein sollte, Schäden zu vermeiden. In der Mehrheit der Fälle erscheint eher das Gegenteil schlüssig.[125] Jedenfalls für natürliche Personen ist der mathematische Ansatz der ökonomischen Analyse damit wohl zu theoretisch. Daher wird die Vermutung des wirt-

---

[118] *Landes/Posner*, The Economic Structure of Tort Law, S. 118-120; *Shavell*, Economic Analysis of Accident Law, S. 13, 16.

[119] *Landes/Posner*, a.a.O.

[120] *Schwartz*, The Hidden And Fundamental Issue Of Employer Vicarious Liability, Sou.Cal.L.Rev. 69 (1996), 1739, 1762.

[121] Vgl. z.B. (UK) Law Reform (Contributory Negligence) Act 1945; (NZ) Contributory Negligence Act 1947; (NSW) Law Reform Miscellaneous Provisions Act 1965; (Qld) Law Reform Act 1995 Part 3.

[122] *Flannigan*, Enterprise Control: The Servant-Independent Contractor Decision, U.Tor.L.J. 37 (1987), 25, 29.

[123] Mit diesem Argument beispielsweise *Schwartz*, The Hidden And Fundamental Issue Of Employer Vicarious Liability, Sou.Cal.L.Rev. 69 (1996), 1739, 1756 f.

[124] *Schwartz*, The Hidden And Fundamental Issue Of Employer Vicarious Liability, Sou.Cal.L.Rev. 69 (1996), 1739, 1757.

[125] *Schwartz*, a.a.O. *Schäfer/Ott*, Lehrbuch der ökonomischen Analyse des Rechts, S. 378, sprechen von einer „überproportionalen Abschreckung“ in solchen Fällen.

schaftlich rationalen Verhaltens von Arbeitnehmern auch vermehrt kritisiert.[126] Zum einen spürt ein Arbeitnehmer die Konsequenzen ineffizienter Risikohandhabung nicht so deutlich und schmerzlich wie ein Unternehmen und zum anderen wird er wahrscheinlich tendenziell eher risikoavers reagieren. Was also bleibt, ist die Vermutung, dass sich ein Arbeitnehmer als natürliche Person eher ökonomisch irrational verhält, während ein Unternehmen weitgehend risikoneutral bleibt.[127]

Darüber hinaus geht der ökonomische Ansatz offensichtlich davon aus, dass der Arbeitgeber in der Lage ist, seine Arbeitnehmer zu kontrollieren und zu disziplinieren. Diese Annahme ist wiederum in der betrieblichen Wirklichkeit aufgrund der Bestimmungen des modernen Arbeitsrechts zweifelhaft. Eine Kündigung inkompetenter Arbeitnehmer würde auch im privaten Sektor in vielen Fällen scheitern und auch andere Disziplinierungsmaßnahmen würden auf ähnliche Widerstände treffen.[128] Obwohl der Arbeitgeber die Arbeitnehmerschaft natürlich immer noch überwachen kann, können seine Optionen vielfach sehr eingeschränkt sein.[129] Die ökonomische Analyse des Rechts erscheint daher zwar in der Theorie stringent, sie ist aber nur unter Vorbehalten auf die Realität übertragbar.

dd. Moderne Varianten der ökonomischen Analyse

Neben der traditionellen ökonomischen Analyse des Rechts sind modifizierte Modelle entwickelt worden, die den oben dargestellten, methodisch stringenten Ansatz der „Chicago School" modifizieren. Diese neuen Modelle arbeiten ohne manche der Vermutungen, die sich im Lichte der rechtlichen und sozialen Betrachtung als eher künstlich erwiesen haben. Ihr primäres Ziel liegt nicht in einer strikt wirtschaftswissenschaftlichen Betrachtung effizienter Schadensquoten, sondern schlicht in der Schadensvermeidung.[130] Diese „zweite Welle" der Analysten bedient sich einer multidisziplinären Betrachtungsweise, die neben wirtschaftlichen Erwägungen auch psychologische mit einbezieht. Es erscheint naheliegend, dass eine solche Herangehensweise eher zu juristisch brauchbaren Gedankengängen führt.[131] Ausgehend von dem zentralen Ziel der Schadensvermeidung wird als Hauptargument für *vicarious liability* angeführt, dass sich

[126] Z.B. *Croley*, Vicarious Liability in Tort: On the Sources and Limits of Employee Resonableness, Sou.Cal.L.Rev. 69 (1996), 1705, 1737; *A. Todd*, Vicarious Liability for Sexual Abuse, Canterbury L. Rev. 8 (2002), 286.

[127] *Schwartz*, Realitiy in the Economic Analysis of Tort Law: Does Tort Law Really Deter? (1994) 42 UCLA L. Rev. 377, 428 f.

[128] *Jansen*, Die Struktur des Haftungsrechts, S. 165.

[129] *Schwartz*, The Hidden And Fundamental Issue Of Employer Vicarious Liability, Sou.Cal.L.Rev. 69 (1996), 1739, 1759.

[130] *Schwartz*, a.a.O., 1764.

[131] Vgl. z.B. *Weinrib*, The Idea of Private Law, S. 230.

Unternehmen rationaler verhalten als natürliche Personen und sich daher ihr Verhalten besser durch Haftungsregeln steuern ließe als das der Arbeitnehmer. Deshalb sei *vicarious liability* besser als reine Verschuldenshaftung zur Schadensvermeidung geeignet.[132]

ee. Kritik an traditionellem Ansatz und modernen Varianten

Obwohl es scheint, dass der kombinierte Ansatz eine begrüßenswerte Weiterentwicklung der traditionellen ökonomischen Analyse darstellt, verbleiben Zweifel, ob der Gedanke der Schadensvermeidung tatsächlich als Hauptargument für *vicarious liability* dienen kann.

Zunächst fehlt es an empirischen Erhebungen, die die Effizienz von Haftungsregeln allgemein und *vicarious liability* im Speziellen im Hinblick auf Unfallverhütung untersuchen.[133] Aus diesem Grund bleiben alle Erwägungen der oben diskutierten Modelle letztlich unsicher.[134] Insofern kann eine methodisch stringente Beweisführung nicht über den hochspekulativen Charakter der unterstellten Annahmen hinweghelfen. Beispielhaft hierfür scheint die Unterstellung, dass die administrativen Kosten der beiden Haftungssysteme in etwa gleich groß seien,[135] eher den Wunsch zum Ausdruck zu bringen, diese Frage nicht zu vertiefen.

Außerdem ist gar nicht sicher, dass eine effiziente Regulierung der Schadensrate eine so entscheidende Rolle beim wirtschaftlichen Erfolg des Unternehmens spielen muss. Es liegt auf der Hand, dass auch Defizite in der Unfallvermeidung durch starke unternehmerische Leistungen in anderen Bereichen ausgeglichen werden können.[136] Ferner hat ein Unternehmen selten die Mittel, alle indizierten Investitionen zu tätigen, so dass gegebenenfalls der Unfallreduzierung wichtigere oder profitablere Investitionen vorgezogen werden. Die Wirkung von Haftungsregeln sollte daher nicht überbewertet werden.

Der ökonomische Ansatz überzeugt allenfalls im unternehmerischen Kontext. Außerhalb dieses Bereiches lassen sich Verhaltenmuster auch von juristi-

---

[132] *Schwartz*, The Hidden And Fundamental Issue Of Employer Vicarious Liability, Sou.Cal.L.Rev. 69 (1996), 1739, 1763.

[133] Erste Untersuchungen für das gesamte Gebiet des Unfallrechts kommen hier zu einem eher ernüchternden Ergebnis; vgl. *Deakin/Johnston/Markesinis*, Tort Law, S. 32.

[134] Vgl. z.B. *Feldhusen*, in *Mullany/Linden*, Torts Tommorrow: A Tribute to John Fleming, 221, 226. *Jansen*, Die Struktur des Haftungsrechts, S. 166, 178 f., leitet u.a. aus der Unsicherheit der praktischen Auswirkungen auf die Verhaltensweisen die generelle Unbeachtlichkeit solcher Erwägungen ab. Gerade im Bereich der Haftung für Hilfspersonen sieht er aber eine Ausnahme.

[135] Siehe oben, B III 2 b bb.

[136] *Woellner* betrachtet „das Recht schlicht als einen von vielen Aspekten von unternehmerischen Risikoentscheidungen, die analysiert und bewertet werden müssen, um strategische Entscheidungen treffen zu können"; Law and Business Risk-Taking, Aust Bus.L.Rev., 391, 428.

schen Personen oder Gemeinschaften nicht nach diesen Grundsätzen bestimmen. So orientieren sich zum Beispiel nicht gewinnorientierte Organisationen nicht im gleichen Maße an betriebswirtschaftlichen Zielen, auch wenn sie kostenreduzierende Maßnahmen nicht außer Acht lassen können.

Weiterhin ist auch der Ausgangspunkt der oben dargestellten Modelle, nämlich Schadensvermeidung beziehungsweise Effizienz, kritisiert worden. Es ist nämlich zweifelhaft, ob Zivilrecht – oder jedenfalls das Deliktsrecht – wirklich als Instrument zur Verhaltenssteuerung geeignet ist und ob dies seine bestimmungsgemäße Aufgabe sein kann. Das Privatrecht hat in erster Linie die Rechtsbeziehung zwischen Kläger und Beklagtem sowie die Frage im Blick, ob zwischen ihnen eine Transaktion stattfinden soll. Deshalb wird teilweise argumentiert, die gesellschaftliche Verhaltenssteuerung sei inkompatibel mit der bipolaren Ausrichtung des Zivilrechts.[137] Verhaltenssteuerung sei ein extrinsisches Ziel, weil es nicht in der „Einheit zwischen Täter und Opfer" angesiedelt und damit systemfremd sei.[138] Dieser Ansatz versteht sich in der Tradition der großen Philosophen des Naturrechts (sowie der Pandektenwissenschaft des 19. Jahrhunderts) und beschreibt die Aufgabe des Privatrechts als korrektiven Eingriff in das Verhältnis der beteiligten Parteien.[139] Trotz seiner philosophischer Fundierung muss jedoch gesagt werden, dass der Ansatz nicht mit der Rechtswirklichkeit des Common Law in Einklang zu bringen ist. Schadensvermeidung zieht sich als ein zentrales Motiv durch die Urteilsbegründungen von deliktsrechtlichen Fällen, insbesondere der nordamerikanischen Jurisdiktionen. Auf der anderen Seite kann dieser Einwand nicht einfach ignoriert werden.[140] Obwohl sich das Deliktsrecht offensichtlich von einer rein bipolaren Ausrichtung entfernt hat, ist es dennoch zweifelhaft, ob diese Art des „social engineering" als ausschließliche Rechtfertigung für *vicarious liability* dienen kann.[141] Für solche Zwecke existieren geeignetere Instrumente wie zum Beispiel solche des Verwaltungs- und des Strafrechts.[142] So könnten Vorschriften des Verwaltungsrechts höhere Sicherheitsstandards wie beispielsweise durch eine maximale tägliche Einsatzzeit für Busfahrer einführen. Verstöße könnten sanktioniert werden und gegebenenfalls mit strafrechtlichen Maßnahmen geahndet werden. Aus diesen Gründen muss der ökonomischen Analyse und ihren Nachfolgern entgegengehalten werden, dass ihre Ziele nicht zwangsläufig zu *vicarious liability* führen. Das Ziel der Schadensvermeidung ist nicht auf Angelegenheiten des Privatrechts

---

137 *Weinrib*, The Idea of Private Law, S. 206 ff.

138 *Weinrib*, The Idea of Private Law, S. 213.

139 Vgl. *Englard*, The Philosophy of Tort Law, S.47 f.

140 Diese fundamentale Diskussion geht über den Rahmen dieser Arbeit hinaus. Es bleibt daher nur anzumerken, dass de lege lata auch extrinsische Ziele eine Rolle spielen können und daher auch als rechtspolitischer Hintergrund in Frage kommen. Für eine knappe und im Ergebnis ablehnende Auseinandersetzung mit *Weinribs* Ansatz vgl. z.B. *Jansen*, Die Struktur des Haftungsrechts, S. 99 ff.

141 Vgl. *Eidenmüller*, Effizienz als Rechtsprinzip, S. 489.

142 Z.B. *Binnie J.*, in *Jacobi v. Griffiths* [1999] 2 S.C.R. 570, 614; *Kötz/Wagner*, Deliktsrecht, Rn. 83 f.

beschränkt, sondern es lässt sich auch mit anderen Instrumenten verfolgen. Insofern ist es zweifelhaft, ob Schadensvermeidung als isolierte Erwägung diese Rechtsfigur begründen kann. Sie beschreibt aber ein Ziel, zu dem Deliktsrecht allgemein und auch *vicarious liability* beitragen kann.[143]

3. Zusammenfassung

Die Darstellung des rechtspolitischen Hintergrundes hat die zentralen Erwägungen beleuchtet, die hinter *vicarious liability* stehen und in der Rechtsprechung immer wieder mit wechselnder Akzentuierung vorgebracht werden.

Zunächst steht es außer Frage, dass die Zurechnung von Verantwortung ein notwendiges Element einer jeden Rechtsordnung ist. Der Einwand, dass damit eine Fiktion geschaffen wird, kann angesichts des Umstandes, dass viele Teilnehmer am Rechtsverkehr selbst fiktive Charaktere sind, nicht überzeugen. Wenn Organisationseinheiten von den Handlungen anderer profitieren, müssen sie gerechterweise auch an den Risiken teilnehmen. Ihre fiktive Konstruktion kann sie daher nicht davor bewahren, in die Haftung genommen zu werden. Es wäre wohl rechtsmissbräuchlich, wenn Risiken und Chancen derart auseinanderfielen. Diese Erwägung – und nicht zwangsläufig die größeren Ressourcen – lässt es gerecht erscheinen, den Arbeitgeber in die Haftung mit einzubeziehen und ist damit, auch wenn sie unscharf ist, der zentrale Gedanke hinter *vicarious liability*. Darüber hinaus können auch Beweisschwierigkeiten in eingeschränktem Maße eine Rolle spielen.

Weiterhin rechtfertigt auch der Gedanke der Schadensvermeidung teilweise die Rechtsfigur der *vicarious liability*. Trotz des Einwandes, dass das Zivilrecht grundsätzlich eine autonome Zielsetzung verfolgt und die vorbeugenden Effekte unter Umständen nur sehr beschränkt sind, stellt Schadensvermeidung ein legitimes soziales Ziel von *vicarious liability* dar. Ökonomische und andere interdisziplinäre Gedankengänge können dabei helfen, die vorbeugende Wirkung eines Rechtssatzes zu bestimmen und zu bewerten.

Der Mechanismus der Schadensverteilung sowie die Möglichkeit, sich zu versichern, kann hingegen nicht als unabhängige Rechtfertigung dienen. Sie zeigen allerdings, warum der Transfer eines Schadens auf den Arbeitgeber nicht denselben potentiell zerstörerischen Effekt hat, den der Schaden dort hervorruft, wo er ursprünglich auftritt. Sie spiegeln ferner die zunehmend soziale Aufgabenzuweisung hinter dem Schadensrecht wider. In dieser Hinsicht bieten sie eine Erklärung, warum bei *vicarious liability* von intrinsischen Erwägungen Abstand genommen werden kann, ohne Unbeteiligte zu sehr zu belasten.

---

[143] Eingehend zur Zulässigkeit einer folgenorientierten juristischen Argumentation: *Eidenmüller*, Effizienz als Rechtsprinzip, S. 147 ff.

C. Die Beziehung zwischen Prinzipal und Handelndem

Bereits einleitend ist erwähnt worden, dass die Frage, unter welchen Voraussetzungen eine *master-servant*-Beziehung entsteht, für die Haftung nach den Grundsätzen von *vicarious liability* von zentraler Bedeutung ist.

Die überkommenen Begrifflichkeiten helfen offensichtlich hier nicht viel weiter. Die allgemeine Unterscheidung knüpft an den Begriff eines *contract of service* im Gegensatz zu einem *contract for services* an, was auf den ersten Blick auch eher das Problem beschreibt, als zu einer Lösung beizutragen.[144] Der *contract of service* wird aber von den Gerichten als *contract of employment*, also als Arbeitsvertrag, verstanden. Der *contract of service* beschreibt damit das Arbeitnehmer-Arbeitgeber-Verhältnis und wird für alle Belange des Common Law einheitlich definiert. Daher umfasst die Kategorie der *servants* jedenfalls alle Arbeitnehmer. Andere Vertragstypen führen zu einem Verhältnis von *independent contractors*. Die Beziehung zwischen Geschäftsherrn und Handelndem lässt sich daher entweder als abhängiges Arbeitsverhältnis oder als das von unabhängigen Vertragsparteien beschreiben. Ersteres begründet jedenfalls eine Beziehung zwischen den Parteien, auf dessen Grundlage *vicarious liability* entstehen kann.

Neben dieser Kategorie ist *vicarious liability* auch für die Delikte von sogenannten *agents* angenommen worden. In diesem Zusammenhang ist es nur eine terminologische Frage, ob sich diese „*agents*" auch als „*servants*" bezeichnen lassen, oder ob der Begriff „*servant*" synonym mit „*employee*" verwendet wird. Die zweite Auffassung scheint vorzuherrschen,[145] wobei sie für manche Erscheinungen, wie zum Beispiel die der „*borrowed servants*", nicht durchgehalten werden kann.[146] Jedenfalls müssen *agents* nicht notwendigerweise in einem Arbeitsverhältnis zu ihrem *master* stehen. In manchen Fällen fehlt jegliche vertragliche Verbindung zu dem Prinzipal.[147] Darüber hinaus kann eine Person wohl auch gleichzeitig ein *servant* und deliktischer *agent* sein.[148] Ein solcher deliktischer *agent* darf nicht mit einem rechtsgeschäftlichen Vertreter verwechselt werden, und es muss die Frage geklärt werden, ob es sich bei dieser Erscheinung um die Zusammenfassung von Sonderfällen oder tatsächlich um eine generelle Kategorie von *vicarious liability* handelt.

---

[144] *Deakin/Johnston/Markesinis*, Tort Law, S. 577.

[145] *Atiyah*, Vicarious Liability, S. 100.

[146] Vgl. oben, A II.

[147] So zum Beispiel in den Fällen der Kfz-Halterhaftung; vgl. z.B. *Ansin v. R. & D. Evans Ltd.* [1982] 1 N.Z.L.R. 184; *Launchbury v. Morgans* [1971] 2 Q.B. 245 und die Folgeentscheidung des House of Lords in *Morgans v. Launchbury* [1973] A.C. 127; [1972] 2 All E.R. 606; für Australien, z.B. *McHugh J.*, in *Hollis v. Vabu Pty. Ltd.* (2001) 181 A.L.R. 263, 284 ff.

[148] Da *vicarious liability* für *agents* im allgemeinen nur außerhalb der Haftung für *employees* angewandt wird, ist das Verhältnis der Begriffe weitgehend unklar; vgl. z. B. *Fridman*, The Law of Agency, S. 29 ff. bzgl. der möglichen Beziehungen dieser Begriffe. Außerdem oben, B II.

Außerdem kann der Arbeitgeber auch für die Verletzung einer seiner persönlichen Pflichten haftbar sein, die gegenüber dem Geschädigten bestehen können. Diese Pflichten kann er bekanntlich selbst (beispielsweise durch fahrlässige Auswahl oder Überwachung) schuldhaft verletzt haben, auch wenn eine andere Person den Schaden unmittelbar herbeigeführt hat. Neben diese Form der direkten Haftung tritt auch im Common Law noch eine Form „indirekter Haftung", die stark an die Haftung für quasivertragliche Schuldverhältnisse im deutschen Recht erinnert. Nach den Grundsätzen der Haftung für *„non-delegable duties"* muss sich der Geschäftsherr in dem Bereich seiner „nicht delegierbaren" Pflichten auch das Verschulden unabhängiger Vertragspartner zurechnen lassen. Begründet wird dies in der Regel damit, dass sich die Pflichten des Geschäftsherren nicht in sorgfältiger Auswahl und Überwachung erschöpfen, sondern dass er sicherzustellen habe, dass auch die übertragene Aufgabe selbst sorgfältig erledigt wird.[149] Offensichtlich ist damit gemeint, dass unter bestimmten Umständen eine Verschuldenszurechnung im Deliktsrecht stattfindet, die hauptsächlich auf der Natur der verletzten Pflicht und nicht dem Verhältnis zwischen Geschäftsherrn und Handelndem beruht. Methodisch ist die Nähe dieses Konzepts zu *vicarious liability* und insbesondere zu der *master's tort theory*[150] nicht zu verkennen.[151] Es ist daher auch als „getarnte Form von *vicarious liability*" bezeichnet worden.[152] Folglich darf *primary liability* und insbesondere das Konzept der *non-delegable duties* bei der Frage, ob der Prinzipal haftbar sein kann, nicht aus den Augen verloren werden.

Die Tatsache, dass Haftung nach Maßgabe dieser unterschiedlichen Prinzipien entstehen kann, hat zu Unklarheiten bei der Abgrenzung und dem Verhältnis dieser Rechtsfiguren zueinander geführt. Deshalb wird im Folgenden zu fragen sein, ob sie sich zu einem einheitlichen Haftungssystem ergänzen und ob sich diese Grundsätze in einer Regel zusammenfassen lassen. Die praktisch bedeutsamste dieser Rechtsfiguren ist mit Sicherheit *vicarious liability* für *servants*. Aber mit den neuen Herausforderungen, denen sich das Recht stellen muss – insbesondere dem Trend zu atypischen Beschäftigungsformen und Selbständigkeit –, kommt auch den anderen Kategorien eine große Bedeutung in der Diskussion sowie der neueren und zukünftigen Entwicklung von *vicarious liability* zu.

---

[149] Über die „duty to take reasonable care" hinausgehende „duty to ensure that reasonable care is taken"; vgl. *Lord Blackburn*, in *Hughes v. Percival* [1883] 8 A.C. 443, 446; *Burnie Port Authority v. General Jones Pty. Ltd.* (1994) 120 A.L.R. 42, 62.

[150] Siehe oben, A I.

[151] *Atiyah* bemerkt: "Es scheint daher, dass die Haftung für independent contractors in Wahrheit vicarious liability entspricht [...]", Vicarious Liability in the Law of Torts, S. 338. Vgl. auch *Lunney/Oliphant*, Tort Law, S. 706: „Die Natur der Arbeitgeberhaftung ist unter diesen Umständen alles andere als eindeutig."

[152] *Fleming*, The Law of Torts, S. 434.

I. *Employees*

Wie schon erwähnt, beruht der Status eines Arbeitnehmers im Common Law auf einem *contract of service* oder *employment contract*. Es muss also ein Arbeitsvertrag zwischen Schädiger und Geschäftsherrn bestehen, der in Common-Law-Jurisdiktionen einheitlich für alle Rechtsgebiete definiert wird, in denen ein solches Verhältnis Bedeutung erlangen kann, zum im Beispiel Steuerrecht, Sozialversicherungsrecht und Arbeitsrecht. Aufgrund dieser Überschneidung ist *vicarious liability* auch mit diesen verschiedenen Rechtsgebieten verknüpft.

1. *Tests* und Faktoren

Vor dem Hintergrund der historischen Entwicklung verwundert es nicht weiter, dass ursprünglich der Kontrollfaktor das entscheidende Merkmal eines *contract of service* darstellte. Bramwell L.J. definierte den *servant* als „a person subject to the command of his master as to the manner in which he shall do his work."[153] Nach traditioneller Auffassung zeichnete also das Recht des *masters* anzuordnen, *was* die andere Partei zu tun hat, und vor allem *wie* die Arbeit zu erledigen ist, einen *contract of service* aus. Die bloße Übertragung einer Aufgabe ohne Einfluss auf die Art und Weise ihrer Ausführung wurde umgekehrt als unzureichend für einen solchen Vertrag angesehen.[154] Bramwell L.J. beschrieb diese allgemein akzeptierte Unterscheidung folgendermaßen:

> To my mind, the distinction of the cases where a man is, and where he is not liable for the negligence of another person, may be defined in this way. If there is a contract between them, so that the person doing the work or doing the act complained of has a right to say to the employer, "I will agree to do it, but I shall do it after my own fashion; I shall begin the wall at this end not at the other"; there the relation of master and servant does not exist and the employer is not liable. But if the employer has a right to say to the person employed, "You shall do it in this way, that is to say, not only shall you do it by virtue of your agreement with me, but you shall do it as I direct you to do it," there the law of master and servant applies, and the master is responsible.[155]

Der traditionelle Ansatz, der sogenannte *control test*,[156] setzte also einen hohen Grad an Kontrolle – und damit auch an Expertise – auf Seiten des *masters* voraus. Es ist daher verständlich, dass dieser Test mit den sozialen und wirt-

---

153 *Yewens v. Noakes* (1880-81) 6 Q.B.D. 530, 532 f.

154 Vgl. z.B. *Honeywill and Stein Ltd. v. Larkin Brothers Ltd.* [1934] 1 K.B. 191, 196; *Hardaker v. Idle District Council* [1896] 1 Q.B. 335, 339.

155 Minutes of Evidence on Employers' Liability, Parliamentary Papers, 1876, Vol. X, S. 58.

156 *Fleming*, The Law of Torts, S. 414.

schaftlichen Veränderungen seit seiner Einführung nicht Schritt halten konnte. Kahn-Freund bemerkte daher:

> [The old control test] reflects a state of society in which the ownership of the means of production coincided with the possession of technical knowledge and skill and in which that knowledge and skill was largely acquired by being handed down from one generation to the next by oral tradition and not by being systematically imparted by institutions of learning.[157]

Die Grundlage des *control test* wurde also durch zunehmend kompliziertere Betriebsstrukturen hinfällig. Außerdem wurde deutlich, dass dem Arbeitgeber oftmals das Fachwissen seiner geschulten Arbeitskräfte, fehlte. Insbesondere bei Krankenhausbetreibern trat dies hinsichtlich der beschäftigten Ärzte offen zu Tage. Während zu Beginn der 20. Jahrhunderts Krankenhausbetreiber offensichtlich nicht für die Fahrlässigkeit ihrer Ärzte einstehen mussten,[158] schlug der englische Court of Appeal schließlich einen neuen Weg ein und nahm auch in solchen Fällen *vicarious liability* an.[159] Der klassische *control test* hätte hier zu einem Verhältnis von *independent contractors* geführt.[160] Statt dessen haben die Gerichte die Schwelle für *vicarious liability* durch geringere Anforderungen an den erforderlichen Kontrollgrad gesenkt. Schon 1946 hatte das House of Lords hierfür erste Schritte eingeleitet. Lord Thankerton fasste die damaligen Voraussetzungen folgendermaßen zusammen: „(a) the master's power of selection of his servant; (b) the payment of wages or other remuneration; (c) the master's right to control the method [...] and (d) the master's right of suspension and dismissal."[161] Unter Hinweis auf den Wandel der Bedingungen schloss er, dass die zeitgenössische Rechtslage, in der „selection, payment and control are inevitably in every contract of service is clearly open to reconsideration."[162]

---

[157] M.L.R. 14 (1951), 504, 505.

[158] *Hillyer v. The Governors of St. Bartholomew's Hospital* [1909] 2 K.B. 820; *Strangways-Lesmere v. Clayton* [1936] 2 K.B. 11.

[159] *Cassidy v. Minister of Health* [1951] 2 K.B. 343. *Denning L.J.* leitete die Haftung aber aus dem Konzept der *non-delegable duties* her (a.a.O., 363): „I take it to be clear law, as well as good sense, that, where a person is himself under a duty to use care, he cannot get rid of his responsibility by delegating the performance of it to someone else, no matter whether the delegation be to a servant under a contract of service or to an independent contractor under a contract for services." Obiter dicta in *Gold v. Essex County Council* [1942] 2 K.B. 293, 293 – ein Fall der sich mit Radiologen befasste. In *Roe v. Minister of Health* [1954] 2 Q.B. 66, 69, dehnte der Court of Appeal *vicarious liability* auch auf Anästhesisten aus.

[160] Interessanterweise hatten die Gerichte auch damals schon keine Skrupel, den Kapitän eines Schiffes als *servant* des Eigentümers anzusehen. Aber *Atiyah* führt an, dass diese Rechtslage noch aus einer Zeit kam, in der das Schiff selbst als haftbar behandelt wurde; Vicarious Liability, S. 47 Fußnote 7.

[161] *Short v. J. & W. Henderson Ltd.* (1946) 62 T.L.R. 427, 429.

[162] A.a.O.

Seitdem sind die Gerichte aller Common-Law-Juridiktionen bemüht, realitätsnähere Formeln zu entwickeln.

In *Montreal v. Montreal Locomotive Works Ltd.*[163] formulierte Lord Wright, basierend auf Douglas[164] und *Park v. Wilson & Clyde Coal Co.*[165] die Eckpunkte der modernen Definition des *employee*-Status:

> It has been suggested that a fourfold test would in some cases be more appropriate, a complex involving (1) control; (2) ownership of the tools; (3) chance of profit; (4) risk of loss. Control in itself is not always conclusive. Thus the master of a chartered vessel is generally the employee of the ship owner though the charterer can direct the employment of the vessel. Again the law often limits the employer's right to interfere with the employee's conduct, as also do regulations. In many cases the question can only be settled by examining the whole of the various elements which constitute the relationship between the parties. In this way it is in some cases possible to decide the issue by raising as the crucial question whose business is it, or in other words by asking whether the party is carrying on the business, in the sense of carrying it on for himself or on his own behalf and not merely for a superior.[166]

In dieser Entscheidung wurde Kontrolle als entscheidendes Merkmal bei der Bewertung des Verhältnisses von Prinzipal und Arbeiter aufgegeben. Es wurde entschieden, dass ein *contract of employment* auch ohne Kontrolle im klassischen Sinne angenommen werden kann. Zumindest in Fällen, in denen der Arbeiter keinen eigenen Betrieb zu führen scheint, entzieht ihm ein nur beschränktes Kontrollrecht des Prinzipals nicht zwangsläufig seine Eigenschaft als *employee*. Vielmehr ist nach dem oben angeführten Zitat eine Gesamtbetrachtung aller Umstände für die Entscheidung der Frage erforderlich, ob ein eigenständiger Betrieb oder ein Arbeitsverhältnis vorliegt.

Umgekehrt entschied der High Court of Australia, dass ein umfassendes Kontrollrecht nicht länger ausreichend für die Begründung eines *contract of employment* sei. In *Queensland Stations Proprietary Ltd. v. Federal Commissioner of Taxation*[167] hatten die Revisionskläger einen Viehtreiber eingeschaltet, um ihr Vieh zu einem bestimmten Ort zu treiben. Dieser stellte Ausrüstung und Essen sowie die erforderlichen Arbeitskräfte bereit und wurde abhängig von der Menge des ausgelieferten Viehs entlohnt. Er hatte jedoch alle rechtmäßigen Weisungen der Auftraggeber zu befolgen und durfte während der Vertragslaufzeit für keinen anderen arbeiten. Dixon J. stellte fest:

---

[163] [1947] 1 D.L.R. 161.
[164] *Douglas*, Vicarious Liability and Administration of Risk, Yale L.J. 38 (1928-29), 584, 595.
[165] 1928 S.C .121.
[166] [1947] 1 D.L.R. 161, 169.
[167] (1945) 70 C.L.R. 539. Siehe auch *Zuijis v. Wirth Brothers Pty. Ltd.* (1955) 93 C.L.R. 561, 571 f., ein Fall, in dem Zirkusakrobaten zu *servants* erklärt wurden.

> In considering the facts it is a mistake to treat as decisive a reservation of control over the manner in which the droving is performed [...]. [T]hat circumstance [...] cannot outweigh the countervailing considerations which are found in the employment by him of servants of his own, the provision of horses, equipment, plant, rations, and remuneration at a rate per head delivered.[168]

Parallel zu der abnehmenden Bedeutung des *control tests* bildeten sich weitergefasste Rechtssätze heraus, die keine vergleichbar scharfe Abgrenzung ermöglichten. In *United States of America v. Silk*[169] lehnte der Supreme Court der USA den *control test* ebenfalls ab und erklärte, die Frage sei auf Grundlage der „wirtschaftlichen Realität" zu entscheiden.[170] Auch in Großbritannien schwenkten die Gerichte ausgehend von Lord Wrights Ausführungen auf eine breitere Betrachtung ein, die das gesamte Verhältnis von Geschäftsherr und Arbeiter im Blick hatte. Wie auch schon in Australien und beim Supreme Court der USA verlagerte sich der Schwerpunkt schließlich auf die Frage, ob der Arbeiter im Einzelfall eigenverantwortlich ein unabhängiges Unternehmen betreibt oder nicht. In dieser Hinsicht stellte Denning L.J. fest: „The test of being a servant does not rest nowadays on submission to orders. It depends on whether the person is part and parcel of the organisation."[171] In einem anderen viel zitierten Urteil führte er aus:

> There are many contracts of service where the master cannot control the manner in which the work is done [...]. It is often easy to recognise a contract of service when you see it, but it is difficult to say wherein the difference lies. A ship's master, a chauffeur and a reporter on the staff of a newspaper are all employed under a contract of service; but a ship's pilot, a taxi-man and a newspaper contributor are employed under a contract for services. One feature which seems to run through the instances is that, under a contract of service, a man is employed as part of the business, and his work is done as an integral part of the business; whereas under a contract for services, his work, although done for the business, is not integrated into it, but is only accessory to it.[172]

Aus den zitierten Fällen, die unter anderem auch explizit in Neuseeland übernommen wurden,[173] wird die Tendenz deutlich, die Grenzen des *contract of*

---

[168] (1945) 70 C.L.R. 539, 552.
[169] 331 U.S. 704 (1946).
[170] 331 U.S. 704 (1946).
[171] *Bank voor Handel en Sheepvaart N.V. v. Slatford* [1953] 1 Q.B. 248, 249.
[172] *Stevenson, Jordan and Harrison Ltd. v. Macdonald and Evans* [1952] 1 T.L.R. 101, 111.
[173] Vgl. z.B. *New Zealand Educational Institute v. Director-General of Education* [1981] 1 N.Z.L.R. 538, 539 f.

employment auf Kosten eines relativ klaren Tests zu erweitern. Es ist daher bemängelt worden, dass die entwickelten *organisation test* und *integration test* „verdächtig an eine Neuformulierung des Problems anstatt einen Test für dessen Lösung erinnern."[174] Andererseits liegt es in der Natur so weitgefasster Formeln, dass sie nicht über schlagwortartige Kriterien wie etwa *business on his own account*, *integrated in a business* als Gegensatz zu *accessory to it* hinaus kommen.[175] Schließlich hat sich der einigermaßen klare *control test* als unbrauchbar erwiesen, um neuere Berufsgruppen und Erscheinungen der Arbeitswelt zufriedenstellend qualifizieren zu können. Bei der Verfeinerung der oben dargestellten groben Ansätze haben sich einzelne Kriterien bei der Identifizierung eines *employment contracts* herausgebildet. Sie variieren in ihrer Bedeutung und der Entscheidung, die sie indizieren. In ihrem Zusammenspiel füllen sie aber den oben dargestellten abstrakten Ausgangspunkt aus und werden deshalb im Folgenden kurz dargestellt.

Das deutsche Recht hat bei der Definition des Verrichtungsgehilfen einen ähnlichen Ausgangspunkt wie das Common Law gewählt. Dieser steht nach ständiger Rechtsprechung zu dem Geschäftsherrn in einem Verhältnis „sozialer Abhängigkeit".[176] Allerdings ist dieses Kriterium nicht so streng wie es scheint. Soziale Abhängigkeit wurde durch Weisungsgebundenheit im Sinne des alten *control tests* charakterisiert.[177] Unter dem Eindruck des sozialen und wirtschaftlichen Wandels sind die Anforderungen dieser Prüfung ebenfalls aufgeweicht worden und heute muss das Weisungsrecht nur noch die Befugnis umfassen, die Tätigkeit des Handelnden zu beschränken, untersagen oder nach Zeit und Umfang zu bestimmen.[178] So sind Ärzte ebenfalls als Verrichtungsgehilfen von Krankenhäusern behandelt worden.[179] Ferner haben Literatur und Rechtsprechung wie bei Dennings *integration test* auch den Grad der Eingliederung in den Organisationskreis als Abgrenzungskriterium anerkannt.[180] Das deutsche Recht

---

[174] *Atiyah*, Vicarious Liability in the Law of Torts, S. 38.

[175] Vgl. *Somervell L.J.*, in *Cassidy v. Minister of Health* [1951] 2 K.B. 343, 352 f.: „One perhaps cannot get much beyond this: 'Was the contract a contract of service within the meaning which an ordinary person would give under the words?'" Außerdem *Denning L.J.*, in *Stevenson, Jordan and Harrison Ltd. v. Macdonald and Evans* [1952] 1 T.L.R. 101, 111: „It is almost impossible to give a precise definition [...]."

[176] *Medicus*, Bürgerliches Recht, Rn. 811.

[177] *Markesinis/Unberath*, The German Law of Torts, S. 695.

[178] BGHZ 45, 311, 313; 103, 298, 303; BGH NJW-RR 1998, 250, 251; HKommBGB-*Staudinger*, § 831, Rn. 7; MünchKommBGB-*Wagner*, § 831, Rn. 10.

[179] BGHZ 95, 63, 71. Bei *gespaltenen Krankenhausverträgen* (in Belegkrankenhäusern) wird dies aber abgelehnt; vgl. BGH NJW 1995, 1611, 1613; 1992, 2962, 2962 f.; 1990, 2317, 2317. Ferner können Chefärzte ausnahmsweise aus dieser Kategorie herausfallen, dann ist aber § 31 BGB anwendbar; vgl. BGHZ 77, 74, 76 ff. Vgl. BGHZ 95, 63, 70 zu dem insofern lückenlosen System von § 831 BGB und §§ 823 Abs. 1, 31 BGB.

[180] MünchKommBGB-*Wagner*, § 831, Rn. 11; *Larenz/Canaris*, Schuldrecht II/2 § 79 III 2, S. 478. Von der Rechtsprechung wurde dieses Kriterium jedenfalls zum Sonderproblem der ausgeliehenen Gehilfen akzeptiert, vgl. BGH VersR 1974, 243, 243 und *van Gerven*, <http: // www.law.kuleuven.ac.be/ casebook/tort/heading5.1.2.pdf>, S. 499/18 und unten, C I 4 a.

und das Common Law gehen hier also grundsätzlich von einer gleichen Definition aus. Aufgrund der großen Zahl von Fällen zu *employment contracts* ist die Common-Law-Definition freilich facettenreicher. Andererseits erlaubt der autonome Ansatzs im deutschen Rechts eine flexiblere Handhabung als die einheitliche Definition im Common Law. Hier ist der Begriff des Verrichtungsgehilfen gerade nicht deckungsgleich mit dem des Arbeitnehmers. Zwar sind grundsätzlich alle Arbeitnehmer davon erfasst,[181] aber der Kreis der Verrichtungsgehilfen ist größer.[182]

a. Das Weisungs- und Kontrollrecht

Der Grad an Kontrolle, den der Prinzipal ausüben kann, ist nach wie vor der gewichtigste Indikator für einen *contract of employment.* So hat zum Beispiel der (NZ) Court of Appeal in *Challenge Realty Ltd. v. Commissioner of Inland Revenue*[183] entschieden:

> The most important, and in most cases the decisive, criterion for determining whether a person is an employee or an independent contractor is the extent to which that person is under the direction and control of the other party to the contract in regard to the manner in which he does the work under it.[184]

In diesem Fall wurden Immobilienmakler als *employees* klassifiziert. Obwohl die fraglichen Immobilienmakler ihrer Tätigkeit weitgehend eigenverantwortlich nachgingen, wurden vor allem die gesetzlich ausgestalteten Kontrollrechte und -pflichten[185] der Agentur in der Zusammenschau für ausschlaggebend gehalten.[186] Tendenziell führt ein umfassendes Kontrollrecht zur Annahme eines *employment contracts*, auch wenn Ausnahmen wie in dem oben erwähnten australischen Fall möglich sind. Ein Kontrollrecht im Sinne des klassischen *control tests* ist also kein erforderliches Element eines *employment contracts*, grundsätzlich aber ausreichend für dessen Annahme. Lord Millet stellte beispielsweise in *Venables and others v. Hornby (Inspector of Taxes)*[187] fest:

---

[181] HKommBGB-*Staudinger*, § 831, Rn. 7.

[182] RGZ 96, 177, 180 f.; BGH NJW 1979, 1883; OLG Koblenz NJW-RR 1989, 363, 363 bzgl. Rechtsanwälten; BGH NJW-RR 1998, 250, 251f. bzgl. eines freien Mitarbeiters für den Verlag eines Restaurantführers; BGH WM 1989, 1047, 1050 bzgl. weisungsgebundener Handelsvertreter; auch der als selbständige Mitarbeiter tätige Warenhausdetektiv ist Verrichtungsgehilfe: OLG Frankfurt NJW-RR 1989, 794, 795 f.

[183] [1990] 3 N.Z.L.R. 42.

[184] [1990] 3 N.Z.L.R. 42, 43.

[185] Vgl. Real Estate Agents Act 1976, sec. 54.

[186] Vgl. auch *Market Investigation Ltd. v. Minister of Social Security* [1969] 2 Q.B. 173, 185; *TNT Worldwide Express (NZ) Ltd. v. Cunningham* [1993] 3 N.Z.L.R. 681, 682.

[187] [2004] 1 All E.R. 627, 633.

„While the degree of control is always significant and might on occasion be decisive, it is only one of the relevant factors to be taken into account in considering whether there is a genuine contract of employment.“ Weiter führte er aus, dass in diesem Fall ein solcher Vertrag auch ohne ein derartiges Kontrollrecht anzunehmen sei. Da umgekehrt mit Ausnahme des australischen Falls Beispiele fehlen, in denen ein hoher Grad an Kontrolle als unzureichend angesehen wurde, lässt sich jedenfalls sagen, dass der alte *control test* immer noch als erster Filter bei der Bestimmung eines *employment contracts* fungiert.[188]

Grundsätzlich stellt die Frage nach dem Kontrollrecht also eine erste Stufe der Prüfung eines *employment contracts* dar. Im Regelfall schließt sich dann, wenn die Kontrollmöglichkeit unzureichend ausgeprägt ist, die Prüfung anderer Faktoren an, während dies früher nur ausnahmsweise geschah. Beispiele dafür sind die Haftung eines Schiffseigentümers für den Kapitän[189] oder auch für obligatorisch einzustellende Lotsen.[190] Diese historischen Ausnahmefälle illustrieren einerseits, dass der *control test* niemals blind durchgehalten wurde. Andererseits sind auch im heutigen Recht noch Relikte zu finden, die sich nur mit der ehemals überragenden Bedeutung dieses Kriteriums erklären lassen. So ist zum Beispiel die in vielen Ländern noch gültige *independent discretion rule* gerade hierauf zurückzuführen. Sie findet insbesondere bei öffentlichen Angestellten Anwendung und wird im Folgenden gesondert behandelt.[191]

b. Einstellungs- und Kündigungsmöglichkeit

Eines der Merkmale aus der Aufzählung von Lord Thankerton ist die Möglichkeit des Geschäftsherren, die andere Partei einzustellen und wieder zu kündigen. Es ist jedoch nur schwer einzusehen, warum dieser Faktor hilfreich sein sollte. Der Geschäftsherr wird immer in der Lage sein, sowohl einen Arbeitnehmer als auch einen anderen Vertragspartner frei zu wählen.[192] Selbst wo dies nicht der Fall ist, wie beispielsweise in den Lotsenfällen, kann trotzdem ein *contract of service* bestehen.

---

188 Vgl. z.B. *Market Investigation Ltd. v. Minister of Social Security* [1969] 2 Q.B. 173, 185

189 Siehe oben, C I 1.

190 Ursprünglich war ein Schiffseigentümer nicht haftbar für solche Lotsen: *The Halley* (1868) L.R. 2 P.C. 193. Die Einrede der *compulsory pilotage* wurde aber in *The Chyebassa* [1919] P 201, 202 abgeschafft. A.A. anscheinend *Denning L.J.* im oben zitierten *Stevenson, Jordan and Harrison Ltd. v. Macdonald and Evans* [1952] 1 T.L.R. 101, 111. In den meisten Fällen beruht die Haftung des Schiffseigentümers auf gesetzlichen Regelungen; Vgl. z.B. *Oceanic Crest Shipping Co. v. Pilbara Harbour Sevices Pty. Ltd.* (1986) 160 C.L.R. 626.

191 Siehe unten, C I 4 e.

192 Z.B.: *Challenge Realty Ltd. v. Commissioner of Inland Revenue* [1990] 3 N.Z.L.R. 42, 56.

c. Bereitstellung von Ausrüstung

Die Frage, wer die Ausrüstung zur Verfügung stellt, spielt eine wichtige Rolle in der Abgrenzung von Organisationseinheiten und daher auch für die Grenzziehung zwischen *employees* und *independent contractors*.[193] Es ist nämlich sehr wahrscheinlich, dass eine Person, die auf ihre eigene Ausrüstung zurückgreift, ihre Dienste unabhängig von der anderen Partei anbieten kann und daher ein eigenes Unternehmen führen kann. Außerdem ist eine solche Person in der Regel keiner so großen Kontrolle der anderen Partei unterworfen. Wenn also jemand seine eigene Ausrüstung bereitstellt und wartet, ist dies ein starkes Indiz für eine selbständige Beschäftigung. In *Ready Mixed Concrete (South East) Ltd. v. Ministry of Pensions and National Insurance*,[194] einem der meistzitierten Fälle in diesem Zusammenhang, wurden Fahrer von Betonmischwagen zu *independent contractors* erklärt. Das Urteil stützt sich in erster Linie darauf, dass sie die Lkws über ein Finanzierungsmodell erwerben und auf eigene Kosten instandhalten mussten.[195]

Aber Bereitstellung und Instandhaltung von Ausrüstung, insbesondere von Fahrzeugen und Werkzeug, sind wiederum für sich allein betrachtet im allgemeinen nicht ausreichend, um ein Verhältnis von *independent contractors* zu schaffen. Dies wird durch umfangreiches Fallrecht zu vielen Berufsgruppen belegt.[196] Ferner ist dies auch keine zwingende Voraussetzung für die Annahme von unabhängigen Vertragspartnern.[197]

d. Wirtschaftliches Risiko

Dieser Aspekt, den Lord Wright und Lord Thankerton als Gewinnchance beziehungsweise Verlustrisiko bezeichnet haben, lässt klare Rückschlüsse darauf zu,

[193] Vgl. z.B. *Binding v. Great Yarmouth Port and Haven Commisioners* (1923) 16 BWCC 28; *Ready Mixed Concrete (South East) Ltd. v. Ministry of Pensions and National Insurance* [1968] 2 Q.B. 497; *TNT Worldwide Express (NZ) Ltd. v. Cunningham* [1993] 3 N.Z.L.R. 681; *United States of America v. Silk* 331 U.S. 704 (1946).

[194] [1968] 2 Q.B. 497; [1968] 1 All E.R. 433.

[195] Siehe unten, C I 2. Das BAG hat im „Eismannfall" bei einer ähnlichen Konstellation eine selbständige Tätigkeit abgelehnt; BAGE 86, 178, 181 ff.

[196] *Lee Ting Sang v. Chung Chi-Keung* [1990] 2 A.C. 375 zu Bauarbeitern; *Challenge Realty Ltd. v. Commissioner of Inland Revenue* [1990] 3 N.Z.L.R. 42 zu Immobilienmaklern; *Humberstone v. Northern Timber Mills* (1949) 79 C.L.R. 389, 404 f. (per *Dixon J.*) zu Lastwagenfahrern; *National Labour Relations Board v. Nu-Car Carriers* 189 Fed 2d 756 (1951) zu Lastwageneigentümern; wie *Atiyah* feststellt, in Vicarious Liability in the Law of Torts, S. 65, wurde in dem *Performing Right Society* Fall ([1924] 1 K.B. 762) dem Umstand, dass Musiker ihre eigenen Instrumente benutzten, keine Beachtung geschenkt.

[197] Z.B. *Hall (Inspector of Taxes) v. Lorimer* [1994] 1 All E.R. 250; *Smith v. General Motor Cab Co. Ltd.* [1911] A.C. 188, wo Taxifahrern die Autos zur Verfügung gestellt wurden und trotzdem zu *independent contractors* erklärt wurden.

wer das unternehmerische Risiko trägt. Wenn das finanzielle Risiko also ausschließlich oder weit überwiegend von einer Partei getragen wird, ist diese entweder der Arbeitgeber oder aber ein unabhängiger Vertragspartner. Normalerweise werden finanzielle Risiken aber teilweise von beiden Parteien getragen, wenn sich die Frage nach der Natur ihrer Beziehung stellt. So ist zum Beispiel die Verantwortung für die Ausrüstung schon eine Risikoübernahme durch die betreffende Person. In dem *Ready Mixed Concrete*-Fall führte dies zusammen mit anderen übernommenen Risiken wie der Bereitstellung entsprechender Genehmigungen und der Einstellung von Ersatzfahrern zu einem Zustand, den das Gericht als eigenständiges kleines Unternehmen auffasste. Auf der anderen Seite wurden insbesondere bei der Erbringung von qualifizierten Dienstleistungen auch schon dort *contracts for services* festgestellt, wo der Arbeiter kein größeres Risiko trug als ein gewöhnlicher Angestellter, also das Insolvenzrisiko seines Arbeitgebers beziehungsweise Auftraggebers.[198]

Trotzdem haben neuere Entscheidungen die Bedeutung des „*enterprise risk*"-Konzepts nicht nur als allgemeine Erwägung von *vicarious liability*, sondern auch zur Auslegung der Tatbestandsmerkmale unterstrichen. Insbesondere hinsichtlich der Frage, wie die erforderliche Beziehung zwischen Delikt und Anstellung („*in the course of employment*") auszusehen hat, ist dieses Konzept von zentraler Bedeutung.[199] Aber zum Beispiel auch in *Hollis v. Vabu Pty. Ltd.* – einem Fall zu dem Status eines Fahrradkuriers – stellte das Mehrheitsurteil fest:

> In general, under contemporary Australian conditions, the conduct by the defendant of an enterprise in which persons are identified as representing that enterprise should carry an obligation to third persons to bear the cost of injury or damage to them which may fairly be said to be characteristic of the conduct of that enterprise. In delivering the judgment of the Supreme Court of Canada in *Bazley v. Curry*, McLachlin J said of such cases that "the employer's enterprise [has] created the risk that produced the tortious act" and the employer must bear responsibility for it. McLachlin J termed this risk "enterprise risk" and said that "where the employee's conduct is closely tied to a risk that the employer's enterprise has placed in the community, the employer may justly be held vicariously liable for the employee's wrong."[200]

Die zitierte kanadische Richterin sowie der US Supreme Court hatten bei dieser Argumentation offensichtlich das Tatbestandsmerkmal des *course of employment* und nicht das Verhältnis zwischen *master* und *servant* im Auge.

---

[198] Z.B. *Hall (Inspector of Taxes) v. Lorimer* [1994] 1 All E.R. 250 bzgl. eines „Visionmixers".

[199] Vgl. z.B. *Bazley v. Curry* [1999] 2 S.C.R. 534, 548f.; *Hollis v. Vabu Pty. Ltd.* (2001) 181 A.L.R. 263, 275; *Faragher v. City of Boca Raton* 524 U.S. 775 (1998) 793-797.

[200] *Hollis v. Vabu Pty. Ltd.* (2001) 181 A.L.R. 263, 275.

Das „*enterprise risk*"-Konzept ist bislang nur im Kontext von *vicarious liability* und nicht von anderen Rechtsgebieten bei der Definition von *employment contracts* aufgegriffen worden. Seine Anwendung führt jedoch zu vertrauten Fragestellungen. Die Untersuchung, wer welche Risiken trägt, ist eine Umformulierung der oben zitierten Suche nach selbständigen Organisationseinheiten, denen diese Risiken zugeordnet werden können.[201]

e. Bestimmung von Zeit und Ort

Die Frage, wer über Ort und Zeit der Verrichtung bestimmen kann, stellt ebenfalls einen Aspekt dar, der im Rahmen dieser Untersuchung Bedeutung gewinnen kann.[202] Letztlich handelt es sich hierbei jedoch um einen vergleichsweise schwachen Indikator für den Grad der Selbständigkeit, die dem Arbeiter übertragen worden ist. Die Bestimmung von Ort und Zeit wird daher nur als ergänzendes Kriterium herangezogen. So hat die Tatsache, dass Immobilienmakler einer Agentur frei über Ort und Zeit disponieren konnten, die Gericht nicht davon überzeugen können, dass sie unabhängige Vertragsparteien sind.[203] Umgekehrt hat die Pflicht eines Eigentümers eines Betonmischers, diesen jederzeit der anderen Vertragspartei zur Verfügung zu stellen, die Richter nicht zur Annahme veranlasst, einen Arbeitnehmer vor sich zu haben.[204]

f. Parteiwille, vertragliche Bezeichnung

Selbstverständlich haben die Parteien die Freiheit, das Vertragsverhältnis und damit die Organisation der Arbeit sowie die Risikoverteilung zwischen ihnen frei auszugestalten. Sie können daher unter Beachtung der gesetzlichen Bestimmungen ihre gegenseitigen Pflichten und Weisungsrechte festlegen. Dieselbe Arbeit kann daher grundsätzlich sowohl in der Eigenschaft eines *employees* als auch eines *independent contractors* verrichtet werden.[205] In diesem Umfang können die Vertragsparteien dann auch die Natur ihres Vertrages durch die Vertragsbestimmungen gestalten und hier macht der oft zitierte Ausspruch von Lord Denning M.R. – „[h]aving made his bed as self-employed, he must lie in

---

[201] *Flannigan*, Enterprise Control: The Servant-Independent Contractor Decision, U.Tor.L.J. 37 (1987), 25, 41 ff.

[202] Z.B. *Stevens v. Brodribb Sawmilling Co. Pty.* (1986) 63 A.L.R. 513, 519.

[203] Wie z.B. in *Challenge Realty Ltd. v. Commissioner of Inland Revenue* [1990] 3 N.Z.L.R. 42.

[204] Vgl. *Ready Mixed Concrete (South East) Ltd. v. Ministry of Pensions and National Insurance* [1968] 2 Q.B. 497.

[205] Vgl. z.B. *McKay J.*, in *TNT Worldwide Express (NZ) Ltd. v. Cunningham* [1993] 3 N.Z.L.R. 681, 699.

it"[206] – Sinn. Ein gutes Beispiel hierfür ist die Arbeit als Lkw-Fahrer, die sowohl unter einem *contract for services* als auch einem *contract of service* ausgeführt werden kann, wie sich gezeigt hat.[207]

Weil die Vertragsnatur aber durch die vertraglichen Absprachen und durch die tatsächliche Ausgestaltung der Arbeit bestimmt wird, hat die bloße Bezeichnung des Verhältnisses durch die Vertragspartner, beispielsweise als das unabhängiger Vertragspartner, ebenso wie im deutschen Recht[208] grundsätzlich keinen Einfluss auf die Klassifizierung des Vertrags[209]. Gleiches gilt auch für die schlichte Weigerung der einen Partei, Sozialabgaben für die andere abzuführen.[210] Ebenso unerheblich sind bewusst falsche Bezeichnungen[211] und Vertragsklauseln, die zwar den gewünschten Vertragstyp indizieren, aber nicht die Realität widerspiegeln.[212] Nur ausnahmsweise, wenn die Analyse aller relevanten Faktoren immer noch kein Urteil zulässt, können Vereinbarungen über den Vertragstyp subsidiäre Bedeutung erlangen.[213] In *Massey v. Crown Life Insurance Co.*[214] hat Lord Denning M.R. in diesem Zusammenhang klar gestellt:

> The law, as I see it, is this: if the true relationship of the parties is that of master and servant under a contract of service, the parties cannot alter the truth of that relationship by putting a different label on it. If they should put a different label on it, and use it as a dishonest device [...] they (can)not get any advantage out of it [...] On the other hand, if their relationship is ambiguous and capable of being one or the other [i.e. either service or of agency] then the parties can remove that ambiguity by the very agreement itself which they make with one another. The agreement

---

206 *Massey v. Crown Life Insurance* [1978] 2 All E.R. 576, 581.
207 Siehe oben, C I 1.
208 Vgl. Münchener-Kommentar-*Wagner* § 831 BGB, Rn. 16. Anders noch RGZ 120, 154, 160 f.
209 Vgl. z.B. *McKay J.*, in *TNT Worldwide Express (NZ) Ltd. v. Cunningham* [1993] 3 N.Z.L.R. 681, 700. Ebenso *Telecom South Ltd. v. Post Office Union (Inc)* [1992] 1 N.Z.L.R. 275, 282, wo eine Vertragsklausel, die das Verhältnis als selbständig bezeichnete wegen Unvereinbarkeit mit dem übrigen Vertragswerk ignoriert wurde. Vgl. auch *Carmichael v. National Power Plc.* [1999] 4 All E.R. 897.
210 Z.B. *Davis v. New England College of Arundel* [1977] I.C.R. 6; *London General Cab Co. Ltd. v. Inland Revenue Commissioners* [1950] 2 All E.R. 566, 568; *Young and Woods Ltd. v. West* [1980] I.R.L.R. 201.
211 *Alexander v. Rayson* [1936] 1 K.B. 169.
212 *Challenge Realty Ltd. v. Commissioner of Inland Revenue* [1990] 3 N.Z.L.R. 42, 55-56; *Re Securitibank Ltd. (No 2)* [1978] 2 N.Z.L.R. 136, 167.
213 *Flannigan*, Enterprise Control: The Servant-Independent Contractor Decision, U.Tor.L.J. 37 (1987), 25, 51. Dies scheint die überwiegende Auffassung zu sein; *Megaw L.J.*, in *Ferguson v. John Dawson & Partners (Contractors) Ltd.* [1976] 3 All E.R. 817, 824 bestreitet jegliche Relevanz einer solchen Absprache. A.A. *Khan*, Who is a Servant? A.L.J. 53 (1979), 832, 839, der einen Trend in der Auslegung ausmacht, nach dem jegliche Unklarheiten durch den Parteiwillen beseitigt werden sollen.
214 [1978] 2 All E.R. 576.

> itself then becomes the best material from which to gather the true legal relationship between them.[215]

Dieses Rechtsverständnis des Common Law hat sich auch in gesetzlichen Bestimmungen niedergeschlagen und wird in Literatur und Rechtsprechung als *intention test* bezeichnet.[216]

g. Bezahlung

Ein anderer hilfreicher Aspekt ist die Art der Bezahlung. Während fixe Gehälter für eine festgelegte Arbeitszeit einen *employment contract* indizieren, deutet eine ergebnisorientierte Bezahlung, beispielsweise über Provisionen, eher in die andere Richtung.[217]

h. Delegierung

Das Recht, übertragene Aufgaben zu delegieren, kann ebenfalls von Bedeutung sein, da Pflichten aus einem *employment contract* in der Regel persönlich zu erfüllen sind.[218] Unabhängige Vertragspartner haben eher das Recht, übernommene Aufgaben zu delegieren, auch wenn klar ist, dass im Einzelfall die übernommenen Pflichten oftmals persönlich zu erledigen sind. Die Verpflichtung, Ersatzarbeiter beispielsweise für den Krankheitsfall bereitzustellen, deutet also eher auf ein eigenständiges Unternehmen hin und daher auf einen *contract for services*.

i. Kontinuität, Vertragslaufzeit

Die Dauer einer Beschäftigung lässt ebenso wie im deutschen Recht[219] keine Rückschlüsse auf die Vertragsnatur zu. So wurde in *Market Investigation*[220]

---

[215] [1978] 2 All E.R. 576, 579 f. Der Privy Council übernahm diese Formulierung in *Australian Mutual Provident Society v. Chaplin* (1978) 18 A.L.R. 385, 389. Ferner stimmte ihr auch *Holland J.* in *Challenge Realty Ltd. v. Commissioner of Inland Revenue* [1990] 3 N.Z.L.R. 42, 55 zu.

[216] *Enterprise Cars Ltd. v. Commissioner of Inland Revenue* N.Z.T.C. 10 (1988), 5,126, 5,132; *Challenge Realty Ltd. v. Commissioner of Inland Revenue* [1990] 3 N.Z.L.R. 42, 52.

[217] *Stevens v. Brodribb Sawmilling Co. Pty.* (1986) 63 A.L.R. 513, 518; *Ready Mixed Concrete (South East) Ltd. v. Ministry of Pensions and National Insurance* [1968] 1 All E.R. 433, 445.

[218] In *Express and Echo Publications Ltd. v. Tanton* [1999] I.R.L.R. 367 erklärte der Court of Appeal, dass ein *contract of service* immer durch persönliche Pflichten gekennzeichnet sei.

[219] Vgl. *Kötz/Wagner*, Deliktsrecht, Rn. 278.

[220] *Market Investigation Ltd. v. Minister of Social Security* [1969] 2 Q.B. 173.

entschieden, dass Personen, die als Teilzeitarbeit Telefonumfragen durchführten, unter einer Reihe von kurzzeitigen *contracts of service* beschäftigt waren.[221]

j. Gegenseitige Verpflichtungen

Ein anderer Aspekt, dem in diesem Zusammenhang große Aufmerksamkeit geschenkt wird, ist die Gegenseitigkeit vertraglicher Verpflichtungen. Häufig besteht zwischen den Parteien nämlich nur ein loses Vertragsverhältnis, auf dessen Grundlage sich noch keine Verpflichtungen ergeben, Arbeit anzubieten beziehungsweise diese auch anzunehmen. In *O'Kelly v. Trusthouse Forte Plc.*[222] bestätigte der Court of Appeal beispielsweise eine erstinstanzliche Entscheidung, die Kellner hauptsächlich deshalb als unabhängige Vertragspartner behandelte, weil der Hotelbetreiber ihnen keine Schichten anbieten musste und sie im Gegenzug nicht verpflichtet waren, eine ihnen angebotene Schicht anzunehmen. Diesem Fall lag jedoch eine Kündigungsschutzklage zugrunde, so dass gerade auch die Zeit bewertet werden musste, in denen die Kellner nicht arbeiteten. Daher bestünde noch die Möglichkeit, ähnlich wie Cooke J. in *Market Investigation* in Ermangelung einer solchen Gegenseitigkeit von einer Serie von Arbeitsverträgen auszugehen.[223] Trotzdem verdeutlicht diese Entscheidung die Probleme, die sich aus Entscheidungen in anderen Rechtsgebieten zur Frage der Selbständigkeit für *vicrious liability* ergeben können.

k. *Integration test, organisation test, fundamental test*

Die oben dargestellten Aspekte werden von den Gerichten in abstrakteren Formeln für die Grenzziehung zwischen *contracts for services* und *contracts of service* zusammengefasst. In diese Kategorie fallen verschiedene Tests, die unter anderem als *integration test, organisation test* oder *fundamental test* bezeichnet werden.

Der *integration* oder *organisation test* geht auf Denning zurück. In den oben zitierten Passagen führte er die Prüfung ein, ob die fragliche Person als „Teil der Organisation“[224] anzusehen ist und ob „die Arbeit als integraler Teil des Gewerbes erledigt wurde“ oder als Zusatzarbeit, die nicht in den Betrieb

---

[221] Vgl. auch *Flannigan*, Enterprise Control: The Servant-Independent Contractor Decision, U.Tor.L.J. 37 (1987), 25, 50.

[222] [1984] Q.B. 90.

[223] Aber das scheint nicht allgemein anerkannt zu sein; vgl. *Carmichael v. National Power Plc.* [1999] 4 All E.R. 897. Außerdem lehnte der Court of Appeal in *O'Kelly* diesen Einwand des Employment Appeals Tribunals als unvereinbar mit der erstinstanzlichen Entscheidung ab; vgl. [1984] Q.B. 90, 91, 122.

[224] *Bank voor Handel en Sheepvaart N.V. v. Slatford* [1953] 1 Q.B. 248, 249: „part and parcel of the business“; siehe oben, C I 1.

integriert ist.[225] Aber auch diese Formel ist nicht ganz klar. Sie kann nämlich auf zwei verschiedene Arten ausgelegt werden.[226]

Einerseits könnte der *Test* darauf abzielen, ob die fragliche Person einer Tätigkeit nachgeht, die notwendig und von zentraler Bedeutung für den potentiellen Arbeitgeber ist, um seinen Betrieb zu führen. Der Schwerpunkt würde also auf der Frage liegen, wie wichtig die Tätigkeit der einen Partei für das Unternehmen der anderen ist.[227] Obwohl es offensichtlich ist, dass ein Unternehmer auch zentrale Aktivitäten seines Betriebsablaufes an Personen delegieren kann, die deshalb nicht zu seinen Angestellten werden, stellt diese Version des *integration test* dennoch ein brauchbares Hilfsmittel für manche Grenzfällen dar.[228]

Andererseits scheint zumindest das zweite Zitat darauf hinzudeuten, dass der Urheber nicht die Wichtigkeit der Tätigkeit, sondern den Grad der Einbindung in die Betriebsstruktur im Blick hatte. Nach diesem Verständnis ist nicht die logische, sondern die organisatorische Integration entscheidend. Unter dieser Fragestellung spielen auch wieder die Faktoren von Zeit und Ort, sowie die Art der Entlohnung eine wichtige Rolle. Australische und neuseeländische Gerichte haben den *integration test* überwiegend in diesem Sinne angewandt.[229] Auch in Großbritannien wurde er so verstanden und dabei der sogenannte *fundamental test*[230] entwickelt. Dieser geht auf Cooke J. in einem der meistzitierten Urteile zu diesem Problem zurück:

> The observations of Lord Wright, of Denning L.J. and of the judges of the Supreme Court suggest that the fundamental test to be applied is this: „Is the person who has engaged himself to perform these services performing them as a person in business on his own account?“ If the answer to that question is „yes,“ then the contract is a contract for services. If the answer is „no,“ then the contract is a contract of service.[231]

---

[225] *Stevenson, Jordan and Harrison Ltd. v. Macdonald and Evans* [1952] 1 T.L.R. 101, 111: „integrated in a business“ oder „accessory to it“; siehe oben, C I 1.

[226] *Kidner*, Vicarious liability: for whom should the employer be liable? Legal Stud. 15 (1995), 47, 59.

[227] *Flannigan*, in: Enterprise Control: The Servant-Independent Contractor Decision, U.Tor.L.J. 37 (1987), 25, 56, führt aus, dass das Canadian Pension Appeals Board den Test so versteht.

[228] *Kidner*, Vicarious liability: for whom should the employer be liable? Legal Stud. 15 (1995), 47, 60.

[229] In dem umfangreichsten neuseeländischen Urteil hierzu wählte *Holland J.* diese Auslegung (*Challenge Realty Ltd. v. Commissioner of Inland Revenue* [1990] 3 N.Z.L.R. 42, 54); siehe auch *Enterprise Cars Ltd. v. Commissioner of Inland Revenue* (1988) 11 T.N.R.Z. 768, Rn. 66 f. Für Australien vgl. *Hollis v. Vabu Pty. Ltd.* (2001) 181 A.L.R. 263, 279 f.

[230] Vgl. *Holland J.*, in *Challenge Realty Ltd. v. Commissioner of Inland Revenue* [1990] 3 N.Z.L.R. 42, 54 und *Blanchard J.*, in *Bryson v. Three Foot Six Ltd.* [2005] N.Z.S.C. 34, Rn. 10, 33.

[231] *Market Investigation Ltd. v. Minister of Social Security* [1969] 2 Q.B. 173, 184.

Der alte *entrepreneur test* oder *business reality test* von Lord Wright[232] wurde also dahingehend modifiziert, dass die Aussage, die er für Ausnahmefälle formuliert hatte, zu einem generellen Test erhoben wurde.

1. Zusammenfassung

Nach dem *control test* hat sich keiner seiner Nachfolger als alleingültiger Prüfungsmaßstab verstanden. Vielmehr kann die Linie zwischen *contracts of service* und *contracts for services* nur auf Grundlage aller Faktoren und Tests gezogen werden. Es ist nicht weiter verwunderlich, dass auch diese Erkenntnis einen Namen bekommen hat, nämlich den des „*multiple test*". Die weiteren Ausführen von Cooke J. spiegeln daher eine allgemeine Einsicht wider:

> No exhaustive list has been compiled and perhaps no exhaustive list can be compiled of the considerations which are relevant in determining that question, nor can strict rules be laid down as to the relative weight which the various considerations should carry in particular cases. The most that can be said is that control will no doubt always have to be considered, although it can no longer be regarded as the sole determining factor; and that factors which may be of importance are such matters as whether the man performing the services provides his own equipment, whether he hires his own helpers, what degree of financial risk he takes, what degree of responsibility for investment and management he has, and whether and how far he has an opportunity of profiting from sound management in the performance of his task.[233]

Nur einzelne Faktoren und ihre jeweilige Gewichtung haben zu einer kontroversen Diskussion geführt.

2. Die Anwendung der entwickelten *tests*

Die Existenz der einzelnen Faktoren, von denen manche oben dargestellt wurden, sowie ihre fallbezogene Kombinierung ist unbestritten. Die einzelnen Jurisdiktionen teilen also denselben Ausgangspunkt. Gleichwohl sind die Gerichte in Einzelfällen zu Ergebnissen gelangt, die sich teilweise nur schwer miteinander vereinbaren lassen.

---

232 Siehe oben, C I 1.

233 *Market Investigation Ltd. v. Minister of Social Security* [1969] 2 Q.B. 173, 184 f.

In *Ready Mixed Concrete,*[234] einem Fall, in dem Sozialversicherungspflichtigkeit unter dem National Insurance Act 1965 streitig war, arbeiteten Fahrer von Betonmischern für eine Gesellschaft, die Beton herstellte und verkaufte. Nach der Firmenpolitik sollte die Effizienz dadurch gesteigert werden, dass die Fahrer die Wagen von einer verwandten Gesellschaft leasten und schließlich Eigentum an ihnen erwarben. Sie hatten die Lkws in den Farben der Gesellschaft zu lackieren und sie an die Einfüllanlagen der Gesellschaft anzupassen. Ferner durften sie nur für die Zwecke der Gesellschaft benutzt werden und mussten jederzeit zur Verfügung stehen. Die Gesellschaft übernahm den Versicherungsschutz. Die Fahrer hatten eine Firmenuniform zu tragen und alle berechtigten Weisungen zu befolgen. Auf der anderen Seite waren sie berechtigt, die Arbeit an andere Personen zu delegieren, wobei sich die Firma ein beschränktes Widerspruchsrecht vorbehielt. Weiterhin mussten die Fahrer für die laufenden Kosten aufkommen und ihr Lohn errechnete sich aus einem Schlüssel aus gelieferter Menge und Entfernung. MacKenna J. befand, dass kein *employment contract* vorlag. Er hielt die Art der Bezahlung, die Delegierungsmöglichkeit und vor allem den Eigentumserwerb an den Lkws, der eine beträchtliche Investition und Risikoübernahme darstelle, für entscheidend. Entgegenstehende Aspekte, wie das Verbot, für andere zu arbeiten, die Pflicht, wie Arbeitnehmer in Uniform aufzutreten und die Lkws anzupassen, traten demzufolge dahinter zurück. Insbesondere der Umstand, dass die Fahrer weisungsabhängig waren, störte den Richter nicht, da „jemand nicht deshalb aufhört, ein Unternehmen zu führen, weil er einwilligt, es effizient zu führen und Anweisungen zu akzeptieren.“[235]

In *Market Investigation,*[236] einem Fall, der ebenfalls Beiträge unter dem National Insurance Act 1965 zum Gegenstand hatte, wurde hingegen diesem letztgenannten Umstand – möglicherweise weil es hier an einem vergleichbaren Investment fehlte – eine große Bedeutung eingeräumt. Ein Meinungsforschungsinstitut beschäftigte Teilzeitkräfte für Telefonumfragen. Diese waren nicht verpflichtet, angebotenen Aufträge anzunehmen, konnten über Arbeitszeit und -ort frei disponieren und wurden pauschal pro durchgeführte Umfrage bezahlt. Außerdem durften sie währenddessen auch für andere arbeiten. Sie mussten sich jedoch bei den Telefonaten an einen engmaschigen Richtlinienkatalog halten, der detaillierte Vorgaben zum Ablauf der Interviews enthielt, wie zum Beispiel die Regelung, nach wie vielen Versuchen auf eine andere Testperson zurückgegriffen werden durfte. Bei der Abwägung dieser Umstände kam der High Court zu dem Ergebnis, dass die betroffenen Personen insbesondere wegen der Einflussnahme auf die Art und Weise der Interviewführung in einer Serie von *employment contracts* beschäftigt waren, die sich in die einzelnen angenommen Aufträge unterteilte.

---

[234] [1968] 1 All E.R. 433.
[235] [1968] 1 All E.R. 433, 447.
[236] [1969] 2 Q.B. 173, 184 f.

Ähnlich entschied der neuseeländische Court of Appeal in *Challenge Realty.*[237] Hier wurden Immobilienmakler vor allem wegen der weitgehenden Kontrollpflichten und -rechte der Agentur zu deren *employees* erklärt. Die Makler stellten ihre eigene Ausrüstung, Kraftfahrzeuge und Telefone, zur Verfügung und manche von ihnen beschäftigten Hilfspersonen. Ihre Bezahlung bemaß sich ausschließlich an den Provisionen für abgeschlossene Geschäfte. Andererseits hatte die Agentur weitgehende gesetzliche Kontrollpflichten und -rechte. Ferner waren die Makler notwendigerweise fest in die Struktur der Agentur eingebunden. Dies und die Tatsache, dass die Makler ohne ihre Arbeit für die Agentur arbeitslos wären, die Agentur also ihr einzigerAuftraggeber war, veranlasste die Gerichte, einen *employment contract* anzunehmen.

In *TNT Worldwide Express v. Cunningham,*[238] einer Kündigungsschutzklage, waren die Fakten ähnlich. In diesem Fall stellte sich die Frage nach dem Status von Kurierfahrern. Diese stellten ihre eigenen Kraftfahrzeuge bereit, versicherten sie selbst, lackierten sie in den Betriebsfarben, brachten entsprechende Werbung an und mussten eine Telefonanlage installieren. Darüber hinaus mussten sie eine Uniform tragen und durften nicht für andere arbeiten. Sie mussten die erforderlichen Genehmigungen erwerben und Ersatzarbeitskräfte im Urlaub oder Krankheitsfall einstellen. Ihnen wurde geregelter Urlaub und Zahlungen im Krankheitsfall gewährt. Außerdem mussten sie sich an Anweisungen bezüglich Kunden und Routen halten und an Transitoperationen teilnehmen. Ihnen wurden aber exklusive Gebiete zugewiesen und die Verträge bezeichneten sie als *independent contractors*. Bei einem garantierten Mindestlohn basierte ihre Bezahlung auf der Arbeitsleistung. Es handelt sich offensichtlich hierbei ähnlich wie bei *Ready Mixed Concrete* um einen Grenzfall.[239] Unter Bezugnahme auf diesen Fall entschied sich der Court of Appeal für *independent contractors*. Zwar war das Weisungsrecht der Gesellschaft vergleichbar, aber es ist zweifelhaft, ob das Investment und damit das Risiko der Fahrer nicht entscheidend geringer war. Das Gericht rechtfertigte seine Entscheidung indes letztlich damit, dass die Bereitstellung von Ersatzfahrern, Genehmigungen und Versicherungsschutz „substantielle Verpflichtungen und unvereinbar mit einem *contract of service* sind und sie sind so bedeutend, dass sie nicht einfach bei der Analyse des tatsächlichen Vertragseffektes beiseite gelassen werden können."[240]

Der High Court of Australia billigte hingegen in *Hollis v. Vabu Pty. Ltd.,*[241] dem einzigen Fall dieser Reihe, der *vicarious liability* zum Gegenstand

---

[237] [1990] 3 N.Z.L.R. 42; siehe oben, C I 1 a.

[238] [1993] 3 N.Z.L.R. 681.

[239] *Merrit*, 'Control' v. 'Economic Reality': Redefining the Contract of Employment Aust.Bus.L.Rev. 10 (1982), 105, 118, bezeichnet die englische Entscheidung z.B. als „offenkundig falsch".

[240] [1993] 3 N.Z.L.R. 681, 689.

[241] (2001) 181 A.L.R. 263. *McHugh J.* wollte *vicarious liability* für *agents* anwenden; siehe unten, C III 2 f.

hatte, Kurierfahrern den Status von *employees* zu und hob damit ein vorangegangenes steuerrechtliches Urteil[242] auf. Der betroffene Fahrradkurier musste sich ebenfalls selbst versichern und das Fahrrad bereitstellen. In einem leicht zirkelschlüssigen Argumentationsstil wurde dieser Fall von *TNT Worldwide Express* mit dem Hinweis darauf abgegrenzt, dass Vabus Kuriere eben keine selbständige Tätigkeit ausführten.[243]

Aus dieser kurzen Auflistung von Fällen wird der große Beurteilungsspielraum, den die Gerichte bei der Einordnung eines Beschäftigungsvertrages für sich in Anspruch nehmen, und der typologische Charakter der beteiligten Tests deutlich. Da sich keine brauchbare Formel für die Gewichtung der einzelnen Faktoren finden lässt, bleiben manche Entscheidungen schwer miteinander zu vereinbaren. So stellt die Bereitstellung eines eigenen Betonmischfahrzeugs sicherlich eine bedeutsame Investition dar. Daher ist es nachvollziehbar, dass diesem Umstand entscheidendes Gewicht beigemessen wurde. Es ist allerdings zweifelhaft, ob *TNT* in dieser Hinsicht nicht über das Ziel hinausschießt, wenn sich diese Entscheidung auf die Bereitstellung eines normalen Privatwagens stützt. Zwar wird auch auf andere Begleitumstände hingewiesen wie zum Beispiel die Pflicht, Ersatzfahrer und Versicherungsschutz zu stellen. Aber in dieser begrenzten Verantwortungsübernahme des Arbeiters muss sich nicht gleich ein autonomes Unternehmen ausdrücken. Wenn man noch *Hollis v. Vabu* hinzunimmt, wird man sagen dürfen, dass diese Entscheidungen alle in ihren Ergebnissen nicht zwingend, wohl aber begründbar sind. Sie spiegeln den offenen Charakter der beteiligten Tests wider.

Auch neuere gesetzliche Bestimmungen begnügen sich bei der Definition von *employees* mit einer Auflistung möglicher Faktoren. So ist zum Beispiel sec. 6 des (NZ) Employment Relations Act 2000 eindeutig unter dem Eindruck von *TNT* entstanden.[244]

3. Bewertung der Kriterien und Verwendbarkeit im Deliktsrecht

a. Einordnung

Objektive Kriterien spielen offensichtlich eine äußerst wichtige Rolle. Das einzige subjektive Kriterium ist der Parteiwille und dieser gewinnt nur in Zweifelsfällen als subsidiäre Erwägung an Bedeutung.

Die meisten dieser Faktoren beschreiben Kontrolle in einem weiteren Sinne, die nicht nur die Art und Weise der Arbeitsausführung umfasst, sondern auch den Einfluss auf die Gesamtheit der Arbeitsumstände und damit die Frage, wer welche unternehmerischen Risiken trägt. Die Bereitstellung und Pflege von

---

[242] *Vabu Pty. Ltd. v. Federal Commissioner of Taxation* (1996) 33 A.T.R. 537.

[243] (2001) 181 A.L.R. 263, 280.

[244] Vgl. z.B. *Bryson v. Three Foot Six Ltd.* [2005] N.Z.S.C. 34, Rn. 33.

Ausrüstung beinhaltet beispielsweise ein gewisses Maß an Verantwortung und Unabhängigkeit. Sie bietet die Chance erhöhter Profite und bedeutet gleichzeitig auch ein Verlustrisiko. Das oben dargestellte Kontrollrecht, das heute nicht mehr als allein maßgeblich für einen *employment contract* angesehen wird, beleuchtet den Grad der Eigenverantwortung von einer anderen Perspektive. Ebenso deutet ein Delegationsrecht auf erhöhte Unabhängigkeit und Eigenverantwortung hin. Ferner konzentriert sich die angesprochene Gegenseitigkeit der Verpflichtungen auf die Frage, wie das Beschäftigungsrisiko verteilt ist. Daneben wird auch den anderen erwähnten Faktoren Aufmerksamkeit geschenkt, wie Dauer, Zahlungsmodus, Beendigungsmöglichkeit und Parteiwille. Aber die Kontroll- und Risikoerwägungen bilden den Schwerpunkt dieser Prüfung,[245] wenn auch nicht – wie von manchen gefordert[246] – den alleinigen Fokus. Bei der Frage nach der Vertragsnatur ist es also in erster Linie die Aufgabe der Gerichte, den Grad der Eigenverantwortung und Risikoübernahme beziehungsweise der Abhängigkeit und Eingliederung des potentiellen *employees* zu ermitteln. Dies scheint bislang am besten von Cooke J. im so genannten *fundamental test* formuliert worden zu sein.[247]

b. Vereinbarkeit des einheitlichen Ansatzes mit dem Deliktsrecht

Die oben beschriebene Rechtslage wirft die Frage auf, ob sich die von der Rechtsprechung entwickelten Ansätze mit den Grundgedanken von *viacarious liability* vereinbaren lassen. Vor allem wegen des maßgeblichen Einflusses anderer Rechtsgebiete erscheint dies teilweise zweifelhaft. Angesichts der Tatsache, dass sich ein prägnanter Grundgedanke für diese Rechtsfigur nicht finden ließ, sind auch hier keine eindeutigen Definitionsansätze zu erwarten. Einige der oben dargestellten Erwägungen können aber bei der Frage, wer *servant* für die Zwecke von *vicarious liability* sein sollte, weiterhelfen.

Es hat sich im ersten Teil gezeigt, dass gemäß einer der zentralen Erwägungen von *vicarious liability* eine Person, die sich untergeordneter Personen bedient, nicht aufgrund der Delegierung von Aufgaben der Haftung entgehen soll.[248] Es liegt daher auf der Hand, dass *vicarious liability* eine gewisse Hierarchie voraussetzt. Ferner scheint es überzeugend, dass nur die Verwirklichung solcher Risiken in den Verantwortungsbereich des Geschäftsherren fallen soll, die er selbst und nicht etwa ein anderes Unternehmen mit den damit verbundenen Gewinnchancen eingegangen ist. Dies deutet darauf hin, dass Kontrolle im weiteren Sinne für *vicarious liability* von zentraler Bedeutung ist. Der Partei-

---

[245] *Kidner*, Vicarious liability: for whom should the employer be liable? Legal Stud. 15 (1995), 47, 63 f.
[246] *Flannigan*, Enterprise Control: The Servant-Independent Contractor Decision, U.Tor.L.J. 37 (1987), 25, 50.
[247] Siehe oben, C I 1 k.
[248] Siehe oben, B III 3.

wille scheint hingegen völlig irrelevant zu sein. Auch die Gegenseitigkeit der Verpflichtungen ist in diesem Kontext bedeutungslos. Wenn nämlich die Arbeit erst einmal aufgenommen wurde, spielt es keine Rolle, ob sie ursprünglich hätte angeboten oder angenommen werden müssen.

Der andere vorgebrachte Rechtfertigungsversuch, der auf Unfallvorbeugung basiert, setzt ebenfalls ein gewisses Maß an Kontrolle voraus. Andernfalls hat der Geschäftsherr keine Möglichkeit, das Verhalten der anderen Partei zu steuern.[249] Der Parteiwille und die Gegenseitigkeit der Verpflichtungen erscheinen mithin auch diesem Ansatz fremd.

Der Gedanke der Schadensstreuung befasst sich mit der Möglichkeit, Schäden an eine breitere Masse weiterzugeben. In dieser Hinsicht ist es fragwürdig, ob eine Person, die wirtschaftlich in keiner besseren Lage als ein Angestellter ist und ausschließlich für eine Person arbeitet, als *independent contractor* klassifiziert werden sollte. Sie nimmt keine bessere Position in der Schadensverteilung ein als ein Angestellter und es ist oftmals unwahrscheinlich, dass sie adäquaten Versicherungsschutz erwerben kann oder will.

Das Konzept der Rechtsprechung, das vorwiegend auf die Risikotragung und Kontrolle abstellt, scheint daher weitgehend im Einklang mit dem rechtspolitischen Hintergrund von *vicarious liability*. Angesichts des allgemein wahrgenommenen Ziels des Schadensausgleich im Deliktsrecht, scheint auch die generelle Vermutung der *employee*-Eigenschaft gerechtfertigt, da sie zu der Haftung des tendenziell solventeren Geschäftsherrn führt.[250] Bei dieser Sichtweise wäre natürlich auch die Ausdehnung der Unternehmenshaftung auf einen weiten Bereich der atypisch Beschäftigten gerechtfertigt.

c. Eine unabhängige deliktsrechtliche Definition?

Durch die enge Bindung an *employment contracts* hat sich der Begriff der *servants* – und damit *vicarious liability* – im Einklang mit anderen Rechtsgebieten, die ebenfalls mit *employment contracts* operieren, wie dem Arbeits-, Steuer- und Sozialversicherungsrecht entwickelt. Der Arbeitsmarkt erlebt jedoch seit einiger Zeit einen dramatischen Wandel, der insbesondere den Arbeitnehmerstatus nachhaltig erfasst hat. Die rückläufige Zahl der *employment contracts* zeichnet diese Entwicklung nach, die teils auf den organisatorischen Trend der zunehmenden Diversifikation und Auslagerung von Arbeit und teilweise schlicht auf den Versuch, *employment contracts* zu vermeiden, zurückzuführen ist.

So ist zum Beispiel auf dem britischen und insbesondere dem neuseeländischen Arbeitsmarkt ein extremer Wandel hin zu „atypischer Beschäftigung"

---

[249] Siehe oben, B III 2 b ee.

[250] Z.B. Cooke J., in *Cunningham v. TNT Express Worldwide (NZ) Ltd.* [1993] 3 N.Z.L.R. 681, 687. Dies scheint aber nicht einheitlich durchgehalten zu werden (vgl. Mazengarb's Employment Law [ERA 6.23]).

festzustellen.[251] Diese relativ neue und wachsende „atypical workforce“ umfasst unter anderem Trainees, Leih-, Teilzeit-, Heim- und Gelegenheitsarbeiter und sogenannte „corporate employees“ sowie Selbständige. Im Jahre 2004 waren beispielsweise in Neuseeland 22,4 % der Erwerbstätigen Teilzeitarbeiter.[252] 11,4 % der Arbeitsbevölkerung waren zu dieser Zeit selbständig ohne eigene Angestellte.[253] Im Hinblick auf *vicarious liability* erscheint es fraglich, ob diese Gruppe effektiv an der Schadensstreuung teilnehmen oder ausreichenden Versicherungsschutz erwerben kann. Insgesamt arbeiteten 1998 in Neuseeland nur geschätzte 43 % der Erwerbstätigen in „Standard-Arbeitsverhältnissen“.[254] In Großbritannien wurde in dieser Zeit der Status von 30 % der Arbeitsbevölkerung als unklar eingeschätzt.[255] Dieser Trend zu atypischer Beschäftigung hält an und wird sich wohl auch in der Zukunft noch verstärken. Auch ein Blick nach Deutschland bestätigt, dass es sich hierbei um einen globale Erscheinung handelt.[256]

Aufgrund dieser Entwicklung hat sich auch das Konzept des *employment contracts* vielen Herausforderungen und Veränderungen gegenüber gesehen. Man könnte daher erwarten, dass die einzelnen Rechtsgebiete unabhängig voneinander nach für sie geeigneten Definitionen des *contract of employment* gesucht haben. Und in der Tat spiegeln manche Fälle einen solchen teleologischen Ansatz wider.[257] Für viele verwaltungsrechtliche Zwecke wurde die Definition auch über gesetzliche Bestimmungen erweitert. Manche Gesetze beziehen daher Gruppen mit in ihren Schutz ein, die nicht in die Common-Law-

---

[251] Vgl. z.B. *McKendrik*, Vicarious Liability and Independent Contractors – A Rexamination, (1990) 53 M.L.R. 770, 770.

[252] Vgl. Household Labour Force Survey 2004 – Tabelle 2.03 <http://www2.stats.govt.nz/domino/external/pasfull/pasfull.nsf/web/Reference+Reports+Labour+Market+Statistics+2004+PartEmployment?open–2004part2.xls>. Der Begriff des *employee* kann hier allerdings von der Definition des Employment Relations Act 2000 abweichen; Glossary for Statistics in New Zealand: <http://www2.stats.govt.nz/domino/external/omni/omni.nsf/wwwglsry?Openview&count=500>.

[253] Household Labour Force Survey 2004, a.a.O., hergeleitet aus Tabellen 2.01und 2.03. Dies entspricht 224.900 Erwerbstätigen.

[254] *Carrol*, Non-standard employment: a note on levels, trends and some implications, Labour Market Bulletin (1999), 101, 104.

[255] Vgl. *Burchel/Deakin/Honey*, The Employment Status of Individuals in Non-standard Employment, S. 86. Vgl. auch *McKendrik*, Vicarious Liability and Independent Contractors – A Re-examination, (1990) 53 M.L.R. 770, 771 f.

[256] 9,7 Millionen atypisch Beschäftigte im Jahre 2003, was ca. 25 % der erwerbstätigen Bevölkerung entspricht; vgl. Zahlen und Fakten – Arbeitsmarkt, S. 1, 28 ff. <http://www.bpb.de/ files/B19YYY.pdf>.

[257] *Wardell v. Kent County Council* [1938] 2 K.B. 768; *Denham v. Midland Employers Mutual Assurance* [1955] 2 Q.B. 437; *Willy Scheidegger Swiss Typewriting School (London) Ltd. v. Ministry of Social Security* (1968) 5 K.I.R. 65. Vgl. *Atiyah*, Vicarious Liability in the Law of Torts, S. 32 f.

Definition der *employees* passen.[258] Das Common Law, das diese Rechtsgebiete trotz teilweiser gesetzlicher Regelungen überlagert, geht aber weiterhin grundsätzlich von einer einheitlichen Definition aus. Obwohl manche Entscheidungen mit einem teleologischen Ansatz sympathisieren,[259] wiederholt der ganz überwiegende Teil des Fallrechts die etablierte Regel, dass der Begriff *employee* im gesamten Common Law dieselbe Bedeutung habe.[260] Diese Regel ist auch bislang von den Gerichten nicht in Frage gestellt worden, obwohl sie in der Literatur auf teilweise heftige Kritik gestoßen ist.[261]

Trotzdem gibt es vereinzelte Anzeichen dafür, dass die ständige Wiederholung dieses Dogmas nur ein Lippenbekenntnis sein könnte und manche Gerichte auf eine subtilere Art den jeweiligen rechtlichen Kontext mit in ihre Erwägungen einbeziehen. So hat der High Court of Australia in dem bereits erwähnten *Hollis v. Vabu Pty. Ltd.*[262] – einem Fall zu *vicarious liability* – entschieden, dass die fraglichen Kuriere *employees* waren und damit einer vorausgegangenen Steuerrechtsentscheidung zu denselben Kurieren widersprochen. In diesem Fall wäre der Kläger ohne die Annahme von *vicarious liability* nicht entschädigt worden, da die Identität des Kurierfahrers, der den Unfall verursacht hatte, nicht festgestellt werden konnte.[263] Daher lässt sich in diesem Urteil wieder der Gedanke des sozialen Schadensausgleichs erkennen.[264] Auch in Großbritannien hat das Employment Appeals Tribunal eine Person, die steuerrechtlich zu einem *independent contractor* erklärt wurde, bei einer Angelegenheit des Arbeitnehmerschutzes als einen *employee* angesehen. Und im Hinblick auf den *O'Kelly*-Fall ist es nicht unwahrscheinlich, dass die Kellner für *servants* gehalten worden wären, hätten sie versehentlich Wein über einen Gast geschüt-

---

[258] In Großbritannien werden z.B. Leiharbeiter als *employees* i.S.d. Steuer- und Sozialabgabenrechts, nicht aber für den Arbeitnehmerschutz behandelt. Vgl. *McKendrick*, Vicarious Liability and Independent Contractors – A Re-examination, (1990) 53 M.L.R. 770, 782 f.

[259] Vgl. Fußnote 257.

[260] *Hollis v. Vabu Pty. Ltd.* (2001) 181 A.L.R. 263; *TNT Worldwide Express (NZ) Ltd. v. Cunningham* [1993] 3 N.Z.L.R. 681, 694 per *Casey J.*; *Calder v. H. Kidson Vickers Ltd.* [1988] I.C.R. 232, per *Gibson L.J.*

[261] Z.B. *Tettenborn*, Vicarious liability and borrowed employees, N.L.J. 155 (2005), 1750; *Lunney/Oliphant*, Tort Law, S. 678; *Kidner*, Vicarious liability: for whom should the employer be liable? Legal Stud. 15 (1995), 47, 64; *McKendrick*, Vicarious Liability and Independent Contractors – A Re-examination, M.L.R. 53 (1990), 770, 782-784; *Deakin/Johnston/Markesinis*, Tort Law, S. 577, sympatisieren auch mit dieser Ansicht. *Collins*, Independent Contractors and the Challenge of Vertical Disintegration to Employment Protection Laws, O.J.L.S. 10 (1990), 352, schlägt eine (andere) teleologische Definition für das Arbeitsrecht vor.

[262] (2001) 181 A.L.R. 263.

[263] Vgl. auch *Lee Adams*, The High Court on Vicarious Liability, A.J.L.L. 16 (2003), 214, 217 f.

[264] Trotzdem ließe sich die Entscheidung, die ausschließlich mit Fahrradkurieren befasst war, wohl auch für die anderen Bereiche des Common Law treffen. Sie revidiert jedoch für diese Gruppe das Urteil des NSW CA.

tet.[265] Zumal die Gerichte offen die rechtspolitischen Ziele von *vicarious liability* diskutieren, kann also eine subtile Tendenz, *employment contracts* unterschiedlich zu definieren, existieren. Ein solcher Ansatz ist jedoch noch nicht offen von Common-Law-Gerichten vertreten worden, sondern bislang explizit abgelehnt worden.

4. Einzelfälle

a. *Borrowed employees*

Zusammen mit der Miete komplizierter Maschinen oder technischer Anlagen wird ein Mieter häufig den Arbeiter des Vermieters in Anspruch nehmen, der sie bedienen kann und darf. Dann stellt sich das klassische Problem, wer für die Delikte des entliehenen Angestellten verantwortlich ist, das heißt, wer *master* im Sinne von *vicarious liability* ist. In diesen Fällen ist der fragliche Arbeiter noch immer durch einen *contract of service* mit seinem Arbeitgeber verbunden, selbst wenn der Vertrag für die Zeit der Miete suspendiert werden kann. Schwierigkeiten treten auf, wenn der entliehene Arbeitnehmer auch oder ausschließlich Weisungen des temporären Geschäftsherren untersteht.[266] Es stellt sich dann die Frage, ob der Vermieter oder aber der Mieter als *master* für den Arbeiter einzustehen hat.[267]

Das House of Lords hat hierfür in *Mersey Docks and Harbour Board v. Coggins and Griffith (Liverpool) Ltd.*[268] einen bis heute gültigen Grundsatz entworfen: Der permanente Geschäftsherr ist haftbar, es sei denn, er kann darlegen, dass der Arbeiter für die spezifische Tätigkeit derart „zeitweilig an die andere Partei überstellt wurde, dass er *pro hac vice* zu ihrem *servant* [...]“ wurde.[269] Diese Vermutung zulasten des permanenten *masters* lässt sich aber nur dadurch widerlegen, dass der anderen Partei Kontrolle im klassischen Sinne nachgewiesen wird. Der relevante Test „is in all circumstances one of the right to control not merely what is done but how it is done.“[270] Ein solcher Ausnahmefall wurde von dem neuseeländischen Court of Appeal in *Airwork (NZ) Ltd. v. Vertical*

---

[265] *Deakin/Johnston/Markesinis*, Tort Law, S. 577.

[266] *Hughes*, in *S. Todd, The Law of Torts in New Zealand*, S. 895.

[267] *Hughes* a.a.O. Nach sec. 3 F des (NZ) Health and Safety in Employment Act 1992 ist derjenige *employer*, für den die Arbeit durchgeführt wird.

[268] [1947] A.C. 1; [1946] 2 All E.R. 345.

[269] *Lord Macmillan*, in *Mersey Docks and Harbour Board v. Coggins and Griffith (Liverpool) Ltd.* [1946] 2 All E.R. 345, 349 f. Dem hat z.B. der Privy Coucil zugestimmt in *Bhoomidas v. Port of Singapore Authority* [1978] 1 All E.R. 956, 958, der Victorian Supreme Court in *Deutz Australia Pty. Ltd. v. Skilled Engineering Ltd.* (2001) 162 F.L.R. 173 und der NZ CA in *Steel Structures v. Rangitikei County* [1974] 2 N.Z.L.R. 306, 310.

[270] *Steel Structures v. Rangitikei County* [1974] 2 N.Z.L.R. 306, 311. siehe auch *Mersey Docks and Harbour Board v. Coggins and Griffith (Liverpool) Ltd.* [1946] 2 All E.R. 345, 352.

Flight Management Ltd.[271] angenommen. In diesem Fall hatte Airwork einen Helikopter an Vertical verkauft, den Vertical wiederum samt Piloten Airwork zur Verfügung stellte. Vertical zahlte das Gehalt, aber Airwork übte die Kontrolle über den Helikopter, seinen Einsatz und die Leitung des Piloten aus. Deshalb haftete Airwork für die Schäden aus einer Kollision, die durch das fahrlässige Verhalten des (dabei getöteten) Piloten verursacht worden war.

Borrowed employees stellen daher eine Sondergruppe von *vicarious liability* dar. Erstens haben sie nicht die Entwicklung hin zu offeneren Tests durchlaufen, sondern der *master* wird über den klassischen *control test* ermittelt. Zweitens hat der temporäre *master*, sofern er ausnahmsweise in diese Position gelangt, nichts mit einem *employer* nach der modernen Definition gemeinsam.

Drittens hat der britische Court of Appeal kürzlich die bis dahin unangefochtene Vermutung, dass ein *borrowed employee* nur *einen master* hinsichtlich einer spezifischen unerlaubten Handlung haben kann, in Frage gestellt. Entgegen der bis dahin allgemeinen Ansicht in Literatur und Rechtsprechung fühlte sich das Gericht nicht durch Präzedenzfälle daran gehindert, sowohl dem permanenten als auch dem temporären *master* „*dual vicarious liability*" aufzuerlegen.

In *Viasystems Ltd. v. Thermal Transfer (Northern) Ltd.*[272] beauftragte der Kläger den ersten Beklagten mit der Installation einer Klimaanlage. Der erste Beklagte beauftragte den zweiten Beklagten mit dem Verlegen der entsprechenden Rohre und Leitungen. Der zweite Beklagte beauftragte den dritten Beklagten mit der Beschaffung eines Installateurs und eines Hilfsinstallateurs, die spezielle Arbeiten zusammen mit einem unabhängigen Vertragspartner des zweiten Beklagten, Horsley, verrichten sollten. Auf dieser Grundlage arbeiteten Megson, ein Installateur, und Strang, sein Hilfsarbeiter, mit Horsley zusammen. Horsley leitete Megson und Strang, während Megson ebenfalls Strang leitete. Strang löste im Verlauf dieser Arbeiten durch grobe Fahrlässigkeit die Sprinkleranlage aus und verursachte einen beträchtlichen Sachschaden. Der Kläger hatte unbestritten vertragliche Ansprüche gegen den ersten Beklagten. Darüber hinaus verklagte er den zweiten und dritten Beklagten auf Schadensersatz aus *vicarious liability*. Es stellte sich daher die Frage, wer bei den Installationsarbeiten der *master* von Strang war. Dabei war es unerheblich, dass Horsley nur *independent contractor* war, weil er trotzdem für den zweiten Beklagten handelte.

Die Vermutung von *Mersey Docks* ließ sich in diesem Fall von dem dritten Beklagten nicht widerlegen, da er durch Megson noch eine beträchtliche Kontrolle über Strang ausübte. Daher war er auch sein *master* und mithin haftbar nach den Regeln von *vicarious liability*. Ausgehend von dieser Feststellung kam der Richter der ersten Instanz zu dem Ergebnis, dass der zweite Beklagte nicht nach *vicarious liability* haftbar sei, da Horsley nicht die alleinige, umfassende

[271] [1999] 1 N.Z.L.R. 641. Vgl. auch *Sime v. Sutcliffe Catering Scotland Ltd.* [1990] I.R.L.R. 228.

[272] [2006] 2 W.L.R. 428; [2005] 4 All E.R. 1181.

Kontrolle über Strang ausgeübt habe. Der Court of Appeal ließ die Revision hiergegen jedoch teilweise zu und entschied, dass sowohl der zweite als auch der dritte Beklagte haftbar seien. Das Gericht interpretierte den *Mersey Docks*-Grundsatz so, dass er lediglich die Entlastung des permanenten *masters* verhindere. Es folgte damit nicht der Argumentation der ersten Instanz, dass der dritte Beklagte schon deshalb nicht haftbar sein könnte. Nach eingehender Analyse der relevanten Präzedenzfälle stellten die Richter fest: „there has been a long-standing assumption, technically unsupported by authority binding this court, that a finding of dual vicarious liability is not legally permissible."[273] Sie sahen sich daher in der Lage, auf diese Rechtsfrage einzugehen, und stellten fest, dass ein solche Haftung den rechtspolitischen Zielen dieser Rechtsfigur entspreche, insbesondere weil sie dem Geschädigten eine praktische Möglichkeit gewähre, Schadensersatz zu erlangen[274]. In ihrer Lösung ließen sie sich auch nicht von der so geschaffenen Möglichkeit einer Häufung von Klagen beirren.[275]

Nach dem Court of Appeal entsteht *dual vicarious liability* immer dann, wenn beide in Frage kommenden Parteien Kontrolle über Art und Weise der Arbeitsausführung haben.[276] Weil in diesem Fall beide Beklagten durch Horsley beziehungsweise Megson eine solche Kontrolle über Strangs deliktisches Verhalten ausübten, entschied sich das Gericht für *dual vicarious liability* und dafür, dass intern beide den Verlust zu gleichen Teilen zu tragen haben. Die hälftige Ausgleichspflicht wurde mangels Verschuldens einer Partei als „nahe an einer logischen Notwendigkeit"[277] angesehen.[278]

Die Regel von *Mersey Docks* ist also immer noch in Kraft. Und in den meisten Fällen wird es nur einen *master* geben.[279] Insbesondere in Fällen, in denen auch Gerät verliehen wird, wird der permanente *master* regelmäßig der Haftung nicht entgehen können. Wo der *employee* allerdings für eine lange Zeit ausgeliehen wird, kann der temporäre *master* eine solche Kontrolle gewinnen, dass die Vermutung von *Mersey Docks* widerlegt werden kann und ausschließlich der temporäre *master* in die Haftung gerät. Die dritte Gruppe von Fällen, die nun den Court of Appeal beschäftigt hat, zeichnet sich durch komplexere Sachverhalte aus. Zum Beispiel auf einer Baustelle, wo Arbeiter von verschiedenen Arbeitgebern und oft auch als Leiharbeiter zusammenarbeiten, kann es zu

---

273 Per *May L.J.*, [2006] 2 W.L.R. 428, 443 f.; vgl. auch *Rix L.J.*, 452.

274 [2006] 2 W.L.R. 428, 453 per *Rix L.J.*

275 Vgl. *May L.J.*, [2006] 2 W.L.R. 428, 436 und *Rix L.J.*, 452.

276 Es war natürlich immer schon möglich, dass mehrere Personen zusammen in ihrer Eigenschaft als gemeinschaftlicher *employer* haften; vgl. *Atiyah*, Vicarious Liability in the Law of Torts, S. 149; *Blackwater v. Plint* [2005] S.C.C. 58, Rn. 36-38.

277 Per *May L.J.*, [2006] 2 W.L.R. 428, 445; *Rix L.J.*, 455.

278 Hier wurden sec. 1(1), 2(1) des Civil Liability (Contribution) Act 1978 angewandt. Davon abgesehen können die Parteien natürlich auch individuell die Regressbeiträge verhandeln; vgl. *Rix L.J.*, [2006] 2 W.L.R. 428, 454.

279 Vgl. auch *Mildred*, Employers' Liability – Two Separate Employers, J.P.I. Law (2006), 1, C3. A.A. *Tettenborn*, Vicarious liability and borrowed employees, N.L.J. 155 (2005), 1750.

geteilter Kontrolle verschiedener Arbeitgeber kommen.[280] Dann würde es in der Tat willkürlich erscheinen, die eine Partei voll in die Haftung zu nehmen und die andere komplett außer Acht zu lassen, obwohl beide den deliktisch Handelnden in ihre Organisation integriert hatten. Natürlich besteht in solchen Fällen – gerade im Fall der Leiharbeit – die Möglichkeit für die Arbeitgeber, über diese Frage schon vorweg Absprachen zu treffen.

Die neuere Entscheidung des Court of Appeal scheint also mit dem bestehenden Recht und auch mit den rechtspolitischen Zielen von *vicarious liability* zu vereinbaren zu sein. Sie stellt eine gerechte Verteilung des Schadens auf die Beteiligten dar. Sie ist ferner nur auf das Problem der *borrowed employees* beschränkt und geht nicht etwa soweit, eine autonome Definition von *master* oder *servant* vorzuschlagen.[281] Das letzte Wort in Großbritannien hat aber das House of Lords in dieser Frage und es ist nicht abzusehen, ob andere Common-Law-Jurisdiktionen dem Beispiel des Court of Appeal folgen werden.[282] Der in *Viasystems* entworfene Rechtssatz entspricht jedenfalls weitgehend dem deutschen Recht. Dieses geht auch von der Vermutung aus, dass der permanente Geschäftsherr seinen Status beibehält[283] und diesen nur dann verliert, wenn der Verrichtungsgehilfe völlig in den entleihenden Betrieb eingegliedert wird.[284] Dafür muss der Verleiher sein Recht aufgeben, die Arbeitskraft jederzeit zurückzurufen.[285] Wo eine solche Trennung nicht stattfindet, kommt eine gesamtschuldnerische Haftung beider Geschäftsherren in Betracht,[286] insbesondere dann, wenn sich das deliktische Verhalten nicht klar einer Risikosphäre zuordnen lässt, also nicht eindeutig auf fehlerhafter Auswahl (Verleiher) oder Überwachung und Einweisung (Entleiher) beruht.[287]

---

[280] Siehe zum Beispiel *Rix L.J.*, [2006] 2 W.L.R. 428, 454.

[281] In der Literatur wird diese Entscheidung aber zum Anlass genommen, eine autonome Definition zu fordern; vgl. *Tettenborn*, Vicarious liability and borrowed employees, N.L.J. 155 (2005), 1750, 1750: „[I]t is suggested that [the new approach] is entirely logical. There is no necessary tie between the existence of an employment contract and the imposition of vicarious liability [...]. The existence of a contract of employment is thus merely one indication, albeit a strong one, of such direction: but it does not exclude others."

[282] Manche US-Jurisdiktionen kennen *dual vicarious liability* ebenfalls; vgl. *May L.J.*, a.a.O., 442 f.

[283] BGH BB 1956, 482, 482; NJW-RR 1995, 659 659 f. *Van Gerven*, <http://www.law.kuleuven.ac.be/casebook/tort/heading5.1.2.pdf>, S. 499/19; BGH VersR 1974, 243, 243.

[284] BAG DB 1989, 131, 131 f.; OLG Düsseldorf NJW-RR 1995 1430, 1431.

[285] BGH NJW-RR 1995, 659, 659 f; BGH VersR 1968, 779, 780; Münchener-Kommentar-*Wagner* § 831, Rn. 17.

[286] BGH NJW-RR 1995, 659, 659 f; *Wicke*, Respondeat Superior, S 238.

[287] *Fedke/Magnus*, in *Spier*, Unification of Tort Law: Liability for Damage Caused by Others, S. 120; *Staudinger-Belling/Eberl-Borges*, § 831, Rn. 65; *van Gerven*, <http://www.law.kuleuven.ac.be/casebook/tort/heading5.1.2.pdf>, S. 499/19.

b. Leiharbeiter

Ein ähnliches Problem stellen Leiharbeiter dar, die von Agenturen an Unternehmen verliehen werden. Diese Arbeiter haben regelmäßig keinen Vertrag mit dem Entleiher, da auch das Gehalt von dem Verleiher gezahlt wird. Außerdem wird der Vertrag zwischen Verleiher und Arbeiter gewöhnlich als *contract sui generis* klassifiziert, also außerhalb der sonst üblichen Dichotomie von *contract of service* oder *for services*[288]. Ein solcher Vertrag schafft normalerweise keine gegenseitigen Verpflichtungen, erstreckt sich über keinen großen Zeitraum, verbietet keine anderweitige Beschäftigung und führt ferner auch zu keinen besonderen Schutzpflichten der Agentur, da sie zu weit entfernt von der eigentlichen Arbeit ist. [289] Der Arbeiter hat daher üblicherweise keinen *employer*[290] und – abgesehen von seltenen Fällen, in denen der Entleiher Kontrolle im klassischen Sinn ausübt – auch keinen *master.*[291] *Viasystems*[292] ändert an diesem Ergebnis nichts, da dieser Fall nur bei einer solchen Kontrollmöglichkeit zur Anwendung kommen kann. Diese Rechtslage ist hinsichtlich des Sinn und Zwecks von *vicarious liability* bedauerlich. Sie unterstützt die Annahme, dass dieser Rechtsfigur mit einem autonomen Definitionsansatz für den Status eines *servants* besser gedient sein könnte. Wie Stewart ausführt, ist Leiharbeit daher eine der beliebtesten Umgehungen eines *employment contracts.*[293]

Es gibt allerdings in englischen Entscheidungen eine Tendenz, konkludente *contracts of service* zwischen dem Arbeiter und dem Entleiher anzunehmen. Solche Verträge setzen aber offensichtlich eine ziemlich gefestigte und dauerhafte Beziehung zwischen Arbeiter und Entleiher voraus. Der Court of Appeal urteilte zum Beispiel, dass ein Gericht bei einer langen Arbeitsdauer – in diesem Fall vier Jahre – die Frage behandeln müsse, ob ein solcher Vertrag zwischen den beteiligten Parteien zustande gekommen sei.[294]

Außerdem ist vereinzelt vertreten worden, dass die einzelnen übernommenen Arbeitsaufträge einen *contract of service* zwischen Agentur und Arbeiter

---

[288] *Kidner*, Vicarious liability: for whom should the employer be liable? Legal Stud. 15 (1995), 47, 51; *Ironmonger v. Movefield Ltd.* [1988] I.R.L.R. 461.

[289] *Wickens v. Champion Employment* [1984] I.C.R. 365. Vgl. aber z.B. *Montgomery v. Johnson Underwood* [2001] I.C.R. 819, 829, wo entschieden wurde, dass ein dauerhaftes Verhältnis zu einer ausreichenden Gegenseitigkeit zwischen Arbeiter und Verleiher führen kann.

[290] Für andere Zwecke, beispielsweise Sicherheit am Arbeitsplatz, wird der Arbeiter als *employee* des Entleihers angesehen; vgl. z.B. sec. 3F des (NZ) Health and Safety in Employment Act 1992.

[291] *Bhoomidas v. Port of Singapore Authority* [1978] 1 All E.R. 956; *Deutz Australia Pty. Ltd. v. Skilled Engineering Ltd.* (2001) 162 F.L.R. 173.

[292] [2006] 2 W.L.R. 428; siehe oben, C I 4 a.

[293] *Stewart*, Redefining Employment? Meeting the Challenge of Contract and Agency Labour, A.J.L.L. 15 (2005), 235, 251 f.

[294] *Dacas v. Brook Street Bureau* [2004] I.R.L.R. 358.

begründeten.[295] Angesichts der oben dargestellten Charakteristika der Beziehung zwischen Agentur und Arbeiter dürfte dies aber im Regelfall nicht möglich sein. Im deutschen Recht ist in dem Fall der Leiharbeit andererseits mangels unbeschränkten Rückrufrechts der Agentur von einer vollständigen Ausgliederung des Arbeiters auszugehen, so dass der Entleiher zum alleinigen Geschäftsherren wird.[296]

c. Trainees, Auszubildende

Das traditionelle Ausbildungsverhältnis hat den Gerichten keine Problem bereitet. Durch die Nähe zu einem *contract of employment* und wegen der weitreichenden Kontrolle wurden Auszubildende im Zusammenhang mit *vicarious liability* schon immer als *servants* behandelt.[297] Trotzdem wurden Ausbildungsverträge manchmal – unter Einfluss bestimmter gesetzlicher Regelungen – auch als *contracts for services* klassifiziert.[298] Auszubildende bilden daher auch eine Sondergruppe, deren Behandlung von dem generellen einheitlichen Ansatz abweicht.

Moderne Ausbildungsverhältnisse ähneln andererseits eher den oben beschriebenen Leiharbeitsverhältnissen, da Auszubildende häufig durch Agenturen vermittelt und ausgeliehen werden.[299] In solchen Fällen besteht zwischen dem Auszubildenden und dem Entleiher ebenfalls nur in seltenen Fällen ein Vertragsverhältnis, das mit einem *employment contract* vergleichbar wäre. Im deutschen Recht hat der Lehrbetrieb aufgrund der autonomen Definition und der Eingliederung der Auszubildenden in den Lehrbetrieb problemlos die Geschäftsherreneigenschaft inne. Im Common Law gilt dasselbe, was zu den Leiharbeitern gesagt wurde.[300] Sehr wahrscheinlich hat der Entleiher aber, selbst wenn der Lohn durch die Agentur bezahlt wird, ein umfangreiches Kontrollrecht, das den für *borrowed employees* entwickelten restriktiven Tests genügt. Daher dürfte der

---

[295] *McMeechan v. Secretary of State for Employment* [1997] I.C.R. 549.

[296] OLG Düsseldorf NJW-RR 1995, 1430, 1431; bestätigt durch den BGH in der Revision (Beschluss vom 11. Juli 1995, Az: VI ZR 23/95 = IBR 1996, 288); *Staudinger-Belling/Eberl-Borges*, § 831, Rn. 65.

[297] *Atiyah*, Vicarious Liability in the Law of Torts, S. 72; *Kidner*, Vicarious liability: for whom should the employer be liable? (1995) 15 Legal Stud 47, 53; *Wicke*, Respondeat Superior, S. 221.; *Clelland v. Edward Lloyd Ltd.* [1938] 1 K.B. 272; *Mulholland v. William Reid & Leys Ltd.* [1958] S.L.T. 285. Im Sinne des (NZ) Health and Safety in Employment Act 1992 (sec. 3E) und des (UK) Employment Protection (Consolidation) Act 1978, sec. 153(1), werden Trainees ebenfalls wie *employees* behandelt.

[298] Vgl. z.B. *New Zealand Educational Institute v. Director-General of Education* [1981] 1 N.Z.L.R. 538; *Wiltshire Police Authority v. Wynn* [1981] Q.B. 95; [1980] 3 W.L.R. 445.

[299] *Kidner*, Vicarious liability: for whom should the employer be liable? Legal Stud. 15 (1995), 47, 53.

[300] Vgl. z.B. *Daley v. Allied Suppliers* [1983] I.C.R. 90.

Entleiher eines Auszubildenden für dessen Delikte ebenfalls nach der *Mersey Docks*-Regel haftbar sein.

d. „*Corporate employees*"

Die Zwischenschaltung einer juristischen Person stellt eine verbreitete Methode dar, einem *employment contract* aus dem Weg zu gehen.[301] In diesen Fällen kontrahiert der Arbeiter mit dem Geschäftsherren über eine eigens dafür gegründete juristische Person oder Gesellschaft, die ihn anstellt. Durch diese Konstruktion wird ein Verhältnis von *independent contractors* indiziert, da eine juristische Person bislang noch nicht als *employee* behandelt wurde.[302] Daher besteht allenfalls ein *employment contract* zwischen dem Arbeiter und seiner Gesellschaft. Dieses Verhältnis ist in der Regel aber für den Geschädigten uninteressant, da eine solche Gesellschaft im allgemeinen kein solventer Schuldner ist.

Weil dieses Phänomen jedoch auch anderen Rechtsgebieten Schwierigkeiten bereitet, haben die Gerichte nicht gezögert, „den körperschaftlichen Schleier zu lüften" und dahinter einen *employment contract* zwischen Arbeiter und Geschäftsherren zu entdecken.[303] Daher ist eine zwischengeschaltete Körperschaft oder Gesellschaft nur ein schwaches Indiz für einen *contract of services*.[304]

e. *Public employees – independent discretion rule*

Es wurden schon Fälle erwähnt, in denen ein Schiffseigner für das fahrlässige Verhalten eines Kapitäns und sogar eines Lotsen nach den Grundsätzen von *vicarious liability* haftbar war. Diese Fälle wurden als Ausnahme des alten *control test* vorgestellt. Sie führen allerdings auch zu einem anderen Aspekt von *vicarious liability*, der wiederum nur mit dem *control test* erklärt werden kann. So sind beispielsweise Hafenbehörden als *employers* von Lotsen nicht für deren Fehlverhalten haftbar.[305] Der *control test* formulierte die simple Regel, dass ein *master* dann nicht haftbar ist, wenn die fragliche Handlung seinem Kontrollrecht gerade nicht unterlag, weil sie auf einer separaten Autorisierung durch Gesetz oder Common Law beruhte. In solchen Fällen von *independent discretion* hat der *master* keinen Einfluss darauf, wie der *servant* seinen Aufgaben nachkommt.

---

[301] *Stewart*, Redefining Employment? Meeting the Challenge of Contract and Agency Labour, A.J.L.L. 15 (2005), 235, 256-259.

[302] *Stewart*, a.a.O., 257.

[303] *Catamaran Cruisers v. Williams* [1994] I.R.L.R.; *Stewart*, a.a.O., 271-273 nennt australische Entscheidungen.

[304] Ein ähnlicher Trend existiert auch im deutschen Recht; vgl. z.B. BSG vom 24.11.2005 – B 12 RA 1/04 R zu der Rentenversicherungspflicht eines Gesellschafters einer Einmann-GmbH.

[305] *Oceanic Crest Shipping Co. v. Pilbara Harbour Services Pty. Ltd.* (1986) 160 C.L.R. 626.

Nach dem alten *control test* agiert der *servant* bei der Erledigung solcher Aufgaben dann auch nicht in seiner Eigenschaft als *servant*. Wenn er bei einer solchen Tätigkeit deliktisch handelt, haftet der *master* aufgrund der *independent discretion rule* nicht nach Grundsätzen von *vicarious liability*.[306] Solche Autorisierungen ergeben sich aus dem öffentlichen Recht, können sich aber natürlich auch an Privatangestellte in bestimmten Bereichen richten.[307] Aufgrund dieser Betrachtungsweise blieben die Arbeitgeber von Beamten,[308] Polizisten,[309] Zöllnern,[310] Lotsen und Finanzbeamten[311] von *vicarious liability* verschont, wenn diese in Ausübung von gesetzlichen oder anderen besonderen Befugnissen handelten. Begründet wird diese Regel erstaunlicherweise damit, dass ein *servant* im Interesse der Öffentlichkeit handele und nicht in dem seines *masters*, wenn er von seinen Sonderbefugnissen Gebrauch mache. Öffentliche Angestellte und Beamte werden aber gerade von dieser Öffentlichkeit in Form von öffentlich-rechtlichen Körperschaften und Anstalten beschäftigt, so dass jedenfalls im Hinblick auf den Hauptanwendungsbereich dieser Regel eine schlüssige Begründung fehlt. Auch für Privatangestellte erscheint eine solche Regel unangebracht. Angesichts der oben dargestellten Defizite des klassischen *control tests* handelt es sich hierbei nach der Abkehr von diesem Test um einen Anachronismus.

In Großbritannien hat der Crown Proceedings Act 1947[312] diesen Missstand teilweise beseitigt. Diesem Beispiel sind andere Länder, beispielsweise Neuseeland mit dem Crown Proceedings Act 1950, sec. 6(3) gefolgt:

> Where any functions are conferred or imposed upon an officer of the Crown as such either by any rule of the common law or by statute, and that officer commits a tort while performing or purporting to perform those functions, the liabilities of the Crown in respect of the tort shall be such as they would have been if those functions had been conferred or imposed solely by virtue of instructions lawfully given by the Crown.

Weil diese Gesetze jedoch nur die Haftung des Staates reformieren, ist die *independent discretion rule* noch immer anwendbar auf andere öffentlich rechtliche Körperschaften wie zum Beispiel Gemeinden. Allerdings ist das wohl wichtigste Feld, die Haftung für Delikte von Polizisten, entweder mit dem

---

306 *Hogg/Monahan*, Liability of the Crown, S. 125; *Trindade/Cane*, The Law of Torts in Australia, S. 720 f.; *Skuse v. Common Wealth* (1985) 62 A.L.R. 108, 121.

307 *Oceanic Crest Shipping Co. v. Pilbara Harbour Services Pty. Ltd.* (1986) 160 C.L.R. 626, 637 f. per *Gibbs C.J.*; 650 per *Wilson J.*; 681 f. per *Dawson J.*

308 *Thompson v. Williams* (1915) 32 W.N. (NSW) 27.

309 *Irvin v. Whitrod (No. 2)* [1978] Qd. R. 271; *Thorne v. State of Western Australia* [1964] W.A.R. 147.

310 *Baume v. Commonwealth* (1906-1907) 4 C.L.R. 97.

311 *Clyne v. Deputy Commissioner of Taxation (NSW) (no. 5)* (1982) 13 A.T.R. 677.

312 Sec. 2(3). Zur Entstehung vgl. *Wicke*, Respondeat Superior, S. 241 f.

Crown Proceedings Act[313] oder durch gesonderte Gesetzgebung[314] geregelt worden. In Großbritannien regelt der Police Act 1964, sec. 48(1), dass der jeweilige Polizeipräsident haftet. Damit gilt für Polizisten dasselbe, was auch für andere staatlich Bedienstete gilt.

Trotzdem verbleibt auch bei öffentlichen Angestellten ein Anwendungsbereich für die *independent discretion rule*, nämlich da, wo öffentliche Angestellte nicht vom Staat beschäftigt werden und *vicarious liability* nicht gesondert durch Gesetz geregelt ist. Obwohl dieser Zustand teils heftig kritisiert wird,[315] ist dieses Relikt aus alten Zeiten bislang nur in wenigen Ländern abgeschafft worden.[316]

Für öffentliche Angestellte gelten also grundsätzlich dieselben Regeln wie für private Beschäftigte. Die Anomalie auf diesem Gebiet liegt in der *independent discretion rule*, die überwiegend nur für Staatsbedienstete abgeschafft wurde. Sie kommt regelmäßig da, wo öffentliche Bedienstete betroffen sind, zum Vorschein, in Ausnahmefällen aber auch im privaten Sektor.

f. Heimarbeiter

Wie sich zum Beispiel in *Market Investigation*[317] gezeigt hat, können Heimarbeiter durchaus *employees* sein.[318] Die pauschale gesetzliche Miteinbeziehung von Heimarbeitern in Arbeitnehmerschutzgesetze[319] ist jedoch auch als Zugeständnis des Gesetzgebers verstanden worden, die Vorteile des Arbeitnehmerschutzes auf *contracts for services* auszudehnen.[320] Die Gerichte beurteilen Heimarbeitsverhältnisse außerhalb dieser gesetzlich geregelten Fälle deshalb

---

313 In Neuseeland ist der Staat Dienstherr der Polizisten. Ein paar Privilegien verbleiben aber; vgl. Crown Proceedings Act 1950, sec. 6 (5) und *Simpson v. Attorney-General* [1994] 3 N.Z.L.R. 667.

314 Für Australien vgl.: Australian Federal Police Act 1979, sec. 64B (Cth); Police Act 1937, sec. 69B (Qld); Police Regulations Act, sec. 51A (SA); Police Administration Act, sec. 163 (NT).

315 *Atiyah*, Vicarious Liability, S. 75-78; *Goode*, Imposition of Vicarious Liability to the Torts of Police Officers: Considerations of Policy, M.U.L.R. 10 (1975), 47, 58; *Hogg/Monahan*, Liability of the Crown, S. 126; *Cubillo v. Commonwealth* (2000) 174 A.L.R. 97, 443 f. per *O'Loughlin J.*

316 Siehe *Hogg/Monahan*, Liability of the Crown, S. 126. Die meisten Common-Law-Staaten haben ähnliche Gesetze wie Großbritannien, Australien und Neuseeland. In Australien hat New South Wales die *independent discretion rule* im Law Reform (Vicarious Liability) Act 1983 (NSW) ganz abgeschafft.

317 *Market Investigation Ltd. v. Minister of Social Security* [1969] 2 Q.B. 173; siehe oben, C II 2.

318 Vgl. *Nethermere (St. Neots) v. Gardiner* [1984] I.C.R. 612; *Airfix Footwear v. Cope* [1978] I.C.R. 1210.

319 Vgl. z.B. sec. 5, 6 (1)(b)(i) des (NZ) Employment Relations Act 2000

320 *TNT Worldwide Express (NZ) Ltd. v. Cunningham* [1993] 3 N.Z.L.R. 681, 694.

eher zurückhaltend.[321] Heimarbeiter werden also nicht generell als *employees* eingeordnet, können aber durchaus im Einzelfall *employees* sein.

g. Gelegenheitsarbeiter

Wie oben erwähnt, wird sich für Gelegenheitsarbeiter – anders als im deutschen Recht, das dieses Erfordernis nicht kennt – das Minimum an gegenseitigen Verpflichtungen oftmals als unüberwindbares Hindernis herausstellen.[322] Aber, insbesondere in Fällen von *vicarious liability* scheint dies nicht zwangsläufig schädlich für einen *employment contract* zu sein, wie sich in *Hollis v. Vabu Pty. Ltd.*[323] sowie *Lee Ting Sang v. Chung Chi-Keung*[324] gezeigt hat.

5. Zusammenfassung

Die Anforderungen an einen *contract of service* haben sich im Laufe der Zeit stark verändert. Lag urpsrünglich der Schwerpunkt auf einem umfangreichen Kontrollrecht des *masters* hinsichtlich der Art und Weise der Verrichtung der aufgetragenen Tätigkeit, so umfasst die Definition eines *employment contracts* heute eine Vielzahl von verschiedenen, größtenteils verwandten Faktoren. Nur ein paar Relikte des alten *control tests* haben sich gehalten, wie beispielsweise die heftig kritisierte *independent discretion rule*. Auch bei *vicarious liability* für *borrowed servants*, Leiharbeiter und Auszubildende spielt der alte *control test* noch eine wichtige Rolle. Die Weiterentwicklung dieser Fallgruppe durch *Viasystems*[325] greift ebenfalls noch auf diese Prinzipien zurück. Gleichzeitig führt diese Entscheidung auch die Vorteile einer selbständigen, von anderen Rechtsgebieten losgelösten, Bestimmung der Kategorie der *masters* und *servants* vor Augen.

Es scheint sich daher momentan ein zweistufiger Test durchgesetzt zu haben: Immer, wo jemand Kontrolle im Sinne des alten *control tests* ausübt, hat er grundsätzlich den Status eines *masters* inne. Neben dieser zahlenmäßig eher vernachlässigbaren Gruppe werden auf einer zweiten Stufe alle *employers* mit in die *master*-Kategorie einbezogen. Die Vielzahl der Faktoren, anhand derer *employment contracts* identifiziert werden, erlaubt eine Entscheidung aufgrund der Gesamtumstände des Einzelfalls. Das führt dazu, dass sich die Ergebnisse oft nur schwer voraussagen lassen, weil die Gerichte einen beachtlichen Ermessensspielraum haben.[326] Bei der Ausübung dieses Ermessens lassen sich

---

[321] Z.B. *Casey J.*, [1993] 3 N.Z.L.R. 681, 694 f.
[322] Siehe oben, C I 1 j; *O'Kelly v. Trusthouse Forte Plc.* [1984] Q.B. 90.
[323] (2001) 181 A.L.R. 263.
[324] [1990] 2 A.C. 375.
[325] [2006] 2 W.L.R. 428.
[326] Vgl. *Trindade/Cane*, The Law of Torts in Australia, S. 718.

die Gerichte anscheinend auch von dem jeweils betroffenen Rechtsgebiet beeinflussen, wobei die großzügige Annahme von *vicarious liability* aus rechtspolitischer Sicht oftmals geboten erscheint. Eine autonome Definition haben die Gerichte aber bislang abgelehnt. Ein solcher Ansatz könnte den Kreis der *servants* auf einen Personenkreis wie den der Verrichtungsgehilfen im deutschen Recht ausdehnen und zu einer ähnlichen Erweiterung von *vicarious liability* führen, wie es kürzlich bezüglich des Tatbestandsmerkmals „*in the course of the employment*" geschehen ist.

II. *Independent contractors*

Abgesehen von *vicarious liability* ist der Geschäftsherr grundsätzlich nicht deliktisch für das Verhalten anderer haftbar. Aber neben *vicarious liability* liegt ein weites Feld von *primary* oder *personal liability*, das sich manchmal nur schwer abgrenzen lässt. Der Geschäftsherr kann natürlich selbst für ein eigenes Delikt haften, auch wenn der Schaden unmittelbar von einer anderen Person verursacht wurde. Er kann nämlich dazu beigetragen haben, indem er schuldhaft seine Pflichten verletzt hat. Wie bereits erwähnt, verschwimmen aufgrund der stetigen Erweiterung dieses Haftungstyps die Grenzen zu *vicarious liability*, auch wenn diese Erweiterungen nicht an die Korrekturen heranreichen, mit denen im deutschen Recht die Schwächen von § 831 BGB kompensiert werden.[327] Noch obskurer wird die Unterscheidung dann unter dem Konzept der *non-delegable duties*, das kein persönliches Verschulden des Geschäftsherrn voraussetzt, aber dennoch als *personal liability* eingeordnet wird. Diese Doktrin stellt eine Ausnahme des Grundsatzes dar, dass man deliktisch nur für eigenes Verschulden oder das seiner *servants* einzustehen hat und weist offensichtliche Parallelen zu der quasivertraglichen Haftung im deutschen Recht auf.

1. Haftung für eigenes Verschulden

Eine detaillierte Darstellung des konkreten Umfangs der Geschäftsherrenhaftung für eigenes Verschulden liegt außerhalb der Grenzen dieser Arbeit. Es sollte allerdings erwähnt werden, dass sich dieser seit der Klärung der *duty of care* gegenüber Dritten durch *Donghue v. Stevenson*[328] immer weiter ausdehnt. Zu diesen Pflichten zählt die sorgfältige Auswahl und gegebenenfalls auch die Überwachung von Arbeitnehmern und anderen Vertragspartnern. Außerdem kann der Geschäftsherr verpflichtet sein, andere zu warnen, wenn er eine gefährliche Tätigkeit vornehmen lässt. In *A-G v. Geothermal Produce NZ Ltd.*[329] beauftragte das Landwirtschaftsministerium zum Beispiel einen Unternehmer damit, wildwachsende Hecken mit Gift zu entfernen. Die Giftwolke zerstörte auch den Rosenbestand eines angrenzenden Gewächshauses. Der Court of Appeal entschied, dass das Ministerium schon deswegen haftbar sei, weil es seiner Pflicht, die Betreiber des Gewächshauses zu warnen, nicht nachgekommen sei.[330]

---

[327] Siehe oben, A II.
[328] [1932] A.C. 562.
[329] [1987] 2 N.Z.L.R. 348.
[330] Vorausgesetzt, dass eine solche Giftwolke und deren Übergriff auf andere Grundstücke nicht vermeidbar (aber die Tätigkeit legal) war, trifft den Vertragspartner kein Verschulden, sondern nur das Ministerium persönlich. Das Gericht entschied aber, dass auch der Vertragspartner fahrlässig handelte, so dass das Ministerium hier ebenfalls aufgrund der Verletzung von *non-delegable duties* haftete.

Eine Haftung für persönliches Verschulden kommt auch für das Verhalten Dritter, die weder *servants* noch *independent contractors* sind, in Betracht, wenn eine Pflicht bestand, den Schaden abzuwenden.[331] Auch wenn der Geschäftsherr ein Delikt autorisiert, ist er nach diesem Prinzip haftbar.[332]

Außerdem ist ein Geschäftsherr auch für den Schaden haftbar, den er dadurch verursacht, dass er den Schaden perpetuiert, indem er sich beispielsweise weigert, den Schädiger zu offenbaren. Eine solche Pflicht besteht in aller Regel, wenn ein Arbeitnehmer ein Delikt begeht. Der Schaden, den der Geschäftsherr so verursacht, liegt in dem entgangenen Schadensausgleich, den er durch seine mangelnde Mitwirkung zu vertreten hat. Das bloße (nachträgliche) Billigen eines Delikts wird auf der anderen Seite regelmäßig einen ursächlichen Zusammenhang mit dem Schaden vermissen lassen, so dass eine Haftung für persönliches Verschulden ausscheidet.[333] Im Rahmen von *vicarious liability* kann sie aber als konkludente Genehmigung relevant werden.[334]

2. Haftung für zugerechnetes Verschulden: Das Konzept der *non-delegable duties*

Viele der Pflichten, die sich erst kürzlich entwickelt haben, sind von der Rechtsprechung als „nicht delegierbar" charakterisiert worden wie in *Mount Albert Borough Council v. Johnson.*[335] Aber bevor die einzelnen Pflichten untersucht werden, soll kurz der Ursprung und die dogmatische Konzeption dargestellt werden.

a. Grundlagen

aa. Dogmatische Konstruktion

Die dogmatische Konstruktion des Konzepts der *non-delegable duties* wurde bereits vorgestellt: Der Prinzipal hat Pflichten gegenüber anderen, denen er nicht

---

[331] *McKendrick*, Vicarious Liability and Independent Contractors – A Re-examination, M.L.R. 53 (1990), 770, 778 f. mit englischen Entscheidungen.

[332] Vgl. *Lord Thankerton*, in *Canadian Pacific Railway Co. v. Lockhart* [1942] A.C. 591, 599; *Heuston/Buckley*, Salmond & Heuston on the Law of Torts, S. 443.

[333] A.A. *Smillie*, Exemplary Damages for Personal Injury, NZ Law Rev. (1997), 140, 168, der hier einen Fall von *primary liability* sieht. Er bezieht sich dabei auf *McIntyre v. Bianchi* [1992] 3 ERNZ 1057, 1103. In diesem Fall trugen die *agents* jedoch zur Perpetuierung des Delikts bei. Außerdem behandelte *Barker J.* diesen Fall als einen von *vicarious liability* für *agents*.

[334] Vgl. dazu C III 1.

[335] [1979] 2 N.Z.L.R. 234 zu der Pflicht einer Baufirma gegenüber den Kunden, sicherzustellen, dass die Wohnungen unter Beachtung aller Sorgfalts- und Sicherheitsstandards gebaut werden.

alleine dadurch genügen kann, dass er kompetente Dritte in diesem Pflichtenkreis engagiert. Sofern nämlich der Dritte schuldhaft handelt, ist er deliktisch haftbar, weil ihm dieses Verschulden zugerechnet wird. Die übliche Erklärung hierfür ist, dass es sich dabei nicht um eine bloße *duty of care*, „but a duty that care is taken“[336] handele. Diese Phrase ist teilweise unzutreffend, da sie suggeriert, dass den Prinzipal eine Kontrollpflicht und ihn mithin vorwerfbares Verhalten treffe, wenn es zum Schaden kommt. Aber dies ist gerade nicht der Fall. Vielmehr bildet die Pflicht in Verbindung mit dem zugerechneten Verschulden der anderen Partei ein eigenständiges Delikt des Geschäftsherrn. Dieses Konzept führt daher zu *personal liability* für zugerechnetes Verschulden und erinnert stark an § 31 BGB im Deliktsrecht sowie § 278 BGB im Bereich der in § 241 Abs. 2 BGB beschriebenen Pflichten.

Abgesehen von seiner dogmatischen Einordnung ist die Konstruktion der Haftung für die Verletzung von *non-delegable duties* also mit der von *vicarious liability* verwandt. Daher scheinen die Beschreibungen dieser Rechtsfigur als „disguised form of vicarious liability“[337] oder als „truly vicarious liability“[338] nachvollziehbar zu sein. Tatsächlich wurde dieselbe Argumentation auch schon im Rahmen der *master's tort theory* benutzt, um die dogmatische Konstruktion von *vicarious liability* zu beschreiben.[339] Beide Konzepte setzen das Verschulden des Dritten voraus und beide übertragen die Haftung auf den Geschäftsherrn. Aber anstatt die Haftung durch eine bestimmte Gruppe von Handelnden, *servants*, einzugrenzen, beschränkt das Konzept der *non-delegable duties* die Haftung auf bestimmte Tätigkeiten, die zu solchen Pflichten führen. Vergleichbar mit *vicarious liability* gibt es auch hier noch einen zweiten Filter, der die Fälle aussortiert, in denen es an dem erforderlichen Zusammenhang zwischen dem schädigenden Verhalten und der übertragenen Aufgabe fehlt. Während bei *vicarious liability* der Verrichtungsgehilfe *in the course of the employment* handeln muss, wird im Rahmen der *non-delegable duties* nicht für *collateral* oder *casual negligence* gehaftet.[340] Wenn also der Vertragspartner des Schuldners einer *non-delegable duty* nur bei Gelegenheit der Auftragserfüllung ein Delikt begeht, haftet der Schuldner nicht. Eine solche Konstellation tritt nur sehr selten auf, da das Konzept der *non-delegable duties* bislang nur in Verbindung mit Fahrlässigkeit Anwendung findet und hier der Schaden eigentlich immer bei

---

[336] *Lord Blackburn*, in *Dalton v. Angus* (1881) 6 A.C. 740, 829; siehe auch *Kondis v. State Transport Authority* (1984) 154 C.L.R. 672, 686.

[337] *Fleming*, The Law of Torts, S. 434. *Gummow* und *Hayne JJ.*, in *New South Wales v. Lepore* (2003) A.L.R. 412, 478 bezeichnen dieses Konzept ebenfalls als ein Form von *vicarious liability*.

[338] *Atiyah*, Vicarious Liability in the Law of Torts, S. 338. Außerdem *Williams*, Liability for Independent Contractors, Camb.L.J. 15 (1956), 180, 188: „Thus, where a person employs an apparently competent contractor, his liability is vicarious or nothing."

[339] Vgl. *Atiyah*, a.a.O., S. 6; *Williams*, Vicarious Liability: Tort of the Master or of the Servant? 72 L.Q.R. 72 (1956), 522, 547; außerdem oben, A I.

[340] *Hughes*, in *S. Todd*, *The Law of Torts in New Zealand*, S. 916.

der Verrichtung der vertraglichen Pflichten auftritt.[341] Damit das Delikt aus dem Rahmen der Haftung fällt, muss sich der Vertragspartner „in a way alien to anything the [principal] has permitted [him] to do, or in other words, [...] as a 'stranger'"[342] verhalten.

Es handelt sich also bei dem Konzept der *non-delegable duties* um einen Typ der Haftung für zugerechnetes Verschulden mit großer Ähnlichkeit zu *vicarious liability*. In Großbritannien und auch in Kanada und Australien ist es ein fester Bestandteil der ständigen Rechtsprechung. In Neuseeland hatte das höchste Gericht noch keine Gelegenheit, diese Rechtsfigur zu kommentieren. In *Cashfield House Ltd. v. David & Heather Sinclair Ltd.*[343] wurde aber – nicht überraschend – festgestellt, dass dieses Konzept auch ein Teil des neuseeländischen Common Law sei und ferner wurde die Idee von *vicarious liability* für unabhängige Vertragspartner zurückgewiesen.[344]

bb. Geschichtlicher Ursprung

Das Konzept der *non-delegable duties* ist nicht aus einer bewussten und schlüssigen Weiterentwicklung des Common Law gefolgt, sondern wuchs eher zufällig in seine jetzige Rolle hinein.

Seit *Quarman v. Burnett*[345] ist das Prinzip, dass man für das Verhalten unabhängiger Vertragspartner nicht ohne eigenes Verschulden haftet, ein etablierter Grundsatz des *tort law*.[346] Und abgesehen von sporadischen Artikeln ist diese Regel nicht in Frage gestellt worden und repräsentiert auch heute noch gültiges Recht in allen Common-Law-Staaten.

Gleichwohl hat sich daneben eine andere Linie von Fällen herausgebildet, die sich ursprünglich auf Verkehrssicherungspflichten von Grundbesitzern beschränkte. So musste zum Beispiel jemand, der ohne Genehmigung einen Weg hatte aufgraben lassen, dafür haften, dass der Vertragspartner den Weg nachher nicht mehr wiederherstellte und damit Schaden verursachte.[347] Außerdem wurde ein Ladenbesitzer, der einen Kohlekeller betrieb, der nur über eine Falltür auf einem Bahngelände zugänglich war, dafür haftbar gemacht, dass ein Lieferant die Tür nicht wieder geschlossen hatte und ein Passant hineinfiel und sich verletzte.[348] Für eine solche Haftung entschieden sich die Gerichte eben-

[341] Vgl. *Atiyah*, Vicarious Liability in the Law of Torts, S. 377, zu den wenigen und unbefriedigenden Entscheidungen auf diesem Gebiet.
[342] *Trindade/Cane*, The Law of Torts in Australia, S. 726; *H. & N. Emanual Ltd. v. Greater London Council* [1971] 2 All E.R. 835, 839 per *Lord Denning M.R.*
[343] [1995] 1 N.Z.L.R. 452.
[344] A.a.O., 453, 462 per *Tipping J.*
[345] (1840) 6 M. & W. 499.
[346] Vgl. z.B. *Atiyah*, Vicarious Liability in the Law of Torts, S. 327-332.
[347] *Ellis v. Sheffield Gas Consumer* Co. (1853) 2 E. & B. 767.
[348] *Pickard v. Smith* (1861) 10 C.B. (NS) 470.

falls, wo eine schwere Lampe bei Arbeiten auf einen Gehweg fiel[349] und wo bei Ausgrabungsarbeiten ein Nachbargrundstück abrutschte, weil es nicht ausreichend abgestützt worden war.[350] Alle diese Fälle sind durch fahrlässiges Verhalten einer dritten Partei gekennzeichnet, zu der der Beklagte nur ein vertragliches Verhältnis hatte.

Trotzdem können alle diese Fälle – unter Umständen mit Ausnahme des Kohlefalls – als Fälle von *public* oder *private nuisance* behandelt werden. Für diese Delikte ist aber das Verschuldenselement völlig irrelevant. Daher wäre der Beklagte ohnehin in den obigen Fällen wegen *nuisance* haftbar gewesen. Trotzdem ist diese Linie von Fällen aufgrund eines Missverständnisses mit dem Fahrlässigkeitsrecht verschmolzen.[351] Anstatt sich nämlich explizit auf *nuisance* zu beziehen, bedienten sich manche dieser Entscheidungen des Vokabulars von Fahrlässigkeit und entsprechender Pflichten in ihren Begründungen[352] oder wurden sogar mit Fahrlässigkeit begründet.[353] In der Folge setzte sich der Trugschluss durch, dass die Haftung des Beklagten essentiell mit dem Verschulden der dritten Partei verbunden sei und das Konzept der *non-delegable duties* entstand.[354]

cc. Rechtfertigung

Auf den ersten Blick bereitet die Rechtfertigung dieser Doktrin keinerlei Schwierigkeiten. Wenn jemanden gegenüber einem Dritten eine Pflicht trifft, ein bestimmtes Ereignis zu verhindern oder zu bewirken, ist er haftbar für das Verhalten derjenigen, auf die er diese Pflichten delegiert. Diese Argumentation verlagert das Problem aber nur auf die Frage, wann und warum eine solche Pflicht entsteht, die nicht delegierbar sein soll. Anders als der *master* ist der Auftraggeber weder unbedingt solventer als der Vertragspartner, noch zwangsläufig besser zur Schadensverteilung geeignet. Williams hat deshalb argumentiert, dass sich diese Rechtsfigur nicht rechtfertigen lasse, seit das House of

[349] *Tarry v. Ashton* (1876) 1 Q.B.D. 314.
[350] *Bower v. Peate* (1876) 1 Q.B.D. 321.
[351] Ausführlicher dazu *Atiyah*, Vicarious Liability in the Law of Torts, S. 327 ff.
[352] Vgl. *Pickard v. Smith* (1861) 10 C.B. (NS) 470, 480 und *Tarry v. Ashton* (1876) 1 Q.B.D. 314, 315, 317.
[353] *Bower v. Peate* (1876) 1 Q.B.D. 321, 322, 328.
[354] Der Begriff geht wohl auf *Thayer* zurück, Liability Without Fault, Harv.L.Rev. 29 (1916), 801, 808: „This doctrine [...] is sometimes misleadingly stated as if *respondeat superior* were somehow involved. [...] The true statement of the case is that the law charges the defendant with a non-delegable duty.“ Später bedienten sich auch Gerichte dieses Begriffs, vgl. *Lord Thankerton* in *Wilson and Clyde Coal Co. v. English* [1938] A.C. 57, 73.

Lords in *Donoghue v. Stevenson*[355] die Unklarheiten über die Eigenhaftung des Vertragspartners beseitigt habe.[356]

Trotzdem sind manche der zu *vicarious liability* dargestellten Rechtfertigungsversuche ebenso brauchbar für das Konzept der *non-delegable duties*. Beweisschwierigkeiten können genauso dort auftreten, wo der Geschäftsherr unabhängige Vertragspartner anstatt Verrichtungsgehilfen einschaltet.[357] Darüber hinaus wird die Aussicht auf Haftung den Geschäftsherrn zusätzlich zu erhöhter Sorgfalt in der Auswahl seiner Vertragspartner motivieren. Hier muss der Geschädigte wie im Rahmen von *vicarious liability* dem Geschäftsherrn kein Verschulden nachweisen und spart sich deshalb häufig ein Verfahren mit unvorhersehbarem Ausgang. Außerdem gilt auch hier die zentrale Erwägung von *vicarious liability*, dass derjenige, der von der Betätigung anderer in seinem Pflichtenkreis profitiert, auch an den Risiken teilnehmen soll. Ebenso wie für § 278 BGB wird argumentiert, dass jemand, der Verantwortung trägt, sich dieser nicht durch das Einschalten einer Hilfsperson entziehen könne.[358] Aus diesem Blickwinkel erklärt sich der Begriff der *non-delegable duties* selbst. Schließlich hat sich auch bei der Diskussion des rechtspolitischen Hintergrundes von *vicarious liability* gezeigt, dass die Begrenzung der Haftung für fremdes Verschulden auf die Gruppe der *servants* nur schwer begründbar ist. Wenn *vicarious liability* aber von einer solchen Voraussetzung ausgeht, müssen andere Instrumente existieren, um auch in anderen Fällen eine Haftung sicherzustellen. Daher operiert das Konzept der *non-delegable duties* in einem Feld, wo eine enge Beziehung zwischen Geschäftsherrn und Geschädigtem besteht. Diese Beziehung muss nicht vertraglicher Natur sein, aber über eine alltägliche Beziehung, aus der gewöhnliche (delegierbare) Pflichten resultieren, hinausgehen. Hierfür ist entweder eine besondere Position des Geschäftsherrn oder eine gefährliche Tätigkeit erforderlich.

Ähnlich wie bei *vicarious liability* wird die Rechtfertigung des Konzepts der *non-delegable duties* heutzutage nicht in Frage gestellt. Nur die unsystematische Entwicklung, die Unklarheit, welche Pflichten hierunter fallen sowie die fragwürdige dogmatische Einordnung werden heftig kritisiert.[359] Die Rechtfertigung beruht ebenfalls auf mehreren Erwägungen, die von Fall zu Fall mehr oder weniger tragend sind.[360]

---

[355] [1932] A.C. 562.

[356] Vgl. *Atiyah*, Vicarious Liability in the Law of Torts, S. 333, Fußnote 4, in Bezug auf *Williams*, Liability for Independent Contractors, Camb.L.J. 15 (1956), 180. Andererseits betrachtete *Williams* das Pflichtenkonzept als dogmatische Grundlage von *vicarious liability*. Er scheint daher nur eine neue Rechtsfigur neben *vicarious liability* abzulehnen.

[357] Vgl. oben, B II 1 c.

[358] *Atiyah*, Vicarious Liability in the Law of Torts, S. 333.

[359] Siehe oben, C I 1; II 2 a.

[360] *Atiyah*, Vicarious Liability in the Law of Torts, S. 336.

b. Anwendungsfelder

Im Einklang mit den Wurzeln des Konzepts der *non-delegable duties* haben die Gerichte ursprünglich diese Rechtsfigur auf Fälle von „*extra-hazardous activities*" und Fälle, die Straßenarbeiten oder Grundbesitz betrafen, beschränkt.[361] Sie hat sich jedoch bewährt, als sich das Recht neuen Herausforderungen stellen musste. Es lag nahe, das Konzept zur Umgehung der streng durchgehaltenen Ausrichtung von *vicarious liability* auf *employment contracts* einzusetzen. Und tatsächlich erfreut sich diese Rechtsfigur wachsender Popularität unter Juristen. Die Zahl der nicht delegierbaren Pflichten hat sich entgegen Atiyahs Vorhersagen vervielfacht, auch wenn dies in einer „ziemlich planlosen und fragmentarischen Art"[362] geschah. *Non-delegable* duties treten daher in vielen Verhältnissen auf und umfassen mittlerweile verschiedene Arten von Pflichten.

Für Arbeitgeber haben die Gerichte eine große Zahl solcher nicht delegierbarer Pflichten gegenüber ihren Arbeitnehmern identifiziert. Die Initialzündung dafür lag in dem Versuch, die inzwischen längst abgeschaffte *rule of common employment* zu umgehen,[363] die den Arbeitgeber, wenn seine eigenen Arbeitnehmer geschädigt wurden, von *vicarious liability* freistellte. Seitdem existiert die nicht delegierbare Pflicht, ein sicheres Arbeitssystem zu schaffen.[364] Dieser Pflicht wird also nicht durch ihre Delegierung an einen kompetenten Dritten (einschließlich *servants*) genügt, so dass der Arbeitgeber für dessen Fahrlässigkeit einstehen muss. Diese Pflicht ist dahingehend erweitert worden, dass der Arbeitgeber einen sicheren Arbeitsplatz zur Verfügung stellen muss[365] sowie kompetente Arbeitnehmer zu beschäftigen hat.[366] *McDermid v. Nash Dredging and Reclamation Co. Ltd.*[367] stellt den nächsten Schritt in dieser Entwicklung dar. In diesem Fall arbeitete der Kläger für die Beklagten auf einem ihrer Fischkutter. Aufgrund der nachlässigen Führung des Schiffes durch den Kapitän, der von der Muttergesellschaft der Beklagten angestellt wurde, verletzte sich der Kläger schwer. Er hatte dabei gegen die gängigen Sicherheitsregeln auf dem Schiff verstoßen. Die erstinstanzliche Entscheidung betrachtete den Kapitän als *employee* der Beklagten und erlegte ihnen folglich *vicarious*

---

361 Z.B. *Honeywill v. Stein v. Larkin Brothers Ltd.* [1934] 1 K.B. 191; *Eriksen and Another v. Clifton* [1963] N.Z.L.R. 705 (Das Gericht nahm hier nicht explizit zu *non-delegable duties* Stellung, vgl. aber S. 707).

362 *McKendrick*, Vicarious Liability and Independent Contractors – A Re-examination, M.L.R. 53 (1990), 770, 772.

363 Vgl. z.B. *Gummow* und *Hayne JJ.*, in *New South Wales v. Lepore* (2003) 195 A.L.R. 412, 476.

364 *Wilsons and Clyde Coal Co. Ltd. v. English* [1937] 3 All E.R. 628; *General Cleaning Contractors v. Christmas* [1953] A.C. 180.

365 *Latimer v. AEC* [1953] A.C. 643.

366 *Paine v. Colne Valley Electricity Supply Co. Ltd. and British Insulated Cables Ltd.* [1938] 4 All E.R. 803.

367 [1987] 2 All E.R. 878.

liability auf. Das House of Lords entschied hingegen, dass die Beklagten gegenüber ihren Arbeitnehmern vielmehr eine nicht delegierbare Pflicht hatten, die neben der Existenz eines sicheren Arbeitssystems und -umfelds auch dessen *Durchsetzung* umfasste. Das Verhältnis des Kapitäns zu den Beklagten spielte daher keine Rolle mehr. Sie mussten sich sein Verschulden mangels Delegierbarkeit zurechnen lassen. Die Haftung im Rahmen von *non-delegable duties* wurde damit auf Bereiche ausgedehnt, die sich dem Einfluss der Arbeitgeber völlig entziehen können.[368]

Auch australische Entscheidungen haben den Arbeitgebern die nicht delegierbare Pflicht auferlegt, ein sicheres Arbeitssystem zu kreieren und durchzusetzen. Der High Court of Australia machte zum Beispiel den Arbeitgeber für einen Unfall haftbar, der durch einen Kranfahrer eines unabhängigen Vertragspartners verursacht worden war. Der Kranfahrer hatte einen der Arbeitnehmer nicht davor gewarnt, sich unter den Ausleger des Krans zu stellen.[369] An dieser Stelle blieb der High Court of Australia aber nicht stehen, sondern erweiterte den Kreis der geschützten Personen durch diese Pflichten auch auf andere Vertragsparteien. In *Stevens v. Brodribb Sawmilling Co. Pty. Ltd.*[370] engagierten die beklagten Betreiber eines Sägewerks Waldarbeiter, um gefällte Bäume auf Lastwagen zu verladen, und Fahrer, die diese zum Sägewerk bringen sollten. Der Kläger, ein Fahrer, wurde dabei aufgrund der Fahrlässigkeit eines Waldarbeiters verletzt. Obwohl sowohl Waldarbeiter als auch Fahrer unabhängige Vertragspartner waren, hatte der Kläger Erfolg, da Brodribb's Pflicht hinsichtlich der Umsetzung eines sicheren Arbeitssystems nach dem High Court of Australia auch den Schutz von *independent contractors* beinhaltete. Und auch wenn das Gericht mehrheitlich diese Pflicht explizit nicht als *non-delegable* klassifizierte,[371] scheinen die Konsequenzen doch gleich zu sein: Der Geschäftsherr kann dieser Pflicht eben nicht genügen, indem er sie zurück auf eine oder alle der beteiligten Parteien überträgt.[372]

In Neuseeland gehen die meisten dieser Pflichten auf den Health and Safety in Employment Act 1992 (sec. 6) zurück und – abgesehen von Sachschäden – sind deliktische Ansprüche durch den Injury Prevention, Rehabilitation and Compensation Act 2001 gesperrt. Ein Sachschaden wird bei Arbeitsunfällen aber nur sehr selten hoch ausfallen. Daher sind die *non-delegable duties* der Arbeitgeber hier nur begrenzt relevant. Trotzdem gibt die Anerkennung

---

368 Siehe *McKendrick*, Vicarious Liability and Independent Contractors – A Re-examination, M.L.R. 53 (1990), 770, 773.

369 *Kondis v. State Transport Authority* (1984) 55 A.L.R. 225.

370 (1986) A.L.R. 513.

371 (1986) A.L.R. 513, 514. Siehe aber *Wilson* und *Dawson JJ.*, a.a.O., 533: „We think that such a duty in this case was non-delegable, although for reasons which can be expressed more simply and in a different way".

372 (1986) A.L.R. 513, 533.

dieses Konzepts in *Cashfield*[373] Anlass zu der Vermutung, dass diese Pflichten auch in Neuseeland nicht delegierbar sind.

Non-delegable duties setzen in der Regel ein Verhältnis zwischen Geschäftsherrn und Geschädigtem voraus, das von einer besonderen Verwundbarkeit der einen Partei beziehungsweise von einer Machtposition der anderen gekennzeichnet ist.

Ähnlich wie bei *vicarious liability* haben auch hier wieder Krankenhausfälle die Entwicklung dieser Rechtsfigur stimuliert. Wie oben dargestellt, haben die Gerichte in Großbritannien (und Deutschland[374]) nicht gezögert, Krankenhauspersonal von Krankenpflegern bis hin zu Ärzten als *servants* zu behandeln. Weil die Behandlung damals häufig kostenlos war, stellte sich das Problem der Haftung, da ein Vertrag dann mangels *consideration* nicht in Betracht kam. Aufgrund der Lösung dieser Fälle nach den Regeln von *vicarious liability* bestand keine Notwendigkeit, *non-delegable duties* anzunehmen.[375] Der dogmatischen Klarheit zuliebe ließ es sich Denning L.J. aber nicht nehmen, wiederholt auch solche Pflichten zwischen Krankenhaus und Patient zu bestätigen.[376] In Australien werden sie hingegen in ständiger Rechtsprechung angenommen.[377] Die Ergebnisse sind mit dem Ansatz aus Großbritannien identisch: Krankenhäuser haften für die Delikte ihres Personals. Bislang ist diese Haftung nur für Fahrlässigkeit etabliert.[378] Außerdem ist nicht ganz klar, ob hier eine Beschränkung im Sinne von *collateral negligence* besteht.[379] Auch im deutschen Recht werden Ärzte und Personal als Erfüllungsgehilfen im Sinne des § 278 BGB behandelt, was Vorteile in der Beweisführung mit sich bringt und seit der Reform des Schadensersatzrechts zu Schmerzensgeld führen kann.[380]

---

[373] [1995] 1 N.Z.L.R. 452.

[374] Siehe oben, C I 1.

[375] Vgl. auch *Wicke*, Respondeat Superior, S. 284

[376] *Cassidy v. Ministry of Health* [1951] 2 K.B. 343, 343 und 363; *Roe v. Minister of Health* [1954] 2 Q.B. 66, 81 f., wo er seine in *Cassidy* vertretenen Ansicht bekräftigte, aber Krankenhausangestellte auch als *agents* bezeichnete.

[377] *Albrighton v. Royal Prince Alfred Hospital* [1980] 2 N.S.W.L.R. 542; *Ellis v. Wallsend District Hospital* (1989) 17 N.S.W.L.R. 553; von dem HCA bestätigt in *New South Wales v. Lepore* (2003) 195 A.L.R. 412, 452, 476 f.; *Kondis v. State Transport Authority* (1984) 154 C.L.R. 672, 686; *Boston*, A Hospital's Non-delegable Duty of Care, M.L.J. 10 (2003), 364 mit weiteren Fällen.

[378] *Boston*, A Hospital's Non-delegable Duty of Care, M.L.J. 10 (2003), 364, 364. Vgl. aber *Mason P.*, in *Lepore v. New South Wales* [2001] Aust.Torts R. 81-609, 67,014, 67,015 und *McHugh J.* in *New South Wales v. Lepore* (2003) 195 A.L.R. 412, 447 die der Ansicht sind, dass auch vorsätzliches Verhalten eingeschlossen ist. Vgl. auch *Lord Denning M.R.*, in *Morris v. C. W. Martins & Sons Ltd.* [1966] 1 Q.B. 716, 728.

[379] *Boston*, A Hospital's Non-delegable Duty of Care, M.L.J. 10 (2003), 364, 372-374 argumentiert, das Verhalten müsse nicht „in the course of employment“ oder anders mit einer Pflicht verbunden sein.

[380] Dies gilt wieder nicht für gespaltene Krankenhausverträge; BGH NJW 1995, 1611, 1613.

Non-delegable duties wurden ferner in der Beziehung von Schulträgern zu Schülern,[381] Gefängnisbetreibern zu Häftlingen,[382] sowie Aufsichtspersonen zu Kindern generell und möglicherweise von Vermietern zu Mietern und nahestehenden Personen [383] lokalisiert. Sie setzen also ein besonderes Verhältnis zwischen den Beteiligten voraus, wobei ein Vertrag weder notwendig noch ausreichend ist. Das entscheidende Element ist eine Position von besonderer Verwundbarkeit beziehungsweise Überlegenheit der beteiligten Parteien. Die Tatsache, dass die eine Partei der Autorität oder der faktischen Überlegenheit der anderen ausgesetzt ist, begründet diese strengere Form der Haftung. Die Frage nach *non-delegable duties* hat sich deshalb auch im Zusammenhang von Kindesmissbrauch durch Lehrer gestellt. In Australien waren zweitinstanzliche Gerichte bereit, die Schulträger wegen eines Verstoßes gegen nicht delegierbare Pflichten in die Haftung zu nehmen.[384] Doch obwohl diese Idee auch vereinzelt Zustimmung von höchsten Richtern gefunden hat,[385] haben es die höchsten Gerichte bislang abgelehnt, solche Fälle so zu lösen. Und tatsächlich weist das Konzept der *non-delegable duties* derzeit Schwächen bei Vorsatzdelikten auf.

Nach der herrschenden Ansicht ist diese Rechtsfigur, anders als §§ 31, 278 BGB im deutschen Recht, nur auf fahrlässig begangene Delikte anwendbar.[386] Die Gründe hierfür liegen allerdings im Dunkeln. Auf den ersten Blick ist es jedenfalls nicht einzusehen, warum eine solche Pflicht nicht auch vorsätzlich verletzt werden könnte. Vertragliche Pflichten können auch vorsätzlich gebrochen werden, ohne dass deshalb eine Zurechnung zwangsläufig ausscheidet und es ist kein Grund ersichtlich, warum dies für den „quasivertraglichen“ Bereich der *non-delegable duties* nicht auch gelten sollte. Andererseits gilt der Filter für zu entfernte Sachverhalte, die sogenannte *collateral negligence* Regel, offensichtlich nur für Fahrlässigkeit.[387] Daher müsste diese Regel wohl angepasst und erweitert werden, wenn das Konzept der *non-delegable duties* auch vorsätzliches Fehlverhalten abdecken soll. Es ist dabei nicht unwahrscheinlich, dass bei einer solchen Erweiterung aus dieser bislang vernachlässigten Limitierung ein ähnliches Tatbestandsmerkmal wie bei *vicarious liability* das *in the course of employment*-Erfordernis wird. Lord Denning M.R., einer der prominentesten Verfechter des Konzepts der *non-delegable duties*, hat beispielweise in *Morris*[388] eine ähnliche Abgrenzung vorgenommen. Nach seiner Ansicht scheitert eine Haftung dann, wenn die Handlung nur bei Gelegenheit der Pflichterfüllung

---

[381] Z.B. *Gleeson C.J.* in *New South Wales v. Lepore* (2003) 195 A.L.R. 412, 422; *The Common Wealth v. Introvigne* (1982) 150 C.L.R. 258.
[382] Z.B. *Lord Millet*, in *Lister and others v. Hesley Hall Ltd.* [2001] 2 All E.R. 769, 800
[383] Vgl. das Minderheitsvotum von *McHugh* und *Toohey JJ.* in *Northern Sandblasting Pty. Ltd. v. Harris* (1997) 146 A.L.R. 572, 572.
[384] Vgl. *New South Wales v. Lepore* (2003) 195 A.L.R. 412, 416.
[385] Z.B. *McHugh J.*, (2003) 195 A.L.R. 412, 448-456.
[386] Vgl. *McHugh J.*, a.a.O., 447 f. mit einer abweichender Meinung.
[387] Siehe oben, C II 2 a.
[388] *Morris v. C. W. Martins & Sons Ltd.* [1965] 2 All E.R. 725.

vorgenommen wird oder der Handelnde nicht mit der spezifischen Pflicht des Geschäftsherrn betraut war.[389] Es hat daher den Anschein, dass das Konzept der *non-delegable duties* im Zusammenhang mit vorsätzlichem Fehlverhalten entweder nicht anwendbar, oder aber noch nicht ausgereift ist. Wahrscheinlich aus diesen Gründen behandeln alle großen Common-Law-Jurisdiktionen vorsätzliches Fehlverhalten als eine Frage von *vicarious liability* (wo kein persönliches Verschulden festgestellt werden kann).[390]

Die Fahrlässigkeitshaftung korreliert andererseits mit der zunehmenden Akzeptanz des Konzepts der *non-delegable duties* in „Nähe"-Verhältnissen und ist ebenfalls erweitert worden. So hat der High Court of Australia in der vielbeachteten Entscheidung *Burnie Port Authority v. General Jones Pty. Ltd.*[391] die alte Regel aus *Rylands v. Fletcher*[392] hauptsächlich durch Fahrlässigkeitshaftung und „möglicherweise durch nuisance und trespass"[393] ersetzt.

> The relationship of proximity which exists, for the purposes of ordinary negligence, between a plaintiff and a defendant in circumstances which would prima facie attract the rule in *Rylands v. Fletcher* is characterised by such a central element of control and by such special dependence and vulnerability. One party to that relationship is a person who is in control of premises and who has taken advantage of that control to introduce thereon or to retain therein a dangerous substance or to undertake thereon a dangerous activity or to allow another person to do one of those things. The other party to that relationship is a person, outside the premises and without control over what occurs therein, whose person or property is thereby exposed to a foreseeable risk of danger. [...] It follows that the relationship of proximity which exists in the category of case into which *Rylands v. Fletcher* circumstances fall contains the central element of control which generates, in other categories of case, a special „personal'' or „non-delegable'' duty of care under the ordinary law of negligence. [...] The weight of authority confirms that the duty in that category of case is a non-delegable one.[394]

Möglicherweise existieren ähnliche Pflichten auch schon zwischen Landeigentümern und ihren Gästen.[395] Wie sich schon am Beispiel der Arbeitgeberhaftung

---

[389] *Morris v. C. W. Martins & Sons Ltd.* [1965] 2 All E.R. 725, 732.

[390] *S. v. Attorney-General* [2003] 3 N.Z.L.R. 450; *Lister v. Hesley Hall Ltd.* [2001] 2 All E.R. 769; *New South Wales v. Lepore* (2003) 195 A.L.R. 412; *Bazley v. Curry* [1999] 2 S.C.R. 534; *Mary M. v. City of Los Angeles* 814 P. 2d 1341 (1991).

[391] (1994) 120 A.L.R. 42.

[392] (1868) L.R. 3 H.L. 330 – strenge Haftung des Landbesitzers für entweichende gefährliche Substanzen. Vgl. *Fleming*, The Law of Torts, S. 435.

[393] (1994) 120 A.L.R. 42, 42.

[394] (1994) 120 A.L.R. 42, 62 f. per *Mason C.J., Deane, Dawson, Toohey, Gaudron JJ.*; vgl. auch S. 43.

[395] A.a.O., 62. Die Ergebnisse sind jedenfalls gleich; *Fleming*, The Law of Torts, S. 435.

gezeigt hat, spiegelt sich in dieser Entwicklung ein allgemeiner Trend im Common Law zur Fahrlässigkeitshaftung wider,[396] der in Verbindung mit *non-delegable duties* zu einer Haftung für fremdes Verschulden führt.

3. Zusammenfassung

Im Ergebnis ist *primary liability*, insbesondere in Kombination mit der Rechtsfigur der *non-delegable duties* eine Alternative zu *vicarious liability*. *Vicarious liability* und Haftung für den Verstoß gegen nicht delegierbare Pflichten fallen in vielen Fällen zusammen. Wenn beispielsweise der Kranfahrer in *Kondis*[397] ein Arbeitnehmer des Beklagten gewesen wäre, wäre dieser sowohl auf der Grundlage von *vicarious liability* als auch von *non-delegable duties* haftbar gewesen. Trotzdem haben diese beiden Haftungsformen unterschiedliche Voraussetzungen. Weil *non-delegable duties* auf einem besonderen Verhältnis zwischen Geschäftsherrn und Geschädigten basieren, kann diese Rechtsfigur Sachverhalte außerhalb der Reichweite von *vicarious liability* abdecken. Umgekehrt kann sie aber außerhalb eines solchen „quasivertraglichen" Verhältnisses *vicarious liability* nicht ersetzen.[398]

Außerdem scheint sich das Konzept der *non-delegable duties* derzeit auf Fahrlässigkeit zu beschränken. Die Ausdehnung auf Vorsatz wirft Fragen hinsichtlich der Verbindung zwischen dem Verhalten und der Pflicht auf, die bislang noch nicht ausdiskutiert, geschweige denn zufriedenstellend gelöst worden sind.

Andererseits scheint das Konzept der *non-delegable duties* unverzichtbar zu sein, da es eben über den Anwendungsbereich von *vicarious liability*, über hierarchische Verhältnisse, hinausreicht. In diesem Zusammenhang muss aber darauf hingewiesen werden, dass teilweise ein anderer Weg beschritten wird, um die Grenzen von *vicarious liability* über die eines *contract of service* hinaus auszudehnen. Der Geschäftsherr kann nämlich auch im Rahmen von *vicarious liability* für seine *agents* haften.

---

[396] Derselbe Trend scheint auch in Großbritannien erkennbar, wo *Rylands v. Fletcher* schon zur Unkenntlichkeit verwässert ist; vgl. *Deakin/Johnston/Markesinis*, Tort Law, S. 544-547.

[397] *Kondis v. State Transport Authority* (1984) 55 A.L.R. 225.

[398] Vgl. z.B. *McKendrick*, Vicarious Liability and Independent Contractors – A Re-examination, M.L.R. 53 (1990), 770, 784.

III. *Agents*

Diese Kategorie von *vicarious liability* ist nur schwer fassbar, weil sie ohne erkennbares Muster eine Vielzahl von offenbar unzusammenhängenden Fallgruppen erfasst. Darüber hinaus ist auch der Begriff *agent* trügerisch, da *agency* im Sinne von *vicarious liability* nicht mit dem eigentlichen Vertretungsrecht aus dem Vertragsrecht verwechselt werden darf. Die Existenz einer solchen weiteren Kategorie von Personen, die *vicarious liability* vermitteln können, birgt aber auch einen Vorteil. Sie ermöglicht es, wie es im deutschen Rechts wegen der autonomen Definition der Verrichtungsgehilfen ohnehin der Fall ist, *vicarious liability* auch ohne einen *contract of service* zu bejahen, dessen Vorraussetzungen sich in manchen Fällen als nur schwer vereinbar mit den Zielen dieser Rechtsfigur herausgestellt haben. Nicht zuletzt deshalb übte diese Erscheinung auch schon immer eine gewisse Anziehungskraft auf die Gerichte aus.

1. Problemstellung

Wie bereits erwähnt, muss ein *agent* im deliktsrechtlichen Sinne von einem *agent*, der für andere rechtsgeschäftlich verbindlich tätig wird, unterschieden werden. Der Versuch einer abschließende Definition solcher Personen ist allerdings noch nicht geglückt. So wird zum Beispiel als zentrales Kriterium angeführt, dass ein *agent* ausdrücklich oder konkludent autorisiert ist, für eine andere Person, den Geschäftsherrn, zu agieren.[399] Nach dieser Definition hätte der deliktsrechtliche Begriff sogar einen noch weiteren Umfang als der vertragsrechtliche.[400] Er beschriebe dann einen Kreis von Personen, die näher an Repräsentanten sind als an unabhängig Handelnden.[401] Solche Definitionsversuche sind offenkundig viel zu weit gefasst, um konkrete Abgrenzungen treffen zu können. Ferner lassen sie sich nicht mit der grundsätzlich ausgeschlossenen deliktischen Haftung für unabhängige Vertragspartner vereinbaren. Solche Ansätze lassen außer Acht, dass die Gruppe der *agents* gerade nicht deduktiv aus einer Formel entwickelt wurde. Vielmehr haben sich verschiedene Sonderformen von *vicarious liability* herausgebildet, die unter diesem Oberbegriff zusammengefasst werden. Deshalb kann nur eine Betrachtung der einzelnen Anwendungsfelder dieser Erscheinung Klarheit bringen.

Da es sich auch hier um eine Form von *vicarious liability* handelt, müssen die *agents* ähnlich wie *servants „in the scope of the authority*", also innerhalb der autorisierten Tätigkeit gehandelt haben.[402] Ob dies der Fall war, kann sich

[399] *Hughes*, in *S. Todd*, The Law of Torts in New Zealand, S. 916.
[400] So auch *Trindade/Cane*, The Law of Torts in Australia, S. 732.
[401] *McHugh J.* in *Hollis v. Vabu Pty. Ltd.* (2001) 181 A.L.R. 263, 284.
[402] *Hughes*, in *S. Todd*, The Law of Torts in New Zealand, S. 918; *Smith v. Stages* [1989] 1 A.C. 928.

auch aus der Perspektive eines Dritten bestimmen. Die entscheidende Frage ist dann, ob der Geschädigte Grund hatte, davon auszugehen, dass das Verhalten des *agents* durch die Autorisierung seines Geschäftsherrn gedeckt war. Der Geschäftsherr haftet daher für jedes Verhalten seines *agents*, das eine ausreichende Verbindung zu dessen tatsächlicher oder scheinbarer Ermächtigung aufweist. Hierzu kann das weite Feld von vorsätzlichem Fehlverhalten, vor allem Vermögensdelikte, zählen.[403] Außerdem ist der Geschäftsherr haftbar, wenn er später nicht autorisiertes Verhalten genehmigt. Ein solche Genehmigung kann ausdrücklich erfolgen, in der Regel wird sie aber konkludent erteilt, nämlich durch unterlassene Disziplinierung[404] und wohl auch durch die Weigerung, die betreffende Person zu identifizieren.[405] Wenn das Verhalten des Geschäftsherrn andererseits eine Fortführung des Delikts darstellt, ist er natürlich (auch) direkt haftbar. *Vicarious liability* für *agents* tritt selbstverständlich auch bei fahrlässigem Verhalten auf. Hier aber zeigt sich die Hauptproblematik dieser Rechtsfigur, da sie den generellen Ausschluss deliktischer Haftung für *independent contractors* nicht untergraben soll und will. Aus diesem Grund wird *vicarious liability* für *agents* eher zurückhaltend angewandt und offensichtlich auf bestimmte Gruppen beschränkt.

Die genaue Position von *vicarious liability* für *agents* im Rechtssystem ist etwas unklar: Man könnte *agents* im Niemandsland zwischen *servants* und *independent contractors* ansiedeln,[406] oder als Gegenbegriff zu *independent contractors*, der *servants* mit einbezieht.[407] Und in der Tat erscheint es einleuchtend, dass ein *agent* nicht zwangsläufig ein selbständiger Unternehmer ist, auch wenn ihm die Eigenschaft eines *employees* fehlt. Andererseits ist auch ein *independent contractor* nicht zwingend ein Unternehmer.[408] Daher scheint es am überzeugendsten, *agents* als eine Gruppe anzusehen, die sowohl *independent contractors* als auch *servants* umfassen kann, während die beiden letztgenannten Gruppen Gegenbegriffe darstellen.[409] Dieser Ansicht wird daher hier gefolgt. Ein *agent* kann also gleichzeitig *servant* sein und wird dann in dieser Eigenschaft behandelt. Andererseits kann ein *agent* auch gleichzeitig ein *independent contractor* sein. Dann kann die Frage relevant werden, ob der Geschäftsherr ausnahmsweise nach *vicarious liability* für *agents* oder vielleicht nach Maßgabe

---

[403] Vgl. z.B. *Colonial Mutual Life Assurance Society Ltd. v. Producers & Citizens Co-op Assurance Co. of Australia Ltd.* (1931) 46 C.L.R. 41 und unten D III 5.

[404] *Hughes*, in *S. Todd*, The Law of Torts in New Zealand, S. 918 f.; *McIntyre v. Bianchi* [1992] 3 ERNZ 1057.

[405] *Smillie*, Exemplary Damages for Personal Injury, NZ Law Rev. (1997), 140, 168. Seiner Ansicht zufolge führt dies zu *primary liability*. Dies erscheint mangels Kausalität aber zweifelhaft. Ein solcher Fall kann daher nur dann eintreten, wenn das Verhalten des Geschäftsherrn den Schaden perpetuiert.

[406] Vgl. *Fridman*, The Law of Agency, S. 29 ff. zu den möglichen Ansichten.

[407] Davon geht anscheinend *Blanchard J.* aus, in *S. v. Attorney-General* [2003] 3 N.Z.L.R. 450, 469.

[408] Vgl. z.B. *TNT Worldwide Express (NZ) Ltd. v. Cunningham* [1993] 3 N.Z.L.R. 681.

[409] *Hughes*, in *S. Todd*, The Law of Torts in New Zealand, S. 919; vgl. auch oben, B II.

des Konzepts der *non-delegable duties* haftbar sein kann. Diese beiden Möglichkeiten würden sich dann nicht ausschließen.

2. Die Kategorien von *agents*

Im Einklang mit dem allgemeinen Begriff *agency*, der dem *tort law* eher fremd ist, beschränkt sich eine solche Beziehung überwiegend auf Vertragsverhältnisse. Aber, wie gesagt, lassen sich in dem uneinheitlichen Bild, das die einzelnen Gruppen zeichnen, auch *agents* außerhalb solcher Verbindungen finden. Neben den etablierten Kategorien von *agency* haben neuere Entscheidungen des (NZ) Court of Appeal und des High Court of Australia die Debatte um diese Rechtsfigur wieder neu entfacht.

a. Vertragliche Verhältnisse

Agency geht normalerweise auf vertragliche Verhältnisse zurück. Ein solcher Vertrag, der auch ein *employment contract* sein kann, ermächtigt eine Person, für die andere zu handeln, und deshalb kann das Verhalten des *agent* auch zu *vicarious liability* führen. In *Commercial Union Assurance Co. of NZ Ltd. v. Lamont*[410] wurde beispielsweise ein Versicherer für seine *agents* (die nebenbei auch *employees* waren) haftbar erklärt, weil diese falsche Anschuldigungen bei der Polizei im Rahmen der Untersuchung eines Versicherungsfalls erhoben hatten. Richardson J. stellte fest:

> The issue in this case is whether the actions of the company's employees who played a part in the prosecution were within the scope of their authority or, if not at the time, they were later ratified by the company.[411]

In den meisten dieser Fälle geht es um Vermögensschäden. In diesem Zusammenhang mussten Gesellschaften für diffamierende Aussagen ihrer *agents* über Konkurrenten[412] sowie deren fahrlässige Falschauskünfte[413] haften.

---

[410] [1989] 3 N.Z.L.R. 187.

[411] [1989] 3 N.Z.L.R. 187, 201.

[412] *Colonial Mutual Life Assurance Society Ltd. v. Producers and Citizens Co-op Assurance Co. of Australia Ltd.* (1931) 38 A.L.R. 73; *Proceedings Commissioner v. Ali Hatem* [1999] 1 N.Z.L.R. 305. Vgl. auch BGH NJW-RR 1998, 250, 251 f. bzgl. der Haftung eines Verlags für die Äußerungen eines selbständigen Testessers.

[413] *NMFM Property Pty. Ltd. and Others v. Citibank Ltd.* (2000) 186 A.L.R. 442.

b. Fahrzeugführer

Ein weiteres Feld, in dem *vicarious liability* für *agents* verbreitet ist, ist die Haftung von Kfz-Haltern für Verkehrsunfälle. Hier haben sich die Common-Law-Jurisdiktionen für verschiedene Wege entschieden, die wiederum zeigen, warum allgemeine Definitionen für *agents* zum Scheitern verurteilt sind. Natürlich sind diese verschiedenen Lösungen auch entscheidend von unterschiedlichen Versicherungsmodellen beeinflusst worden. So kommen in Neuseeland wiederum Common-Law-Ansprüche wegen des Injury, Prevention, Rehabilitation and Compensation Act 2001 nur für Sachschäden in Betracht, aber solche Schäden sind sehr häufig und auch meistens hoch bei Verkehrsunfällen.

In Großbritannien[414] und Neuseeland wird der Fahrer dann als *agent* des Halters angesehen, wenn dieser die Fahrt autorisiert hat.[415] Dies kann natürlich auch konkludent geschehen, zum Beispiel durch Überlassung der Gewalt über das Fahrzeug an den Fahrer[416]. Der bloße Status eines Halters begründet keine Vermutung von *agency*,[417] aber die Anwesenheit des Halters in dem Fahrzeug ist ein starker Indikator.[418] Außerdem muss das Fahrzeug zum Unfallzeitpunkt zumindest teilweise im Interesse des Halters benutzt werden.[419] Daher ist die Idee eines „Familienautos" in diesen Ländern abgelehnt worden.[420] Es ist vielmehr der Grund der Benutzung im Einzelfall relevant. Die bloße Überlassung des Fahrzeugs ist jedenfalls nicht ausreichend um *agency* zu begründen.[421] Deshalb war eine Halterin auch nicht für den Fahrer haftbar, als ihr Ehemann sich das Fahrzeug mit dem Versprechen auslieh, jemand anderen zurückfahren zu lassen, wenn er zu betrunken sei, und dieser einen schweren Unfall verursachte.[422] Hätte der Ehemann aber den Unfall überlebt und wäre er der Halter gewesen, hätte er auch für den Fahrer als seinen *agent* haften müssen, da die Fahrt auch in seinem Interesse war.[423] Der BGH hat einen ähnlichen Ansatz gewählt. Zwar haftet der Halter im deutschen Recht ohnehin über § 7 StVG,

---

[414] Ausführlich zur historischen Entwicklung in Großbritannien: *Wicke*, Respondeat Superior, S. 298 ff.

[415] *Ansin v. R. & D. Evans Ltd.* [1982] 1 N.Z.L.R. 184.

[416] *Samson v. Aitchison* [1912] A.C. 844.

[417] *Manawatu County v. Rowe* [1956] N.Z.L.R. 78.

[418] *Samson v. Aitchison* [1912] A.C. 844.

[419] *Morgans v. Launchbury* [1972] 2 All E.R. 60; *Harris v. Van Spijk* [1986] 1 N.Z.L.R. 275; *Ormrod v. Crosville Motor Services Ltd.* [1953] 2 All E.R. 753; *Hughes*, in *S. Todd*, The Law of Torts in New Zealand, S. 920.

[420] Trotz der Sympathie von *Lord Denning M.R.* für diese Idee; *Launchbury v. Morgans* [1971] 2 Q.B. 245, 251 ff.

[421] *Monk v. Warby* [1935] 1 K.B. 75.

[422] Dies waren die Fakten der berühmten Entscheidung *Morgans v. Launchbury* [1972] 2 All E.R. 60; angewandt in *Harris v. Van Spijk* [1986] 1 N.Z.L.R. 275.

[423] Dies war der Sachverhalt von *Harris v. Van Spijk* [1986] 1 N.Z.L.R. 275.

aber vor der Reform des Schadensersatzrechts war eine zusätzliche Haftung über § 831 BGB interessant, weil nur so Schmerzensgeld gewährt werden konnte.[424]

In Kanada und den USA hat die Idee des Familienautos mehr Unterstützung erhalten. Dort wird *agency* aufgrund des Halterstatus vermutet. Diese Vermutung muss dann der Halter widerlegen. Anders als in Großbritannien und Neuseeland entfällt *agency* nur dann, wenn er beweisen kann, dass das Fahrzeug ohne seine Erlaubnis benutzt wurde.[425]

Australien hat sich für eine Zwischenlösung entschieden. Zwar begründet dort die Haltererstellung ebenfalls die Vermutung einer *agency*-Beziehung. Deren Voraussetzungen bemessen sich aber nach dem britischen Vorbild.[426] Diese Rechtslage scheint sich zumindest in Australien nur auf Kraftfahrzeuge zu beschränken. In einem spektakulären Fall, in dem ein Pilot fahrlässig mit einem Flugzeug abstürzte, wurde dem Halter keine Haftung auferlegt, obwohl er den Piloten gebeten hatte, mit dem später verletzten Passagier anlässlich einer Geburtstagsfeier einen Flug zu unternehmen.[427]

Die Kategorie der Kraftfahrzeugfälle repräsentiert eine atypische, aber sehr wichtige Gruppe von *vicarious liability* für *agents*, in der nicht unbedingt vertragliche Beziehungen existieren. Ein Anspruch gegen den Halter hat den offensichtlichen Vorteil, dass jemand in die Haftung genommen wird, der sich versichern kann und häufig auch muss.[428]

c. Gewerkschaften

Die Haftung von Gewerkschaften für ihre Repräsentanten und Vertrauensleute in den Betrieben bildet eine andere Gruppe von *vicarious liability* für *agents*.[429] In Großbritannien ist diese Haftung heute von dem Employment Act 1982 geregelt, der auch für betriebliche Vertrauensleute der Gewerkschaften gilt.[430] Auch in Neuseeland gibt es hierfür inzwischen spezielle Regelungen in Geset-

---

[424] Vgl. BGH FamRZ 1964, 84, 84. Kritisch hierzu MünchKommBGB-*Wagner*, § 831 BGB, Rn. 11.

[425] *Fleming*, The Law of Torts, S. 431.

[426] *Trindade/Cane*, The Law of Torts in Australia, S. 734.

[427] *Scott v. Davis* (2000) 175 A.L.R. 217. A.A. aber *McHugh J.*, der *vicarious liabililty* bejahte; vgl. a.a.O., 244 f. Vgl. aber *Thelma (Owners) v. University College School* [1953] 2 Lloyd's Rep. 613, wo ein Schulträger als Eigentümer eines Ruderboots für einen Bootsunfall haftete.

[428] Wie beispielsweise. in den meisten Staaten Australiens; vgl. *Trindade/Cane*, The Law of Torts in Australia, S. 733.

[429] *Heatons Transport (St. Helens) Ltd. v. TGWU* [1973] A.C. 15. Auch das BAG hat Streikposten zu Verrichtungsgehilfen der Gewerkschaften erklärt; BAG NJW 1989, 57, 61. Streikleiter fallen allerdings unter § 31 BGB; vgl. BAG a.a.O.

[430] *McKendrick*, Vicarious Liability and Independent Contractors – A Re-examination, M.L.R. 53 (1990), 770, 782.

zen und Statuten der Gewerkschaften[431]. Auf der anderen Seite ist eine Gewerkschaft haftbar, wenn ein hoher Repräsentant beispielsweise einen unrechtmäßigen Streik unterstützt.[432] Diese Art der Haftung könnte aber auch als *primary liability* beschrieben werden, da auch das Common Law spezielle Zurechnungsvorschriften für hochrangige Vertreter kennt, die § 31 BGB ähneln.

d. Exkurs: *Doctrine of attribution*

Im Gesellschaftsrecht stellt sich selbstverständlich auch im Common Law oftmals die Frage der Zurechnung. Die *doctrine of attribution* beschreibt dabei alle Möglichkeiten, Verschulden, Handlungen, Wissen, Gutgläubigkeit oder Arglist der übergeordneten, verselbständigten Vermögensmasse zuzurechnen. Der Umfang dieser Doktrin ist nur schwer zu umreißen. Ihre Anwendungsfälle gliedern sich in drei Hauptgruppen.

Erstens gibt es primäre Zurechnungsregeln, die sich aus besonderen gesellschaftsrechtlichen Bestimmungen oder auch aus den Statuten der Gesellschaften ergeben.[433] Zweitens beinhaltet der Oberbegriff der *doctrine of attribution* auch die allgemeinen Regeln, nach denen eine Gesellschaft haften kann, also zum Beispiel das Vertretungsrecht und natürlich auch *vicarious liability*.[434] Dies sind die Hauptelemente der *doctrine of attribution*. Daher kann sie auch grundsätzlich nicht als ein Alternativkonzept zu *vicarious liability* verstanden werden.

Es gibt allerdings noch eine dritte Facette dieser Doktrin, die auf den ersten Blick nur von dogmatischer Bedeutung zu sein scheint, aber in manchen Zusammenhängen durchaus praktische Auswirkungen haben kann, nämlich wenn die Zurechnung nach den allgemeinen Regeln oder gesetzlichen Bestimmungen ausgeschlossen ist.[435] Dann tritt die Frage auf, ob die Gesellschaft *selbst* – im Gegensatz zu ihren *servants* oder *agents* – über das fragliche Wissen verfügte, gehandelt hat oder arglistig war.[436] Ähnlich wie bei § 31 BGB wird dabei untersucht, ob die Person eine so bedeutende Stellung inne hatte, dass sie als Organ der Gesellschaft anzusehen ist. Die resultierende Haftung ist dann wohl

---

431 *Hughes*, in: Mazengarb's Employment Law (LexisNexis), Rn. 145; vgl. auch *CMI Screws & Fasteners Ltd. v. NZ Amalgamated Engineering etc. IUOW* [1990] 2 N.Z.I.L.R. 433.

432 *McIntyre v. Bianchi* [1992] 3 E.R.N.Z. 1057, 1103.

433 *Meridian Global Funds Management Asia Ltd. v. Securities Commission* [1995] 3 N.Z.L.R. 7, 8.

434 *Meridian Global Funds Management Asia Ltd. v. Securities Commission* [1995] 3 N.Z.L.R. 7, 8.

435 *Meridian Global Funds Management Asia Ltd. v. Securities Commission* [1995] 3 N.Z.L.R. 7, 12 per *Lord Hoffmann*: „[...] when a rule of law, either expressly or by implication, excludes attribution on the basis of the general principles of agency or vicarious liability".

436 Per *Lord Hoffmann*, a.a.O.

im Gegensatz zu *vicarious liability* direkt.[437] Es gibt allerdings keine klare Regel, unter welchen Voraussetzungen eine Gesellschaft selbst gehandelt hat oder Kenntnis hatte. Die Antwort auf diese Frage hängt vielmehr von dem jeweiligen Einzelfall ab.[438] In *Tesco Supermarkets Ltd. v. Nattrass*[439] wurde zum Beispiel entschieden, dass nur der Vorstand, und nicht etwa jeder Manager, hierfür geeignet sei, soweit der Trade Describtions Act 1968 betroffen sei. In *Director-General of Fair Trading v. Pioneer Concrete (UK) Ltd.*[440] entschied das House of Lords andererseits, dass im Rahmen von *contempt* die Handlung und die Kenntnis jedes Mitarbeiters, der daran beteiligt war, maßgeblich sei.

Soweit es um Haftung für Delikte geht, ist dieser dritte Aspekt in der Regel bedeutungslos. Denn es macht keinen Unterschied, ob eine Gesellschaft direkt für ein eigenes Delikt oder mittels *vicarious liability* indirekt für ein fremdes haftet. Da, wo eine solche Zurechnung stattfinden könnte, wird aber auch immer schon *vicarious liability* gegeben sein.[441] Deshalb hat die *doctrine of attribution* auch keine mit §§ 823 Abs. 1, 31 BGB vergleichbare Beachtung erlangt. Eine gesonderte Erwähnung dieser Doktrin ist mithin im Kontext der Unternehmenshaftung grundsätzlich überflüssig und würde nur zu einer rein akademischen Diskussion über die Natur der Haftung führen. In manchen Rechtsgebieten, wie zum Beispiel im Strafrecht und auch bei *exemplary damages*,[442] kann ihr jedoch essentielle Bedeutung zukommen.

e. *S. v. Attorney-General*

Vor kurzem hat der Court of Appeal in Neuseeland *agency* auch in einem anderen Gebiet angenommen. In *S. v. Attorney-General*[443] verlangte der Kläger

---

[437] *S. v. Attorney-General* [2003] 3 N.Z.L.R. 450, 475 per *Tipping J.*; *W. v. Attorney-General* (15. Juli 2003) CA 227/02, Rn. 51-53 per *Blanchard J.*

[438] *Meridian Global Funds Management Asia Ltd. v. Securities Commission* [1995] 3 N.Z.L.R. 7, 16.

[439] [1972] A.C. 153.

[440] [1994] 3 W.L.R. 1249.

[441] Teilweise wird aber auch im Common Law (ebenso wie das deutsche Recht zwischen Haftung für Verrichtungsgehilfen gem. § 831 BGB und Organhaftung nach § 31 BGB unterscheidet) zwischen der *doctrine of attribution* und *vicarious liability* differenziert; vgl. z.B. *Brooks v. NZ Guardian Trust* 2 N.Z.L.R. 134, 142: Dann werden diese Fälle aber analog behandelt.

[442] Vgl. unten, F. Insbesondere in Neuseeland ist dies eine verlockende Option, da der Injury, Prevention, Rehabilitation and Compensation Act 2001 hierfür Common-Law-Klagen zulässt. Hinsichtlich der (i.E. ganz überwiegend verneinten) Frage, ob auch den *master* ein solcher Strafschadensersatz treffen kann vgl. *Blackwater v. Plint* [2005] S.C.C. 58; *S. v. Attorney-General* [2003] 3 N.Z.L.R. 450; *W. v. Attorney-General* (15. Juli 2003) CA 227/02; *McLaren Transport Ltd. v. Somerville* [1996] 3 N.Z.L.R. 424; *Monroe v. Attorney-General* (27. März 1985, Prichard J., HC Auckland, A 617/82); *Carrington v. Attorney-General* [1972] N.Z.L.R. 1106.

[443] [2003] 3 N.Z.L.R. 450.

Schadensersatz wegen sexuellen Missbrauchs. Er wurde als Kind von der zuständigen Behörde, die für das Familienministerium auftrat, in eine Pflegefamilie eingewiesen. In der folgenden Zeit wurde er von seinen Pflegeeltern und deren Sohn missbraucht. Weil die Pflegeeltern nur eine pauschalisierte Aufwandsentschädigung erhielten, waren sie jedenfalls keine *employees*. Vielmehr waren sie in dieser Hinsicht unabhängige Vertragspartner. Auf der anderen Seite übertrug sec. 16 des Child Welfare Acts 1925 der Behörde das Sorgerecht mit seinen Rechten und Pflichten.[444] Dieses Gesetz stellte Pflegekinder ausweislich seines Gesetzestitels „unter den besonderen Schutz des Staates". Der Kläger wurde im Rahmen dieser gesetzlichen Befugnisse der scheinbar geeigneten Pflegefamilie zugewiesen. Dadurch wurde ein Teil der elterlichen Befugnisse, die die Behörde ausübte, auf die Pflegeeltern übertragen. Aufgrund dieser Delegierung und dem engen Verhältnis zwischen Pflegeeltern und Staat, das sich unter anderem in einer kontinuierlichen Überwachung und Weisungsbefugnis durch die Behörde äußerte, repräsentierten die Pflegeeltern auch den Staat. Der Court of Appeal entschied daher, dass diese Rahmenbedingungen ein *agency*-Verhältnis zwischen Staat und Pflegeltern begründeten, wenn auch auf „einer ungewöhnlichen, tatsächlich einzigartigen Basis."[445] Auf dieser Grundlage konnte der Court of Appeal dann *vicarious liability* nur für die Übergriffe der Pflegeeltern, nicht aber für die des Sohnes feststellen.

Anscheinend war der entscheidende Punkt die enge Beziehung zwischen Staat und Pflegeeltern aufgrund der gesetzlichen Bestimmungen. Auf den alten *control test*, der unter Umständen auch die *servant*-Eigenschaft begründen kann, ist der Court of Appeal hier nicht eingegangen, aber eine so enge Beziehung erscheint trotz eines Weisungsrechts wohl unrealistisch. Aufgrund dieser trotz allem sehr engen Beziehung zwischen Staat und Pflegeeltern ist diese Entscheidung wohl mit denen anderer Jurisdiktionen, die mit viel loseren Verhältnissen konfrontiert waren,[446] vereinbar. Weiterhin illustriert dieses Beispiel, dass Gerichte bereit sind, aus rechtspolitischen Gründen *vicarious liability* für *agents* anzuwenden, wo *vicarious liability* für *employees* scheitert. So argumentierte der (NZ) Court of Appeal beispielsweise, dass die Gesellschaft den entstandenen Schaden tragen solle, da die Öffentlichkeit zu Pflegekindern in einem speziellen Verhältnis stehe.[447] Eine Lösung nach dem Konzept der *non-delegable duties* wurde ebenfalls angesprochen, im Ergebnis aber ohne erschöpfende Erörterung mit dem Hinweis abgelehnt, dass die Pflegeeltern nicht in einem wirtschaftlichen Kontext mit Gewinnabsicht handelten.[448]

---

[444] Vgl. [2003] 3 N.Z.L.R. 450, 464.

[445] [2003] 3 N.Z.L.R. 450, 469, per *Blanchard J.*

[446] Vgl. z.B. *B. (KL) v. British Columbia* [2003] 2 S.C.R. 403, 405, wo sich der Supreme Court of Canada aufgrund der Unabhängigkeit von Pflegeeltern gegen *agency* entschied.

[447] *S. v. Attorney-General* [2003] 3 N.Z.L.R. 450, 470.

[448] *S. v. Attorney-General* [2003] 3 N.Z.L.R. 450, 469. Vgl. aber *B. (KL) v. British Columbia* (2003) 2 S.C.R. 403.

f. Zweckorientierte Erweiterung?

Wie schon erwähnt, haben sich keine abstrakt-generellen Voraussetzungen für ein *agency*-Verhältnis entwickeln können, obwohl so möglicherweise die Probleme, die der einheitlich verwendete Begriff des *contract of service* aufwirft, gelöst werden könnten. Das Hauptproblem dieser Praxis, nämlich die Auswirkungen auf andere Rechtsgebiete, hat sich schon bei *Hollis v. Vabu*[449] gezeigt.[450] McHugh J. hat in dieser Entscheidung eine Lösung auf Grundlage von *agency* zwischen Vabu und den Kurieren vertreten.[451] Dieser Weg hat den offensichtlichen Vorzug, dass so die steuerrechtliche Entscheidung zu dem Status der Kuriere unberührt geblieben wäre. Die Ansicht der Gerichtsmehrheit, die auf *vicarious liability* für *servants* bestand, hat andererseits weitreichende Konsequenzen auf steuer- und sozialversicherungsrechtlichem Gebiet und führt dazu, dass Vabu wohl rückwirkend für zahlreiche Gesetzesverstöße verantwortlich ist.[452]

Trotzdem ist eine solche Argumentation bislang von anderen Richtern nicht aufgegriffen worden, obwohl es der allgemeinen Ansicht entspricht, dass *agency* auch in einem normalen Arbeitsverhältnis vorliegen kann.[453] Von *vicarious liability* für *agents* wird also nur ungern und zurückhaltend Gebrauch gemacht. Ein Entwicklung zu einer gleichberechtigten Kategorie neben den *servants* ist daher nicht zu erwarten.

3. Zusammenfassung

Die einzelnen Gruppen von *agents* erscheinen als eine willkürliche Anhäufung von Ausnahmefällen von *vicarious liability*. Und auch wenn mit einer Erweiterung von *vicarious liability* für *agents* die Lücken der einheitlichen Verwendung des Begriffes *contract of service* geschlossen werden könnten, hat sich das Recht nicht in diese Richtung entwickelt. Eher scheinen die Gruppen der *agents* größtenteils auf das historische Missverständnis zurückzugehen, dass *vicarious liability* und Vertretungsrecht verwandt oder identisch seien.[454] Schon Lord Herschel hat bemängelt, dass „[k]ein Wort so verbreitet und häufig missbraucht wird wie das Wort ‚agent'."[455] Dennoch haben Juristen auf diese Rechtsfigur zurückgegriffen, wo sie sich durch rechtspolitische Erwägungen dazu gezwungen sahen, eine dritte Partei in die Haftung zu nehmen. Insbesondere bei der

---

[449] (2001) 181 A.L.R. 263.
[450] Siehe oben, C I 2.
[451] (2001) 181 A.L.R. 263, 281-284.
[452] *Dal Pont*, Agency: Definitional challenges through the law of tort, T.L.J. Lexis (2003), 6, Rn. 21.
[453] *Hughes*, in *S. Todd*, The Law of Torts in New Zealand, S. 917.
[454] Siehe oben, B I.
[455] *Kennedy v. de Trafford* [1897] A.C. 180, 188.

Haftung von Kfz-Haltern zeigt sich diese Motivation sehr deutlich. Wegen ihrer dogmatischen und terminologischen Schwächen kann sich diese Rechtsfigur aber nicht zu einem allgemeinen Prinzip entwickeln, slange der rechtspolitische Hintergrund und die ungeklärten Fragen nicht offen angesprochen werden.

Tipping J. hat daher eine vielleicht vorzugswürdige Ansicht in *S. v. Attorney-General*[456] vertreten.[457] Ohne Rücksicht auf die etablierte Terminologie von *vicarious liability* für *agents* kam er mit einer abweichenden Argumentation zu demselben Ergebnis wie seine Kollegen:

> I do not regard it as either necessary or desirable to seek to characterise the relationship in terms of existing categories where vicarious liability arises, such as that of principal and agent. When the law encounters a relationship which does not fall naturally into one of the traditional categories which attract vicarious liability (primarily agency and employment), the best course in my view is to determine, as a matter of policy and analogy, whether vicarious liability should be found to exist.[458]

Er bezeichnete daher das Verhältnis zwischen Pflegeeltern und dem Staat als „sui generis", das aufgrund rechtspolitischer Erwägungen dazu geeignet sei, Haftung auf den Staat zu übertragen. Dieser Ansatz führt zu einer offenen Diskussion über Sinn und Zweck von *vicarious liability*, die möglicherweise dazu beiträgt, die eher unpassende Terminologie von *agency* zu überwinden.

---

456 [2003] 3 N.Z.L.R. 450.
457 Vgl. *S. Todd,* Tort actions by victims of sexual abuse, Tort L.Rev. 12 (2004), 40, 47.
458 [2003] 3 N.Z.L.R. 450, 476.

IV. Ergebnis

Vicarious liability beschäftigt sich hauptsächlich mit der Haftung von *employers* für unerlaubter Handlungen ihrer *employees*. Die zentrale Rolle von *employment contracts* hat sich in dieser Hinsicht als unglücklich erwiesen. Ihre Definition ist nämlich von vielen Rechtsgebieten beeinflusst, die nicht unbedingt in ihrer Zielsetzung miteinander harmonieren. Die konkrete Gestalt eines *employment contracts* weicht deshalb auch von dem ab, was die rechtspolitischen Ziele von *vicarious liability* – so schwer fassbar sie auch sind – nahe legen würden. Insbesondere Voraussetzungen wie die Gegenseitigkeit von Verpflichtungen, die für andere Felder wie Kündigungsschutzklagen von entscheidender Bedeutung sein können, scheinen im Hinblick auf *vicarious liability* unangebracht.

Auch alle neueren Gesetze haben von einer einheitlichen Definition Abstand genommen und entwerfen wie das deutsche Deliktsrecht autonome Definitionen von *employees*. Für ihre spezifischen Zwecke beziehen sie manche Gruppen ausdrücklich in ihren Anwendungsbereich mit ein, die nicht unbedingt der Common-Law-Definition entsprechen. *Vicarious liability* folgt aber dennoch in allen betroffenen Jurisdiktionen der einheitlichen Common-Law-Definition mit den erwähnten Ausnahmen. Hierunter fallen die Prinzipien, die für *borrowed employees* entwickelt wurden und *vicarious liability* über die Grenzen eines *employment contracts* ausdehnen. Diese Gruppen begründen allerdings keine allgemeine Ausweitung von *vicarious liability*, sondern haben eher einen fragmentarischen Charakter.

Direkte Haftung in Form von *non-delegable duties* kompensiert den limitierten Anwendungsbereich von *vicarious liability* zu einem gewissen Grad. Diese Rechtsfigur stellt eine Ausnahme von dem generellen Ausschluss deliktischer Haftung für unabhängige Vertragspartner dar. Das deutsche Deliktsrecht lässt zwar keine solche Ausnahme zu, aber die quasivertragliche Haftung ist im Grundsatz eine fast identische Rechtsfigur, deren Anwendungsbereich aber sehr viel weiter gefasst ist. Auch in dem Bereich der Verkehrspflichten von § 823 Abs. 1 BGB wird im Ergebnis eine Verschuldenszurechnung vorgenommen.[459] Daher scheint die Konstruktion der *non-delegable duties* aus deutscher Sicht nicht so befremdlich. Beispielsweise im weiten Feld der Haftung für Existenz und Vollzug eines sicheren Arbeitssystems gelangt dieses Konzept zur Anwendung. Es setzt zumindest eine „quasivertragliche" Beziehung zwischen Geschäftsherrn und Geschädigtem voraus, während *vicarious liability* auf einem bestimmten Verhältnis zwischen Geschäftsherrn und dem Schädiger aufbaut. Wegen unterschiedlicher Tatbestandsmerkmale kann das Konzept der *non-delegable duties* auch *vicarious liability* nicht vollständig absorbieren.

Vicarious liability für *agents* scheint eine Art Ersatzkonzept von *vicarious liability* für *servants* zu sein. Es könnte potentiell auch die Probleme der letzteren Rechtsfigur lösen. Eine solche Rolle hat es allerdings nicht übernom-

---

[459] *Markesinis/Unberath*, The German Law of Torts, S. 696.

men, und eine solche Entwicklung erscheint auch unwahrscheinlich, da sich das Vertretungsrecht im Rahmen des Deliktsrechts und der *vicarious liability* als Fremdkörper herausgestellt hat. Darüber hinaus ist diese Haftungsfigur mangels eines einheitlichen Grundprinzips so zersplittert, dass es fraglich ist, ob sich ein solches überhaupt entwickeln lässt. Vielmehr scheinen die einzelnen Fallgruppen dieser Erscheinung aufgrund ihrer Heterogenität einer Vereinheitlichung entgegenzustehen. Der Ansatz von Tipping J. könnte in diesem Zusammenhang einen Neuanfang darstellen, aus dem eine zweite Kategorie von *servants* abgeleitet werden kann. Eine solche Tendenz hat sich aber bislang, soweit ersichtlich, in keinem Common-Law-Land angedeutet.

Atiyah hat seinerzeit vorgeschlagen, die Kategorien von *vicarious liability* für *agents* und *non-delegable duties* zusammenzufassen, indem immer nur dann gehaftet werden soll, wenn die Voraussetzungen beider Prinzipien kumulativ vor-liegen.[460] Und man kann wohl auch die Auffassung vertreten, dass eine der beiden Kategorien grundsätzlich überflüssig ist, wenn *non-delegable duties* ausreichen, um auch zwischen dem Handelnden und dem Geschäftsherrn ein *agency*-Verhältnis entstehen zu lassen. Es ist auch wahrscheinlich, dass in der Sphäre einer solchen Pflicht das bloße Einschalten einer anderen Person schon für eine solche Beziehung genügen könnte. Dann läge ein Grund, warum *agency* so selten diskutiert wird, darin, dass größtenteils schon die etwas populärere *doctrine of non-delegable duties* weiterhilft. Manche der oben dargestellten Fallgruppen, wie beispielsweise die Kfz-Halterhaftung, lassen sich so aber jedenfalls nicht erklären. Alternativ hierzu – wenn man davon ausgeht, dass *agency* nicht unbedingt schon durch *non-delegable duties* geschaffen wird – würde die Kombination beider Rechtsfiguren die Haftung reduzieren, ohne dass hierfür ein schlüssiger Grund ersichtlich wäre. Daher scheint dieser Ansatz nicht förderlich zu sein, weil er entweder nur die bestehende Rechtslage beschreibt oder aber die Haftung über Gebühr einschränkt.

Die oben dargestellten Rechtsfiguren lassen sich also nicht in einer Regel vereinigen, auch wenn sie sich zum Teil erheblich überschneiden. Dies wird zum Beispiel durch eine kanadische Entscheidung veranschaulicht, die staatliche Haftung für sexuellen Missbrauch von Pflegekindern durch Pflegeeltern mit dem Konzept der *non-delegable duties* begründete.[461] In ihrem Zusammenwirken fügen sich diese Rechtsfiguren aber zu einem brauchbaren und wohl auch flexiblen System der Haftung für das Verhalten anderer zusammen.

---

[460] Vicarious Liability in the Law of Torts, S. 346-348.

[461] Siehe *B. (KL) v. British Columbia* (2003) 2 S.C.R. 403, 405. Diese Entscheidung ist in der höheren Instanz aufgehoben worden. Vgl. außerdem die zu Lehrern ergangene Entscheidung des NSW CA, *Lepore v. New South Wales* [2001] Aust.Torts R. 81-609 bzgl. Lehrern, die in der Revisionsinstanz von dem High Court of Australia aufgehoben wurde, in *New South Wales v. Lepore* [2003] H.C.A. 4.

D. Die Verbindung zwischen unerlaubter Handlung und übertragener Verrichtung – *in the course of the employment*

Eine dynamischere Entwicklung als der oben dargestellte *contract of service* und die Hilfskonstruktion über *agency* nimmt das zweite Tatbestandsmerkmal von *vicarious liability*, das sich mit der Verbindung zwischen der schadensstiftenden unerlaubten Handlung und dem Geschäftsherrn beschäftigt. Nach der etablierten Terminologie muss der *servant* die unerlaubte Handlung *in the course of the employment* oder *in the scope of the authority* begangen haben. Auch wenn sich diese Ausdrücke über die Jahre hinweg nicht gewandelt haben, hat sich ihr Inhalt erheblich verändert.

Es haben sich auch hier Fallgruppen herausgebildet, insbesondere in den etwas problematischeren Fällen von vorsätzlichen Delikten. Nach einer allgemeinen Einführung werden daher einzelne Fallgruppen behandelt, die zumindest denselben Prinzipien folgen, auch wenn die Gerichte in Einzelfällen aufgrund des weiten Beurteilungsspielraums, den sie für sich in Anspruch nehmen, zu unterschiedlichen Ergebnissen gelangen können. Die neueren Entwicklungen schließen sich der Übersichtlichkeit halber – und weil sie nicht überall gleichermaßen anerkannt sind – an die Darstellung der traditionellen Methodik und der etablierten Fallgruppen an.

I. Grundlagen

1. Sinn und Zweck

Wie bereits ausgeeführt, stellt sich *vicarious liability* als eine Rechtsfigur dar, mit der dem Geschäftsherrn ein Delikt des Verrichtungsgehilfen zugerechnet werden kann. Dabei liegt auf der Hand, dass der Geschäftsherr nicht für jedes Delikt seiner Gehilfen oder *agents* haftbar sein kann. Es muss vielmehr eine ausreichend enge Verbindung zu der übertragenen Aufgabe bestehen. Ein bloßes Kausalitätsverhältnis zwischen der übertragenen Arbeit und dem Delikt im Sinne der *conditio sine qua non*-Formel genügt für die erforderliche Einschränkung nicht. Es ist – ebenso wie im deutschen Recht bei § 831 BGB[462] – allgemein anerkannt, dass der Umstand, dass die Arbeit erst die Gelegenheit für das Delikt geschaffen hat, allein noch nicht ausreicht.[463] Das hier erörterte Tatbestandsmerkmal dient also dem Zweck, solche Sachverhalte auszusortieren, die zu weit entfernt von der übertragenen Aufgabe sind. Trotzdem stützen sich die Gerichte nicht – wie im Rahmen von *negligence* – auf das *remoteness*-Kriterium. Sie haben sich vielmehr einer anders formulierten Prüfung, dem

[462] Vgl. statt aller: *Staudinger-Belling/Eberl-Borges*, § 831, Rn. 81; BGH NJW-RR 1989, 723, 725.

[463] *Atiyah*, Vicarious Liability in the Law of Torts, S. 177.

Salmond test, angeschlossen, der auf John Salmond, einen der einflussreichsten deliktsrechtlichen Autoren des 20. Jahrhunderts, zurückgeht. Atiyah hat in dieser Hinsicht bemerkt:

> [I]t is perhaps unfortunate that the courts have never adopted a principle of this sort as a principle of substantive law. Instead, [...] the courts have relied largely on an apparently simple test whose simplicity is largely deceptive. Indeed, to reconcile this test with the whole body of case law on this subject requires a good deal of verbal sleight of hand.[464]

Allerdings ist die *in the course of the employment*-Formel der Ausarbeitung des *tort of negligence* vorausgegangen, die schließlich die Prüfung der Entfernung bestimmter Sachverhalte voneinander eingeführt hat. Daher führt der im Rahmen von *vicarious liability* gewählte Ansatz nicht zwangsläufig zu einer unterschiedlichen Prüfung, nur weil er auf einer anderen Formulierung beruht. Vielmehr behandeln viele Gericht diesen Prüfungspunkt vermehrt mit der aus der Fahrässigkeitshaftung vertrauten Terminologie, was sich zum Beispiel an dem *close connection test* zeigt, der aus *Bazley v. Curry*[465] hervorgegangen ist.

2. Der *Salmond test*

Eine Flut von Entscheidungen belegt, dass eine Konkretisierung der *in the course of the employment*-Formel große Schwierigkeiten bereitet.[466] So versuchten die Gerichte – wenn auch erfolglos – teilweise sogar, die Frage, ob ein Verhalten *in the course of the employment* lag oder nicht, in den Bereich der Tatsachenfragen zu verbannen.[467] Auch ein Blick auf das deutsche Recht der Haftung für Hilfspersonen legt die Vermutung nahe, dass bei einer solchen Prüfung, deren Zweck in der Aussonderung zu entfernter Sachverhalte liegt, ein gewisses Maß an Unsicherheit unvermeidbar ist.[468] Im Common Law versucht der *Salmond test*, diese Formel näher zu konkretisieren. Dieser Test hat sich derart durchgesetzt, dass er von dem Standpunkt eines Praktikers „die erste

---

[464] Vicarious Liability in the Law of Torts, S. 172.

[465] [1999] 2 S.C.R. 534. Ausführlich dazu unten, D III 7 c aa aaa.

[466] Vgl z.B. *Comyn J.*, in *Harris v. Michelin Tyre Co. Ltd.* [1985] 1 All E.R. 918, 920: „I have searched through these cases for [...] some basic principle running through the cases; that is an activity which I say somewhat cynically could have occupied me for many weeks if not months because the large body of case law which I have looked at is notable for one thing, its inconsistency very often with an immediately preceding case [...]."

[467] Vgl. *Daniels v. Whetstone Entertainments* [1962] 2 Lloyd's Rep. 1; *Atiyah*, Vicarious Liability in the Law of Torts, S. 179 ff. Die Folge wäre eine stark eingeschränkte Reversibilität unterinstanzlicher Entscheidungen zu dieser Frage.

[468] Vgl. z.B. *Fuchs*, Deliktsrecht, S.154, zu der Frage, was bei § 831 BGB „in Ausführung der Verrichtung" fällt: „Sichere Abgrenzungskriterien wurden hierfür bislang nicht gefunden".

Sache, die die meisten von uns über *vicarious liability* lernten, ist. Und auch die letzte".[469] In der ersten Auflage von *Salmond on Torts*[470] stellte der Autor fest:

> [I]t is clear that the master is responsible for acts actually authorised by him: for liability would exist in this case, even if the relation between the parties was merely one of agency, and not one of service at all. But a master, as opposed to the employer of an independent contractor, is liable even for acts which he has not authorised, provided they are so connected with acts which he has authorised that they may rightly be regarded as modes — although improper modes — of doing them. In other words, a master is responsible not merely for what he authorises his servant to do, but also for the way in which he does it. [...] On the other hand, if the unauthorised and wrongful act of the servant is not so connected with the authorised act as to be a mode of doing it, but is an independent act, the master is not responsible: for in such a case the servant is not acting in the course of his employment, but has gone outside of it.[471]

Diese Aussage wurde von den Common-Law-Gerichten aufgenommen und angewendet.[472] Der Ansatzpunkt dieses Tests sind die von dem Geschäftsherrn autorisierten Tätigkeiten. Ausgehend davon, besteht er aus zwei Teilen.

a. Die erste Alternative: *Primary liability*

Der erste Teil befasst sich mit Handlungen, die der Geschäftsherr tatsächlich autorisiert hat. Auch wenn dies überwiegend als ein Fall von *vicarious liability* angesehen wird, fällt die Geschäftsherrenhaftung in solchen Fällen wohl in die Kategorie der direkten Haftung für ein eigenes Delikt.[473] Salmond selbst deutet dies im obigen Zitat schon an, indem er in solchen Fällen das Verhältnis zwischen dem Handelnden und dem Prinzipal für irrelevant erklärt. Bei einer ausdrücklichen Anweisung oder Billigung, deliktisch zu handeln, begeht der Geschäftsherr ein eigenes Delikt, wenn er dadurch jemand anderem Schaden

---

469 *Foster*, Vicarious liability – back to basics, Solicitors Journal 145 (2001), 554, 554.

470 (1907), S. 83 f.

471 Heute 21. Aufl. (1996), S. 443.

472 *Canadian Pacific Railway Co. v. Lockhart* [1942] A.C. 591, 599; *Attorney-General v. Hartley* [1964] N.Z.L.R. 785, 801; *Irving v. The Post Office* (1987) 16 I.R.L.R. 289 (der mit sec. 1(1)a, 32(1) des Race Relations Act 1976 befasst war); *Armagas Ltd. v. Mundogas S.A.* [1986] A.C. 717, 737, 763.

473 *Hughes*, in *S. Todd, The Law of Torts in New Zealand*, S. 899; *A. Todd*, Vicarious Liability for Sexual Abuse, (2002) 8 Canterbury Law Rev 281, 287; *Glofcheski*, A frolic in the law of tort: Expanding the scope of employer's vicarious liability, Tort L.Rev. 12 (2004), 18, 22; *Lord Millet*, in *Lister v. Hesley Hall Ltd.* [2001] 2 All E.R. 769, 794 f. *Deakin/Johnston/Markesinis*, S. 584 nehmen das jedenfalls für den Fall ausdrücklicher Autorisierung an.

zufügt. Solche Fälle, in denen die Begehung eines Delikts angeordnet wird, sind wohl eher selten. Und auch eine konkludente Anordnung dürfte meistens entfallen, da die Beauftragung mit einer Tätigkeit in der Regel so auszulegen ist, dass gerade keine Begehung einer unerlaubten Handlung beabsichtigt ist. Daher ist dieser Teil des *Salmond tests* wohl auch nur von marginaler Bedeutung.

b. Die zweite Alternative: *Vicarious liability*

Die zweite Alternative des *Salmond tests* hat *vicarious liability* zum Gegenstand. Sie beschreibt die Umstände, unter denen der Geschäftsherr auch ohne eigenes Verschulden – und deshalb nur aufgrund seines Status als *master* des Schädigers – haftbar ist. Dieser Teil, der sich mit der Haftung für nicht autorisierte Delikte der Verrichtungsgehilfen beschäftigt, stellt den klassischen *Salmond test* dar. Im Mittelpunkt steht das Verhältnis der schadensstiftenden Handlung zu der übertragenen Aufgabe. Es wird – im Einklang mit der *commodum theory*[474] – gefragt, ob die Handlung die fehlerhafte Ausführung einer übertragenen Aufgabe darstellt. Dann hat sich nämlich in der Regel ein Risiko verwirklicht, das der Geschäftsherr zu tragen hat, weil der Geschäftsherr aus genau dieser Tätigkeit auch seinen Nutzen zieht. Andernfalls ist die Handlung nach diesem Test von der übertragenen Aufgabe unabhängig und führt nicht zu *vicarious liability*. Demnach sieht der *Salmond test* zwei Prüfungsschritte vor. Zunächst ist der Umfang der autorisierten Handlungen zu untersuchen. In einem zweiten Schritt ist dann die Frage zu erörtern, ob die schädigende Handlung ausreichend mit den autorisierten verbunden ist.[475]

aa. Arten der Autorisierung

Zwei verschiedene Arten der Autorisierung haben sich herausgebildet. Die erste umfasst Formen der tatsächlichen Autorisierung und kommt entweder durch eine ausdrückliche oder konkludente Übertragung bestimmter Aufgaben zustande. Für den Umfang der übertragenen Aufgaben ist grundsätzlich der Vertragsinhalt maßgeblich. Die Ermittlung der konkreten Aufgaben kann daher beispielsweise von der Position des Verrichtungsgehilfen abhängen und von den üblicherweise autorisierten Tätigkeiten, die mit einer solchen Position verbunden sind. Verbote beschränken diesen Umfang natürlich, aber wie sich zeigen wird, kann sich der Geschäftsherr nicht immer mittels eines einfachen Verbots der Haftung entziehen, da trotzdem noch eine hinreichende Verbindung zwischen der schadensstiftenden Handlung und dem eigentlich autorisierten Verhalten bestehen kann. Die Motivation des Verrichtungsgehilfen ist auf dieser

---

[474] Siehe oben, B III 1 d.
[475] *Atiyah*, Vicarious Liability in the Law of Torts, S. 178 f.

Stufe natürlich irrelevant, auch wenn es unwahrscheinlich ist, dass ausschließlich eigennütziges Verhalten autorisiert ist.[476] Außerdem ist ausgehend von *Poland v. John Parr*[477] dann, wenn das Eigentum des Geschäftsherrn gefährdet ist, eine Erweiterung der Autorisierung in dem Sinne anzunehmen, dass es der Verrichtungshilfe auch schützen darf.[478]

Neben dieser Form der tatsächlichen Beauftragung kann die Autorisierung auch auf einem Rechtsschein beruhen. Dann wird nicht die Position oder das konkrete Betätigungsfeld des Verrichtungsgehilfen untersucht, sondern die Autorisierung, die er in den Augen eines objektiven Betrachters zu haben scheint. Diese Form der Autorisierung wird *ostensible authority* genannt. Obwohl sie nicht auf den ursprünglichen *Salmond test* zurückgeht, spielt sie inseiner Anwendung eine zentrale Rolle. Atiyah hat die Voraussetzungen beschrieben als „an authority which a master holds his servant out as having, or allows him to appear to have, whether or not the servant has actual or implied authority."[479] Als Folge eines solchen Rechtsscheins ist es dem Geschäftsherrn verwehrt, einzuwenden, dass er das entsprechende Verhalten nicht autorisiert habe, wenn der Geschädigte auf den Rechtsschein vertraut hat und vertrauen durfte.[480] Dogmatisch gesehen handelt es sich hierbei um ein *estoppel*.[481] Auch bei dieser Alternative wird allerdings das *estoppel* – auf der zweiten Prüfungsstufe – erst dann angenommen, wenn das Delikt eine fehlerhafte Erfüllung der scheinbar autorisierten Aufgabe darstellt. *Ostensible authority* gewinnt bei vorsätzlichen Delikten an Bedeutung. In *Lloyd v. Grace, Smith & Co.*[482] entschied das House of Lords beispielsweise, dass ein Rechtsanwaltsbüro haftbar für betrügerische Machenschaften seines Bürovorstehers war, weil es ihn scheinbar autorisiert hatte, Grundeigentum auf sich selbst zu übertragen.

bb. Die Verbindung zwischen autorisiertem und tatsächlichem Verhalten

Der zweite Prüfungspunkt behandelt die Frage, ob das autorisierte und das tatsächliche Verhalten des Verrichtungsgehilfen eine ausreichend enge Verbindung aufweisen. In Salmonds Worten ist dies dann der Fall, wenn die schadensstiftende Handlung „derart mit den Handlungen, die [der Geschäftsherr] autorisiert hat, verbunden ist, dass sie rechtmäßig als – wenn auch fehlerhafte – Art

---

476 *Atiyah*, a.a.O., S. 136.
477 [1927] 1 K.B. 236.
478 „As a general rule a servant has an implied authority upon an emergency to endeavour to protect his master's property if he sees it in danger or has reasonable ground for thinking that he sees it in danger." Per *Bankes L.J.*, [1927] 1 K.B. 236, 240.
479 *Atiyah*, Vicarious Liability in the Law of Torts, S. 179.
480 Vgl. z.B: *Armagas Ltd. v. Mundogas S.A.* [1986] A.C. 717.
481 *Atiyah*, a.a.O., S. 239; ebenso *Gaudron J.*, in *New South Wales v. Lepore* (2003) 195 A.L.R. 412, 441 f.
482 [1912] A.C. 716.

und Weise ihrer Erfüllung betrachtet werden kann".[483] Andernfalls handelt es sich nicht mehr um die fehlerhafte Ausführung eines autorisierten Akts, sondern um eine unabhängige und nur unzureichend mit der Anstellung verbundene Handlung.[484]

In diesem Zusammenhang ist das Problem aufgetreten, dass ein Geschäftsherr der Haftung durch ein generelles Verbot deliktischen Verhaltens entgehen könnte. Daher hat sich eine differenzierte Behandlung von Verboten herausgebildet. Während sich natürlich mit Verboten der autorisierte Aufgabenbereich beschränken lässt, sollen solche, die nur die Art ihrer Ausführung betreffen – ähnlich wie im deutschen Recht[485] – unerheblich sein.[486] In *Limpus v. London General Omnibus Co.*[487] hatte der Arbeitgeber seine angestellten Busfahrer ausdrücklich angewiesen, Busse der Konkurrenz nicht zu behindern. Trotzdem wurde er für einen seiner Fahrer haftbar gemacht, der genau das tat und damit einen Bus der Konkurrenz beschädigte. Nach dem Ansatz der Gerichte war der Fahrer jedenfalls autorisiert, den Bus zu fahren; das Verbot zielte damit auf die Art und Weise der Aufgabenerfüllung und konnte vernachlässigt werden. Als allgemeine Regel wird ein solches unbeachtliches Verbot immer dann angenommen, wenn das Verhalten des Verrichtungsgehilfen dem Geschäftsherrn zugute kommen soll, wie das Beispiel des übermotivierten Busfahrers zeigt.[488] In *Rose v. Plenty*[489] beschäftigte ein Milchmann entgegen einem expliziten Verbot einen kleinen Jungen, der ihm bei der Auslieferung half. Als der Junge bei einem fahrlässig verursachten Unfall des Milchwagens verletzt wurde, wurde der Arbeitgeber trotz des Verbots für schadensersatzpflichtig erklärt.

c. Zusammenfassung

Wie sich gezeigt hat, spiegelt sich im *Salmond test* eine Risikoanalyse wider, auch wenn dies auf den ersten Blick nicht gleich zu erkennen ist. Vor dem Hintergrund der übertragenen Aufgaben wird die Frage untersucht, ob die schadensstiftende Handlung als fehlerhafte Ausführung dieses Auftrags angesehen werden kann. Dann hat sich ein Risiko verwirklicht, das notwendigerweise die von dem Geschäftsherrn gewünschte Tätigkeit begleitet und das

---

[483] Vgl. oben, D I 2.
[484] Z.B. *Atiyah*, Vicarious Liability in the Law of Torts, S. 257.
[485] Vgl. BGHZ 11, 151, 153; 31, 358, 366; BGH NJW-RR 1989, 723, 725; *Kötz/Wagner*, Deliktsrecht, Rn. 283.
[486] Irrelevant sind solche, die „conduct within the employment" betreffen; *Lord Dunedin*, in *Plumb v. Cobden Flour Mills Co. Ltd.* [1914] A.C. 62, 67.
[487] (1862) 1 H. & C.; 11 W.R. 149.
[488] *Heuston/Buckley*, Salmond & Heuston on the Law of Torts, S. 446. Vgl. auch *Diplock L.J.*, in *Ilkiw v. Samuel* [1963] 2 All E.R. 879, 888 und *Lord Denning M.R.*, in *Rose v. Plenty* [1976] 1 All E.R. 97, 100 f.
[489] [1976] 1 All E.R. 97, 97.

der Geschäftsherr aufgrund der Tatsache, dass er einen Vorteil aus der übertragenen Tätigkeit zieht, auch zu tragen hat.

Das Konzept der *ostensible authority* lässt sich anderseits so nicht fassen. In diesem Bereich hat der *Salmond test* dann auch seine semantischen Grenzen überschritten, wie das Beispiel von *Lloyd*[490] zeigt. Denn die Selbstbereicherung des Bürovorstehers kann wohl kaum als eine fehlerhafte Art der Vermögensberatung verstanden werden. Trotzdem scheint es – ähnlich wie bei der Anscheinsvollmacht im deutschen Recht – gerechtfertigt zu sein, eine Person, die andere für sich im Rechtsverkehr auftreten lässt, auch das Risiko tragen zu lassen, dass Dritte ihre Rolle fehlinterpretieren, wenn sie ihnen Anlass dazu gibt.[491] Diese Form der Autorisierung setzt also einen vom Geschäftsherrn zurechenbar geschaffenen Vertrauenstatbestand und damit ein gewisses Verhältnis zwischen diesem und dem Geschädigten voraus. Andernfalls gäbe es keine Grundlage für die vernünftige Vermutung einer Autorisierung. Aus diesem Grund verwischen sich hier wiederum die Grenzen zu der *doctrine of non-delegable duties*. In dem erforderlichen Verhältnis werden oftmals auch *non-delegable duties* entstehen. Solange natürlich – wie es momentan der Fall ist – die *ostensible authority* fast ausschließlich in Verbindung mit vorsätzlichen Delikten auftritt und die *doctrine of non-delegable duties* andererseits auf Fahrlässigkeit beschränkt ist,[492] kommt es hier zu keinem Konflikt. Aber das letztere Konzept wurde bereits vereinzelt auch bei vorsätzlichen Delikten angewandt und dann gerade im Gebiet der *ostensible authority*.[493]

Trotz dieser Einschränkung bietet der *Salmond test* für einen großen Teil der Fälle ein brauchbares Instrument zur Klassifizierung von Handlungen als innerhalb oder außerhalb des *course of employment*. Er beinhaltet eine Prüfung, inwieweit der Geschäftsherr von dem Verhalten des Verrichtungsgehilfen profitiert und deshalb auch das Risiko einer fehlerhaften Ausführung zu tragen hat. Die Kriterien, die er bereitstellt, lassen allerdings keine scharfe Abgrenzung zu.

Darüber hinaus darf vorweggenommen werden, dass der *Salmond test* ironischerweise dort versagt, wo er am meisten angewandt wird beziehungsweise wurde, nämlich bei vorsätzlichen Delikten. Hier kommen offensichtlich auch andere Erwägungen als die *commodum theory* – insbesondere der Schadensausgleich – zum Tragen, die eine weitere Haftung vorsehen, als es auf

---

490 [1912] A.C. 716

491 Für eine ablehnende Einstellung zu *ostensible authority*, vgl. *Hughes*, in *S. Todd*, The Law of Torts in New Zealand, S. 903; *Fleming*, The Law of Torts, S. 428; *Feldhusen*, in *Mullany/Linden*, Torts Tommorrow: A Tribute to John Fleming, 221, 237-240.

492 Siehe oben, C II 2 b, 3.

493 *Lord Denning M.R.*, befürwortete z.B. in *Morris v. C. W. Martins & Sons Ltd.* [1965] 2 All E.R. 725, 725, 730 – einem Diebstahlsfall – Arbeitgeberhaftung nach dem Konzept der *non-delegable duties*. Auch *McHugh J.* wandte diese Doktrin zur Begründung der Haftung eines Schulträgers für sexuellen Missbrauch durch Lehrer an (*New South Wales v. Lepore* [2003] H.C.A. 4, Rn. 135-166). *Atiyah*, Vicarious Liability in the Law of Torts, S. 278, schlug vor, alle Fälle von Körperverletzung so zu behandeln.

Grundlage dieses Tests möglich ist. Aus diesem Grund hat der Supreme Court of Canada in der bahnbrechenden Entscheidung *Bazley v. Curry* den *Salmond test* in diesem Feld sogar ausdrücklich als ungeeignet verworfen.[494]

Die deutsche Rechtsprechung vertritt tendenziell eine vergleichbar restriktive Haltung, ohne dass sich eine Neubewertung abzeichnen würde. Die Gerichte halten diesen Ansatz, der sich an dem Erfordernis eines „unmittelbaren inneren Zusammenhangs" orientiert, grundsätzlich sowohl für § 831 BGB,[495] als auch für §§ 31, 278 BGB und § 839 BGB, Art 34 S. 1 GG durch.[496] Wie im Common Law wird als Gegenbegriff das Handeln „bei Gelegenheit" oder „aus Anlass" der übertragenen Handlung verwendet.[497] Die Literatur befürwortet zunehmend eine großzügigere Auslegung. So wird im Rahmen des § 278 BGB überwiegend vertreten, dass die Beschränkung auf adäquate Kausalität – beziehungsweise die Erleichterung der Verwirklichung des Delikts durch die übertragene Arbeit – ausreiche.[498] Für § 831 BGB scheint aber (noch) die Auffassung vorzuherrschen, dass die restriktive Beschränkung der Rechtsprechung sachgerecht sei,[499] wobei auch hier vermehrt die Erleichterung des Delikts durch die aufgetragene Arbeit als ausreichend angesehen wird.[500]

---

494 Vgl. *McLachlin J.*, in *Bazley v. Curry* [1999] 2 S.C.R. 530, 546, 559.

495 Z.B. BGH NJW-RR 1989, 723, 725; BGH NJW 1971, 31, 32; *Palandt-Sprau,* § 831, Rn. 11.

496 Vgl. z.B. zu § 278 BGB: BGHZ 23, 319, 322 ff.; zu § 31 BGB: BGHZ 49, 19, 23; 98 148, 151 ff.; zu § 839 BGB vgl. HKommBGB-*Staudinger,* § 839, Rn. 9; *Palandt-Sprau,* § 839, Rn. 19 m.w.N.

497 Vgl. BGH NJW-RR 1989, 723, 725: „Die Einstandspflicht des Geschäftsherrn für eigenmächtiges Verhalten seines Gehilfen ist aber dann zu verneinen, wenn dessen Verfehlung sich von dem ihm übertragenen Aufgabenbereich so weit entfernt, dass aus der Sicht eines Außenstehenden ein innerer Zusammenhang zwischen dem Handeln der Hilfsperson und dem allgemeinen Rahmen der ihr übertragenen Aufgaben nicht mehr zu erkennen ist. Dies ist etwa dann der Fall, wenn der Gehilfe rein zufällig mit den Rechtsgütern des Geschädigten in einer Weise in Berührung gekommen ist, die ihm lediglich die Gelegenheit bot [...]."

498 *Palandt-Heinrichs,* § 278, Rn. 22; *Musielak*, Grundkurs BGB, Rn. 880; *Medicus*, Schuldrecht I, Rn. 333; HKommBGB-*Schulze,* § 278, Rn. 11.

499 *Palandt-Sprau,* § 831, Rn. 11; *Musielak*, Grundkurs BGB, Rn. 870; *Staudinger-Belling/Eberl-Borges*, § 831, Rn. 83.

500 So z.B. *Larenz/Canaris*, Schuldrecht II/2, § 79 III 2 d; *Medicus*, Schuldrecht II, Rn. 853; MünchKommBGB-*Wagner,* § 831, Rn. 22.

II. Fahrlässigkeit im Rahmen der Anstellung

Wie schon erwähnt, erfüllt der *Salmond test* seine Aufgabe am besten im Bereich der Fahrlässigkeitsdelikte. Hier lässt sich die Frage, ob ein fahrlässiges Verhalten eine fehlerhafte Art der Aufgabenerfüllung oder aber eine unabhängige Handlung darstellt, meistens eindeutig beantworten. *Century Insurance Co. v. Northern Ireland Road Transport Board*[501] verdeutlicht dies sehr anschaulich. Hier hatte ein Tankwagenfahrer beim Betanken des Wagens eine Explosion verursacht, da er auf dem Gelände der Tankstelle eine Zigarette rauchte. Wenn das Rauchen beim Betanken als eine unabhängige Handlung zu qualifizieren wäre, würde wohl kaum ein Verhalten in die Kategorie der fehlerhaften Ausführung fallen. Eine Differenzierung zwischen grober Fahrlässigkeit – wie in diesem Fall – und einfacher Fahrlässigkeit wird dabei nicht vorgenommen.[502] Regelmäßig wird in diesem Zusammenhang Lord Atkin zitiert: „I cannot assent to the doctrine that, though a man may be doing a piece of work within his employment, and may still be in his employment if he does it carelessly, yet if he does the same piece of work very carelessly, he may be found to be doing something outside the employment."[503]

Für die Abgrenzung zwischen Fahrlässigkeit und Vorsatz ist es natürlich unerheblich, ob sich der Verrichtungsgehilfe darüber im Klaren ist, weisungswidrig zu handeln oder nicht. Entscheidend ist seine Einstellung zum Schädigungserfolg. Der Tankwagenfahrer handelte daher klar fahrlässig, obwohl er wahrscheinlich wusste, dass er nicht rauchen durfte. Auch *Pettersson v. Royal Oak Hotel Ltd.*[504] stellt sich in diesem Licht als ein Fall von Fahrlässigkeit dar,[505] obwohl er üblicherweise zu den vorsätzlichen Delikten gezählt wird. Hier hatte ein Barmann einem alkoholisierten Gast weitere Gertränke verweigert. Im Laufe der folgenden Auseinandersetzung warf der Gast ein Glas nach dem Barmann. Als Vergeltung warf dieser Teile des Glases zurück auf den Gast, der schon im Begriff war, die Bar zu verlassen. Dabei traf er Pettersson, einen unbeteiligten Gast, im Auge und fügte ihm schwere Verletzungen zu. Der Court of Appeal sah hierin eine fehlerhafte Art, das Hausrecht auszuüben, und bejahte *vicarious liability*. Angesichts der Tatsache, dass der Gast ohnehin die Bar gerade verließ, ist diese Entscheidung als „Höhepunkt"[506] von *vicarious liability* bezeichnet und häufig kritisiert worden.[507] Neuerdings dürften – zumindest in

---

[501] [1942] A.C. 509.
[502] *Atiyah*, Vicarious Liability in the Law of Torts, S. 257 f.
[503] *Harris v. Associated Portland Cement Manufacturers Ltd.* [1939] A.C. 71, 76.
[504] [1948] N.Z.L.R. 136.
[505] *O'Leary C.J.*, in *Pettersson v. Royal Oak Hotel Ltd.* [1948] N.Z.L.R. 136, 149.
[506] *Hughes*, in *S. Todd*, The Law of Torts in New Zealand, S. 904: „high-water mark".
[507] *Hughes*, a.a.O., S. 904-906.

Großbritannien und Jamaika – andere Entscheidungen dieses Prädikat beanspruchen.[508]

1. Erlaubte Handlungen

Handlungen, die der Geschäftsherr seinen Leuten gestattet, werden oft in deren eigenem Interesse liegen. Aber für den *Salmond test* gelten sie trotzdem als autorisierte Handlungen. Und genauso werden sie in diesem Zusammenhang auch üblicherweise behandelt. Daher war ein Arbeitgeber, der seinen Arbeitern erlaubt hatte, einen Waschraum zu benutzen, auch für den Schaden haftbar, als diese den Wasserhahn laufen ließen.[509] Umgekehrt war ein Arbeitgeber, der dies verboten hatte, unter denselben Umständen nicht haftbar.[510] Der gleiche Gedanke liegt auch *Bugge v. Brown*[511] zugrunde, wo ein Geschäftsherr seinem Verrichtungsgehilfen erlaubte, auf dem Betriebsgelände zu kochen, und dieser weitere Anweisungen missachtete und einen Brand verursachte. Die weiteren Instruktionen betrafen nach Ansicht des Gerichts die Art und Weise der Ausführung und waren daher irrelevant.

2. Haftung für Fahrzeugführer

Besonders schwer miteinander zu vereinbaren sind Entscheidungen von Fällen, in denen der Fahrer eines Kraftfahrzeugs Anweisungen zuwider handelt und einen Unfall verursacht. In der Regel treten hier drei Gruppen von Fällen auf, von denen bis vor kurzem nur eine Schwierigkeiten bereitet hat: Unerlaubt beförderte Person können verletzt werden, der Verrichtungsgehilfe kann ohne Erlaubnis von dem Fahrzeug Gebrauch machen oder von der autorisierten Route abweichen.[512]

In den Fällen der ohne Erlaubnis mitbeförderten Personen verneinen die Gerichte *vicarious liability*.[513] Bislang war man sich auch einig, dass eine kom-

---

[508] *Mattis v. Pollock (trading as Flamingos Nightclub)* [2004] 4 All E.R. 85; *Clinton Bernard v. The Attorney General of Jamaica* [2004] U.K.P.C. 47; W.L. 2270264; *Brown v. Robinson & Sentry Service Co. Ltd.* [2004] U.K.P.C. 56; W.L. 3091683; ausführlich unten, D III 8.

[509] *Ruddiman v. Smith* (1889) 60 L.T. 708.

[510] *Stevens v. Woodward* (1881) 6 Q.B.D. 318.

[511] (1919) 26 C.L.R. 110. Vgl. auch *Whitfield v. Turner* (1920) 28 C.L.R. 97.

[512] In Neuseeland spielt die erste Gruppe wegen des Injury, Prevention, Rehabilitation and Compensation Act 2001 keine Rolle mehr; vgl. oben, C III 2 b.

[513] *Hughes, S. Todd*, The Law of Torts in New Zealand, S. 902; *A-G v. Hartley* [1964] N.Z.L.R. 785 mit Bezug auf *Conway v. George Wimpey & Co. Ltd.* [1951] 2 K.B. 266; *Twine v. Bean's Express Ltd.* [1946] 1 All E.R. 202. Ebenso in Deutschland; vgl. BGH MDR 1965, 197, 197. Ausführlich *Staudinger-Belling/Eberl-Borges*, § 831, Rn. 91.

plett unautorisierte Fahrt, ebenso wie auch in Deutschland,[514] nicht zu *vicarious liability* führt.[515]

Hinsichtlich der nicht autorisierten Routen beschränken sich die Gerichte auf die Frage, ob sich der Fahrer *on a frolic of his own* begeben hat oder sich noch innerhalb seiner Verrichtung bewegt hat, was als *detour* bezeichnet wird. Die Antwort hängt von den Umständen des jeweiligen Einzelfalls ab, wobei die Differenzierung zwischen *frolics* und *detours* ein Test „ohne jegliche Hilfestellung"[516] ist, da keine neuen Kriterien eingeführt werden. Seine Ergebnisse reflektieren daher grundsätzlich nur den subjektiven Eindruck der Gerichte. Zu dieser Fallgruppe lässt sich nicht viel mehr sagen, als dass Fahrten, die ausschließlich für die Zwecke der Verrichtungsgehilfen unternommen werden, grundsätzlich als so weit von der autorisierten Tätigkeit entfernt angesehen werden, dass der Geschäftsherr nicht haftet.[517] Wenn die Abweichung andererseits dem Willen von Passagieren entspricht, kann sie als bloßer Umweg gewertet werden.[518] Aber wenn die Abweichung beispielsweise der eigenen Verpflegung dienen soll, widersprechen sich die einzelnen Urteile, wann die Voraussetzungen von *vicarious liability* vorliegen.[519]

Eine klarere Regel hat sich in Südafrika durchgesetzt, wo jede Abweichung *vicarious liability* begründet.[520] Andererseits leuchtet es durchaus ein, nach dem Grad der Abweichung zu differenzieren, da das fragliche Tatbestandsmerkmal gerade der Aussonderung von entfernten Sachverhalten dienen soll.[521]

---

[514] Diese Konstellation, in der das Fahrzeug ohne Wissen und Willen des Geschäftsherrn benutzt wird, wird als „Schwarzfahrt" bezeichnet. Vgl. z.B. BGH NJW-RR 1989 723, 725, wo ein Pilot, nachdem er ein Flugzeug überführt hatte, entgegen seinem Auftrag, Interessenten zu begrüßen und mit ihnen auf den Vorführpiloten zu warten, den Vorführflug selbst durchführte und abstürzte. Außerdem RGZ 135, 149, 154; BGHZ 1, 388, 390; BGH NJW 1971, 31, 32.

[515] *Atiyah*, Vicarious Liability in the Law of Torts, S. 252. Anders jetzt ein Fall aus Hong Kong: *Ming An Insurance Co. (HK) Ltd. v. Ritz-Carlton Ltd.* [2003] 1 H.K.C. 225; siehe unten, D IV.

[516] *Deakin/Johnston/Markesinis*, Tort Law, S. 589.

[517] *Storey v. Ashton* (1869) 38 Law J. Rep. 223; *Hilton v. Thomas Burton (Rhodes) Ltd.* [1961] 1 W.L.R. 705.

[518] *Williams v. Hemphill* 1966 S.C. (HL) 31.

[519] *Hilton v. Thomas Burton (Rhodes) Ltd.* [1961] 1 W.L.R. 705 und anders *Chaplin v. Dunstan* [1938] S.A.S.R. 245.

[520] *Feldman (Pty.) Ltd. v. Mall* 1945 A.D. 733; *Atiyah*, Vicarious Liability in the Law of Torts, S. 254.

[521] Auch im deutschen Recht wird differenziert. So ist eine Abweichung von den Modalitäten des Auftrags jedenfalls keine Schwarzfahrt. In BGH NJW 1971, 31, 32 wurde beispielsweise entschieden, dass es sich nicht um eine Schwarzfahrt handele, wenn der Verrichtungsgehilfe weisungswidrig einen Anhänger mitführt; vgl. auch BGH VersR 1966, 1074, 1075. Bei Umwegen ist andererseits ebenso wie im Common Law der Grad der Abweichung im Einzelfall für die Frage entscheidend, wann der Umweg in eine Schwarzfahrt umschlägt; vgl. *Staudinger-Belling/Eberl-Borges*, § 831, Rn. 90.

3. Zusammenfassung

Soweit fahrlässige Delikte betroffen sind, bereitet die Unterscheidung zwischen Delikten, die innerhalb der Verrichtung liegen, und solchen, die außerhalb sind, regelmäßig keine Probleme. Normalerweise gibt der *Salmond test* eine gute Hilfestellung bei der Grenzziehung. Aber die Fahrerfälle zeigen, dass auch hier Schwierigkeiten auftreten können. Hier ergeben sich Situationen, in denen die Gerichte mangels brauchbarer Regeln reine Einzelfallentscheidungen treffen müssen.

III. Vorsatz im Rahmen der Anstellung

1. Problemstellung

a. Der *Salmond test* und neuere Entwicklungen in der Rechtsprechung

Vorsätzliche Delikte werden oftmals aus purem Eigennutz begangen und dienen nur dem persönlichen Vorteil. Daher sind sie auch regelmäßig weit von dem entfernt, was der Geschäftsherr autorisiert hat. Insbesondere kriminelles Verhalten liegt in der Regel so weit abseits der beauftragten Tätigkeit, dass es nicht als fehlerhafte Ausführung des Auftrags bezeichnet werden kann. Während dies zwar in manchen Fällen von Körperverletzung, für die *Pettersson*[522] und *Poland v. John Parr*[523] als Beispiel dienen können, möglich ist, sind Fälle sexueller oder rassistischer Übergriffe, die die Gerichte in den letzten drei Jahrzehnten zunehmend beschäftigen, nur schwer der Ausführung der Verrichtung zuzuordnen. In ihrer Solidarität zum *Salmond test* haben die Gerichte daher nur äußerst zurückhaltend *vicarious liability* angenommen, wenn Vorsatzdelikte im Raum standen. In aller Regel wurden solche Delikte, die keine fehlerhafte Ausführung der Verrichtung darstellen, als „bloß bei Gelegenheit" begangen qualifiziert und *vicarious liability* abgelehnt. Wie Feldhusen aber festgestellt hat, „[w]hen the word ‚mere' appears, the fact it modifies is invariably of great importance."[524] Und in der Tat scheinen die „fehlerhafte Art und Weise" (der Ausführung) und „bloße Gelegenheiten" nicht zwangsläufig als Gegenbegriffe zu fungieren. Zum Beispiel scheint es, dass die Übertragung von gewissen Aufgaben das Risiko der Begehung eines Delikts derart erhöhen kann, dass man von einer engen Beziehung ausgehen kann, die über eine bloße Gelegenheit hinaus geht, ohne dass es sich um ein fehlerhafte Ausführung handelt.

Vereinzelt ist *vicarious liability* auch auf Fälle ausgedehnt worden, in denen sich die Haftung nicht mit dem *Salmond test* erklären lässt. In *Mary M. v. City of Los Angeles*[525] stoppte ein uniformierter Polizist eine Frau, fuhr sie zu ihrem Haus und vergewaltigte sie dort. Das Gericht nahm den Träger der Polizei in Haftung, obwohl dieses Ergebnis offenkundig mit dem *Salmond test* nicht vereinbar ist. Ebenso kann man nur mit viel Wohlwollen Diebstahl als eine fehlerhafte Art der Verwahrung bezeichnen.[526] In diesem Sinne ist der *Salmond test* tatsächlich trügerisch und spiegelt die Rechtslage nicht vollständig wider. Außerdem hat gerade auf dem Gebiet rassistischer und sexueller Übergriffe ein signifikanter Wandel in der Einstellung zur Verantwortung von Arbeitgebern stattgefunden. Viele Parlamente haben Gesetze verabschiedet, die in solchen

---

522 [1948] N.Z.L.R. 136; siehe oben, D II.
523 [1927] 1 K.B. 236.
524 *Feldhusen*, in *Mullany/Linden*, Torts Tommorrow: A Tribute to John Fleming, 221, 224 Fußnote 16.
525 814 P. 2d 1341 (SC of Cal 1991).
526 Wie beispielsweise in *Morris v. C. W. Martins & Sons Ltd.* [1966] 1 Q.B. 716.

Fällen eine Arbeitgeberhaftung vorsehen.[527] Auch in diesen Gesetzen taucht das *in the course of the employment*-Erfordernis auf, das in diesen Zusammenhängen natürlich nicht mehr mit dem *Salmond test* zu fassen ist. Dieser Trend repräsentiert einen generellen Wandel in der Einstellung zum Schadensersatz[528] und könnte schließlich mit *Bazley v. Curry*[529] die Auslegung dieses Tatbestandsmerkmals bei vorsätzlichen Delikten erfasst haben.

b. Inhaltliche Begründung einer weiteren Auslegung

Der maßgebliche Zusammenhang zwischen Delikt und Anstellung ist auch deshalb nicht leicht zu bestimmen, weil die *vicarious liability* zugrunde liegenden Gedanken gerade bei vorsätzlichen Delikten unterschiedliche Ergebnisse indizieren.

Die Erwägung, dass der Geschäftsherr in dem Maße haften soll, wie er von dem Einsatz des Verrichtungsgehilfen profitiert, ist bekanntlich ein zentraler Grundgedanke von *vicarious liability*. Die Verwirklichung solcher Risiken, die die Kehrseite einer vom Geschäftsherrn gewünschten Betätigung darstellen, soll demnach zur Haftung führen. Genau dieser Ansatz hat sich im *Salmond test* niedergeschlagen: Immer, wenn die fehlerhafte Ausführung einer übertragenen Aufgabe ein Delikt darstellt, verwirklicht sich ein solches Risiko. Vor diesem Hintergrund ist die traditionell reservierte Einstellung zu *vicarious liability* bei Vorsatzdelikten auch begründet. Sie führt auch nicht zu einem kompletten Ausschluss der Haftung auf diesem Gebiet, wie sich beispielsweise in *Poland v. John Parr*[530] gezeigt hat. Andererseits bleiben die bloße Risikoerhöhung oder – schaffung hierbei unberücksichtigt.

Viele der Annahmen der ökonomischen Analyse treffen auf vorsätzliche Delikte nur begrenzt zu. So geschehen solche Delikte nicht zufällig, sondern sie unterliegen der Kontrolle des Handelnden. Er ist deshalb auch nicht dem Risiko ausgesetzt, sich aus Versehen schadensersatzpflichtig zu machen wie bei einem fahrlässig verursachten Unfall. Außerdem scheiden Vorbeugemaßnahmen regelmäßig aus, so dass nur eine nachträgliche Disziplinierung in Frage kommt. Trotzdem lassen sich auch hier Aussagen über die Anreize zu effizienter Schadensvermeidung treffen. Die ökonomische Analyse befürwortet *vicarious liability* auch für Vorsatz und wählt einen großzügigeren Ansatz als der *Salmond test*. Im Gegensatz zum *Salmond test* wird Haftung für jedes Delikt gefordert, dessen Begehungsrisiko von dem Unternehmen geschaffen oder substanziell gefördert wurde. Dies soll auch alle Delikte umfassen, die aus dem Versuch

---

[527] Vgl. oben, B III 2 b.
[528] Vgl. oben, B I.
[529] [1999] 2 S.C.R. 534 Ausführlich unten, D III 7 c aa aaa.
[530] [1927] 1 K.B. 236.

entstehen, im Interesse des Geschäftsherrn zu handeln.[531] Aber es sollen auch solche Delikte eingeschlossen sein, die rein eigennützlich motiviert sind, sofern sich erstens darin ein von dem Unternehmen geschaffenes oder deutlich erhöhtes Risiko verwirklicht und zweitens durch die Unternehmenshaftung nicht die Anreize für den Handelnden, das Delikt zu unterlassen, signifikant reduziert werden.[532] Dafür würde im Unterschied zu einem bloßen Kausalzusammenhang der privilegierte Zugang zu Opfern oder eine autoritäre Position genügen. Ein Beispiel hierfür ist ein Kurier, der einen Kunden überfällt, weil der Zugang zu dessen Wohnung – und damit das Risiko eines solchen Delikts – aus seiner Arbeit resultiert.[533]

Was den Gedanken der Schadensvermeidung angeht, sollte in Erinnerung gerufen werden, dass *vicarious liability* nicht den unmittelbar Handelnden trifft und deshalb nur da sinnvoll ist, wo der Geschäftsherr eine gewisse Kontrolle über das fragliche Verhalten ausüben kann. Es ist zweifelhaft, welche Möglichkeiten ihm (neben Auswahl und Überwachung, für die er ohnehin wegen eigener Fahrlässigkeit haftet,) zur Verfügung stehen sollen, vorsätzlich kriminellem Handeln vorzubeugen. Hinzu kommt noch ein weiterer möglicher Nachteil, der von manchen Gerichten hervorgehoben worden ist: Selbst wenn Unternehmenshaftung abschreckend wirkt, hat sie unter Unständen nicht den gewünschten Effekt. So könnte ein Schulträger davon abgehalten werden, den an sich nützlichen Kontakt zwischen Schülern und Lehrern zu unterstützen.[534] Insbesondere in Verbindung mit nicht gewinnorientierten Organisationen ist diese Erwägung daher fragwürdig.

Schließlich stellt die Gewährung eines „gerechten und brauchbaren Rechtsbehelfs“[535] einen zentralen Gedanken von *vicarious liability* dar. Da vorsätzliche Delikte oft in ernsthaften Sanktionen, wie Entlassung und Gefängnisstrafen, münden, wird der Schädiger im Gegensatz zu dem Geschäftsherrn häufig nicht in der Lage sein, Schadensersatz zu leisten. Dann sehen sich die Gerichte einer insolventen und zwei gleichermaßen schuldlosen Parteien gegenüber. McLachlin J. hat diese Situation folgendermaßen beschrieben:

> If, in the final analysis, the choice is between which of two faultless parties should bear the loss – the party that created the risk that materialized in the wrongdoing or the victim of the wrongdoing – I do not hesitate in my answer. Neither alternative is attractive. But given that a

---

[531] *Sykes*, The Boundaries Of Vicarious Liability: An Economic Analysis Of The Scope Of Employment Rule And Related Doctrines, Harv.L.Rev. 101 (1988), 563, 590.
[532] *Sykes*, a.a.O.
[533] *Sykes*, a.a.O., 589 unter Bezugnahme auf *Lyon v. Carey* 533 F. 2d 649 (DC Cir 1976).
[534] Vgl. z.B. *New South Wales v. Lepore* (2003) 195 A.L.R. 412, 432 per *Gleeson C.J.*; *Binnie J.*, in *Jacobi v. Griffith* [1999] 2 S.C.R. 570, 615 f. mit der Mehrheitsbegründung.
[535] *Bazley v. Curry* [1999] 2 S.C.R. 534, 553 per *McLachlin J.*

> choice must be made, it is fairer to place the loss on the party that introduced the risk and had the better opportunity to control it.[536]

Diese Wahl wird wiederum durch den Gedanken der Schadensstreuung erleichtert.[537]

Eine Risikoanalyse im engeren Sinne wie sie der *Salmond test* beschreibt, kann die Rechtslage hier nicht vollständig erklären. Selbst in den Gebieten, wo er eigentlich funktioniert, wie Körperverletzung, hat sich – zumindest in Großbritannien und Jamaika – eine weitere Haftung herausgebildet. Die zunehmende Bereitschaft, solche Fälle mit einzubeziehen, in denen eine deutlich erhöhte Gefahr besteht, dass der Verrichtungsgehilfe seine Position missbraucht, ist sicherlich durch das Bestreben motiviert, einen brauchbaren Rechtsbehelf bereitzustellen.[538] Allerdings bilden die Vorsatzdelikte keine homogene Gruppe. Daher werden im Folgenden einzelne Fallgruppen von Vorsatzdelikten gesondert behandelt.

2. Verbote des Geschäftsherrn

Für Verbote gilt bei vorsätzlichen Delikten dasselbe wie bei fahrlässigen Delikten. Verbote sind daher grundsätzlich irrelevant, sofern sie die Art und Weise, in der die Arbeit erledigt werden soll, regeln.[539] Aber sie können auch den Umfang der autorisierten Tätigkeiten beschränken. Dann kann eine Handlung aufgrund eines Verbots zu weit von den autorisierten Verrichtungen entfernt sein, um zu *vicarious liability* zu führen. Wenn Petterssons Arbeitgeber ihm verboten hätte, in der Bar für Ordnung zu sorgen, wäre sein Verhalten nicht mehr im Rahmen der Anstellung gewesen.[540]

3. Betrug

Die wohl bekanntesten Fälle von *vicarious liability* befassen sich mit Eigentums- und Vermögensdelikten von unehrlichen Verrichtungsgehilfen.

---

[536] Vgl. *Bazley v. Curry* [1999] 2 S.C.R. 534, 566; vgl. dazu unten, D III 7 c aa aaa.

[537] *Bazley v. Curry* [1999] 2 S.C.R. 534, 557.

[538] *Deakin/Johnston/Markesinis*, Tort Law, S. 582 Fußnote 299, konstantieren, dass die Gerichte den *course of the employment* bei Personenschäden großzügiger als bei Sachschäden auslegen.

[539] Vgl. z.B. *Colonial Mutual Life Assurance Soc Ltd. v. Producers & Citizens Co-op Assurance Co. of Australia Ltd.* (1931) 46 C.L.R. 41, 47.

[540] Vgl. D II. So wurde auch in *Deatons Pty. Ltd. v. Flew* (1949) 79 C.L.R. 370 argumentiert; vgl. D III 6.

Der Ausgangsfall von *vicarious liability* für Betrug ist *Lloyd v. Grace, Smith & Co.*[541] Durch die Übertragung von Grundeigentum und einer Hypothek auf sich selbst hatte sich der Bürovorsteher eines Anwaltsbüros selbst bereichert und damit eine alte Dame in den Ruin getrieben. Das House of Lords bejahte die Haftung des Büros für den eigennützigen Betrug des Bürovorstehers. Seitdem ist es allgemein anerkannt, dass ein Geschäftsherr sich nicht mit dem Einwand verteidigen kann, er habe nicht von den Machenschaften seines Verrichtungsgehilfen profitiert. Lord Wilberforce stellte hierzu fest: „If the act was in fact done for the master's benefit, that is a valuable indication that it was done in the course of employment: the converse was thenceforth not true."[542] Weil sich der Geschäftsherr nicht sonderlich für die Angelegenheiten seiner Kanzlei interessierte, wertete das Gericht dies als zumindest scheinbare Autorisierung für den Bürovorsteher, die fraglichen Handlungen vorzunehmen.[543] Der Betrug wurde dann allgemein als eine fehlerhafte Art der Ausführung dessen, was der Bürovorsteher scheinbar ehrlich durchführen durfte, betrachtet.[544] Wie bereits erwähnt, erscheint es aber mit dem Wortlaut des *Salmond tests* nicht zu vereinbaren, die Selbstbereicherung als fehlerhafte Vermögensberatung anzusehen. Andernfalls würde der *Salmond test*, der ja eine eher restriktive Risikoanalyse enthält, überstrapaziert. Vielmehr scheint das Gericht hier der Frage nachgegangen zu sein, in welche Risikosphäre das Betrugsrisiko fallen sollte. Das Anwaltsbüro hatte dieses Risiko geschaffen, indem es einen Angestellten für sich handeln ließ, und daher fiel es in seine Sphäre. Die alte Dame musste sich auf den guten Ruf der Kanzlei verlassen, hatte keinen Einblick in die Abläufe und musste ferner wohl auch nicht die Dokumente, die sie unterzeichnete, verstehen. Lord Macnaghten bemerkte deshalb:

> I must say that it would be absolutely shocking to my mind if Mr. Smith were not held liable for the fraud of his agent in the present case. When Mrs. Lloyd put herself in the hands of the firm how was she to know what the exact position of Sandles was? Mr. Smith carries on business under a style or firm which implies that unnamed persons are, or may be, included in its members. [...] Who is to suffer for this man's fraud? The person who relied on Mr. Smith's accredited representative, or Mr. Smith, who put this rogue in his own place and clothed him with his own authority?[545]

Diese Entscheidung scheint dem allgemeinen Gerechtigkeitsempfinden zu entsprechen und ist deshalb zu einem der zentralen Fälle von *vicarious liability*

---

[541] [1912] A.C. 716; siehe schon oben, D I 2 b aa, c.
[542] *Kooragang Investments Pty. Ltd. v. Richardson & Wrench Ltd.* [1982] A.C. 462, 473.
[543] Vgl. oben, D I 2 b bb.
[544] *Hughes*, in *S. Todd*, The Law of Torts in New Zealand, S. 906 f.; *Fridman*, The Law Of Torts In Canada, S. 306; *Fleming*, The Law of Torts, S. 428.
[545] [1912] A.C. 716, 738.

geworden.[546] Wie Lord Macnaghten im Weiteren ausführt, stellte diese Entscheidung eigentlich nur klar, dass das *in the course of the employment*-Erfordernis bei *vicarious liability* für Verrichtungsgehilfen denselben Umfang wie bei der Haftung für Partner hatte. Im Kontext des (UK) Partnership Acts 1890 (sec. 10)[547] war es schon längst entschieden, dass auch eigennützige betrügerische Handlungen *in the ordinary course of the business* fielen.[548] Auch heute werden diese beiden Haftungsvoraussetzungen analog ausgelegt.[549] *Vicarious liability* für Betrug hängt also davon ab, was für Befugnisse das Opfer der Hilfsperson vernünftigerweise unterstellen durfte.[550] Ferner muss das Opfer auch ernsthaft an solche Befugnisse geglaubt haben. Das Fallrecht lässt auch hier wieder einen erheblichen Entscheidungsspielraum der Gerichte erkennen und ist teilweise etwas widersprüchlich.

In *Armagas Ltd. v. Mundogas S.A.*[551] handelten der Vizepräsident der beklagten Gesellschaft und ein Makler der Klägerin einen Vertrag über den Erwerb eines Schiffes aus. Die Klägerin sollte das Schiff von der Beklagten erwerben und die Beklagte sollte es für drei Jahre zurückmieten. Der Vizepräsident hatte aber nur eine Vollmacht, die ihn zum Abschluss eines Chartervertrags von bis zu einem Jahr ermächtigte. Er ließ sich jedoch von dem Makler, der die Geschäfte der Klägerin bis zu ihrer Inkorporierung führte, bestechen und unterzeichnete einen Chartervertrag über drei Jahre. Seiner Gesellschaft spiegelte er vor, der Vertrag liefe nur über ein Jahr. Nachdem die Beklagte das Schiff nach einem Jahr zurückgegeben hatte, klagte die Klägerin auf Zahlung des Gewinnausfalls wegen vertragswidrigen Verhaltens und hilfsweise auf Schadensersatz aus *vicarious liability*. Während sie in der ersten Instanz Erfolg hatte, entschied das House of Lords schließlich gegen die Klägerin. Das zentrale Argument hierbei war, dass der Vizepräsident weder über eine tatsächliche noch über eine scheinbare Vertretungsmacht hierfür verfügte und sich die Klägerin nicht ohne eine entsprechende Erklärung der Beklagten auf eine solche hätten verlassen können. Damit war der Vertrag jedenfalls nicht für einen Zeitraum von drei Jahren zustande gekommen. Ferner schied aus diesem Grund auch *vicarious*

---

[546] Vgl. z.B. *Uxbridge Permanent Benefit Building Soc. v. Pickard* [1939] 2 K.B. 248, ein Fall mit fast identischem Sachverhalt.

[547] Das neuseeländische Äquivalent ist der Partnership Act 1908, sec. 13.

[548] Vgl. *Lloyd v. Grace, Smith & Co.* [1912] A.C. 716, 738.

[549] *Hughes*, in *S. Todd*, The Law of Torts in New Zealand, S. 920 f. mit Hinweis auf *Proceedings Commissioner v. Ali Hatem* [1999] 1 N.Z.L.R. 305.

[550] Das deutsche Recht kommt zu ähnlichen Ergebnissen; z.B. BGH NJW 1977, 2259 zu der Haftung einer Bank für die Veruntreuung von ihr zur Anlage ausgehändigten Geldern durch einen Zweigstellenleiter. Der BGH hielt sowohl quasivertragliche Haftung i.V.m. § 31 BGB bzw. § 278 BGB, als auch deliktische Haftung gem. § 823 Abs. 1 BGB oder § 823 Abs. 2 BGB i.V.m. § 31 BGB für möglich. Der Entlastungsbeweis im Rahmen des § 831 Abs. 1 S. 2 BGB wurde in diesem Fall erbracht. Aufgrund der kontinuierlichen Erweiterung der §§ 30, 31 BGB, die dieses Urteil eindrucksvoll veranschaulicht, können verfassungsmäßige Vertreter wohl auch Verrichtungsgehilfen sein; siehe MünchKommBGB-*Wagner*, § 831, Rn. 14.

[551] [1986] A.C. 717.

liability aus. Die Annahme, dass ein Vizepräsident nicht befähigt sein soll, einen solchen Vertrag abzuschließen, überrascht zwar, kann aber natürlich den Handelsbräuchen entsprechen. Ferner scheint das Ergebnis auch deshalb sachgerecht, weil der Makler als Vertreter der Klägerin selbst unlautere Absichten verfolgte.

Kooragang Investments Pty. Ltd. v. Richardson & Wrench Ltd.[552] illustriert ebenso einen Fall, in dem das Opfer nicht auf eine scheinbare Autorisierung vertrauen durfte. In diesem Fall verbot die Beklagte, ein Gutachterbüro, einem Angestellten, Gutachten für eine Firmengruppe zu erstellen, die zahlungsrückständig war. Der Angestellte wurde jedoch selbst Direktor in dieser Gruppe und fertigte weiterhin Gutachten für diese an. Dafür benutzte er das Briefpapier der Beklagten, stellte die Arbeiten aber nicht in Rechnung. Einige dieser Gutachten wurden an die Kläger weitergegeben, die aufgrund der Fehlerhaftigkeit der Arbeiten einen Vermögensschaden erlitten. *Vicarious liability* aufgrund von *ostensible authority* wurde wegen der Irregularitäten sowie einer fehlenden Beziehung zwischen den Beklagten und den Klägern abgelehnt.[553] Die Kläger hätten zumindest Anhaltspunkte zu weiteren Nachforschungen gehabt.

In *Dubai Aluminium Ltd. v. Salaam*[554] hat das House of Lords andererseits die Haftung einer Anwaltssozietät für die Beteiligung eines Partners in einem Betrugsfall bejaht. Die Sozietät hatte einen Beratungsvertrag mit Dubai Aluminium. Aufgrund eines betrügerischen Finanzierungsmodells, von dem auch ein Partner der Sozietät wusste, erlitt Dubai Aluminium einen Verlust in Höhe von US$ 50.000.000. Dubai Aluminium verlangte Schadensersatz von der Sozietät, die den Fall außergerichtlich beilegte. Die Sozietät verlangte nun von den übrigen Beteiligten des Betrugs Ausgleichszahlungen für die Summe, die sie im Rahmen des Vergleichs bezahlen musste. Hierfür musste sie beweisen, dass sie selbst auch haftbar war, ihr Partner also *in the ordinary course of the business* nach dem (UK) Partnership Act 1890, sec. 10, gehandelt hatte. Insbesondere war dabei problematisch, dass der Partner nebenbei auch als Direktor einer der beteiligten Gesellschaften auftrat. Die Frage einer *ostensible authority* stellte sich hier nicht, weil es an einer entsprechenden Verursachung eines Rechtsscheins durch die Sozietät fehlte. Daher beschäftigte sich das Gericht mit der Frage, ob eine ausreichend enge Verbindung zwischen Schädigungshandlung und Anstellung im Sinne einer fehlerhaften Ausführung bestand. Der *Salmond test* wurde jedoch mit dem Hinweis übergangen, dass er eben „genau das – nur ein Test“[555] sei und jedenfalls eine ausreichend enge Verbindung bestünde.[556] Offensichtlich wäre die Regressklage andernfalls gescheitert. Es wurde deshalb von dem *Salmond test* aus Fairnessgesichtspunkten Abstand genommen. Weiter-

[552] [1982] A.C. 462, ein Fall aus New South Wales vor dem Privy Council.
[553] A.a.O., 471.
[554] [2003] 2 A.C. 366.
[555] A.a.O., 401 per *Lord Millet*.
[556] A.a.O., 380 per *Lord Nicholls*; 400 per *Lord Millet*.

hin veranschaulicht dieser Fall den neueren Trend, einen großzügigeren Test für Vorsatzdelikte anzuwenden.

Betrugsfälle sind also größtenteils von dem Konzept der *ostensible authority* beherrscht. Das Konzept der *ostensible authority* stammt aus dem Vertretungsrecht und setzt eine gewisse Beziehung zwischen dem Geschäftsherrn und dem Opfer voraus,[557] in der ein Rechtsschein entstehen kann. Unter Umständen könnten solche Situationen dann auch von der *doctrine of non-delegable duties* gelöst werden, sofern sie denn jemals auf Vorsatzdelikte ausgedehnt wird. Eine solche Entwicklung erscheint aber unwahrscheinlich.[558] Vielmehr hat sich in *Dubai Aluminium* eine vom *Salmond test* losgelöste Betrachtungsweise dieser Fälle abgezeichnet, die eine enge Verbindung (*close connection*) in den Mittelpunkt stellt. Da der *Salmond test* aber ohnehin schon im Rahmen von *ostensible authority* nicht wirklich ernst genommen wurde, dürfte die Rechtslage in diesem Gebiet dadurch nicht wesentlich verändert worden sein.

4. Diebstahl

Nach dem *Salmond test* dürfte ein Geschäftsherr an sich nicht für Diebstähle oder Unterschlagungen seiner Verrichtungsgehilfen haftbar sein, weil diese Delikte keine fehlerhafte Ausführung einer autorisierten Tätigkeit darstellen. Aber die Rechtslage sieht anders aus. Im Gegensatz zu Betrugsfällen folgen diese Fälle klaren Grundsätzen.

Der führende Fall im Bereich des Diebstahls ist *Morris v. C. W. Martins & Sons Ltd.*[559] Der Kläger sandte seinen Nerzmantel zu einem Pelzhändler, um ihn säubern zu lassen. Dieser gab ihn an einen unabhängigen Vertragspartner für diesen Zweck weiter. Dessen Angestellter, der mit der Säuberung und Aufbewahrung betraut war, stahl den Mantel. Der Eigentümer verklagte nun den Inhaber des Reinigungsbetriebs. Mangels vertraglicher Ansprüche entschied sich der Court of Appeal für einen Anspruch aus *vicarious liability*, aber die Richter zogen enge Grenzen für einen solchen Anspruch. Hätte einer der Angestellten, die nicht mit der Säuberung und Aufbewahrung betraut waren, oder ein Fremder den Diebstahl begangen, wären die Voraussetzungen von *vicarious liability* nach ihrer Ansicht nicht gegeben gewesen.[560] Wieder zeigt sich in diesem Fall die Nähe zu dem Konzept der *non-delegable duties*. Lord Denning M.R. begründete seinerseits auch die Haftung offensichtlich mit dem Bruch einer solchen nicht delegierbaren Pflicht.[561] Das gesamte Gericht legte in der Begründung großen Wert auf die Pflichten des Beklagten. Und auch wenn dies eher eine Haftung

---

[557] Vgl. oben, D I 2 c.
[558] Vgl. oben, C II 2 b.
[559] [1966] 1 Q.B. 716.
[560] A.a.O., 726 per *Lord Denning M.R.*; 733 per *Diplock L.J.*; 738 per *Salmon L.J.*
[561] A.a.O., 728.

nach dem Konzept der *non-delegable duties* nahe legt, wird dieser Fall ganz überwiegend der Rechtsfigur der *vicarious liability* zugeordnet.[562] Der in diesem Fall entwickelte Rechtssatz ist daher in die Rechtsfigur der *vicarious liability* integriert worden und inzwischen eines ihrer zentralen Elemente.

Morris wurde beispielsweise in *Leesh River Tea Co. Ltd. and Others v. British India Steam Navigation Co. Ltd.*[563] angewandt. Der Eigentümer einer Schiffsfracht verlangte von dem Schiffseigentümer Schadensersatz für die Beschädigung der Fracht durch Meerwasser. Das Meerwasser konnte in die Laderäume eindringen, weil ein Stauer ein Sturmventil gestohlen hatte. Der Court of Appeal befand, dass das Stauereiunternehmen, das eindeutig mit dem Schiffseigner einen *contract for services* abgeschlossen hatte, ein *agent* des Schiffseigners war, so dass die Regeln von *vicarious liability* grundsätzlich zur Anwendung kamen. Allerdings waren die Stauer nur damit beauftragt, das Schiff zu beladen und deshalb konnte *vicarious liability* hier nicht angenommen werden. Hätten die Stauer aber einen Teil der Ladung, mit der sie betraut waren, gestohlen, wäre *vicarious liability* unproblematisch bejaht worden.[564] Ebenso war in einem anderen Fall ein Reinigungsunternehmen nicht haftbar für sein Personal, das die Telefone eines Kunden für Ferngespräche missbrauchte.[565] Unter Anwendung von *Morris* wurde argumentiert, dass das Personal auch nicht verpflichtet gewesen sei, andere von der Benutzung der Telefone abzuhalten. Daher könne der Missbrauch der Telefone auch umgekehrt nicht zu *vicarious liability* führen.[566]

Vicarious liability für Diebstahl, Unterschlagung und Missbrauch von Sachen beschränkt sich also auf Fälle, in denen der Schädiger mit der Obhut für diese Sachen betraut war. Alles andere fällt unter die Kategorie der bloßen Gelegenheit und führt nicht zu *vicarious liability*.[567]

---

[562] Vgl. z.B. *Fleming*, The Law of Torts, S. 428 f.; *Lister v. Hesley Hall Ltd.* [2002] 1 A.C. 215, 225 per *Lord Steyn*. Nur *Deakin/Johnston/Markesinis*, Tort Law, S. 591 f. klassifizieren *Morris* als einen Fall von *non-delegable duties* mit Bezug auf die Argumentation von *Lord Denning M.R.*

[563] [1966] 3 All E.R. 593.

[564] A.a.O., 597, 599.

[565] *Heasmans v. Clarity Cleaning Co. Ltd.* [1987] I.C.R. 949.

[566] A.a.O., 957 per *Nourse L.J.*

[567] Diese Rechtsauffassung teilt auch der BGH. In BGHZ 11, 151, 151 f. wurde eine Haftung aus § 831 BGB für Bauarbeiter, die bei Abbrucharbeiten ein Zinkdach entwendet hatten, verneint (aber Haftung aus § 823 Abs. 1 BGB für möglich gehalten), während (vertragliche) Haftung (i.V.m. § 278 BGB) eines Spediteurs für den Diebstahl von Frachtgut durch den Fahrer bejaht wurde; BGH VersR 1981, 732, 733. Zu dem Meinungsstand, siehe oben, D I 2 c.

5. Diffamierende Äußerungen

Ein Geschäftsherr kann auch für Verleumdungen seiner *servant* oder *agents* haftbar sein. Aus zwei Gründen hat sich dies aber nicht zu einer etablierten Fallgruppe entwickelt.

Zum einen werden verleumderische Aussagen häufig als die des Geschäftsherrn selbst angesehen.[568] Meistens betreffen sie nämlich Konkurrenten und treten im Umgang mit Kunden oder potentiellen Kunden auf. Dann ist der Diffamierende ohnehin auch ein Vertreter des Geschäftsherrn, so dass seine Äußerungen diesem zugerechnet werden.[569] Bei hochrangigen Vertretern kommt wiederum die *doctrine of attribution* ins Spiel.[570] Daher wird in diesen Fällen die Haftung meistens als *primary liability* klassifiziert.

Zum anderen wird der Umfang der Haftung oft weiter beschränkt als der *Salmond test* nahe legen würde.[571] Während es möglich ist, Diffamierungen immer als eine fehlerhafte Art der Aufgabenerfüllung anzusehen, wenn der Verrichtungsgehilfe etwas sagen darf, haben die Gerichte *vicarious liability* verständlicherweise enger eingegrenzt, und zwar auf Fälle, in denen die Diffamierung den fairen Wettbewerb beeinträchtigt.[572]

In *Citizens' Life Assurance Co. v. Brown*[573] sah der Privy Council beispielsweise eine Versicherungsgesellschaft für einen Repräsentanten als haftbar an, der in einem Rundschreiben an Kunden der Versicherung ein Konkurrenzunternehmen diffamierte. Ebenso bejahte der High Court of Australia *vicarious liability* für eine Versicherungsgesellschaft, deren Agent gegenüber potentiellen Kunden einen Konkurrenten diffamiert hatte.[574] Und der Supreme Court of Ireland nahm *vicarious liability* für eine Gesellschaft wegen falscher Verdächtigungen eines Geschäftspartners durch anonyme Anrufe eines ihrer hochrangigen Vertreter bei der Polizei an.[575]

---

[568] *Atiyah,* Vicarious Liability in the Law of Torts, S. 274.

[569] Vgl. z.B. *Colonial Mutual Life Assurance Soc Ltd. v. Producers & Citizens Co-op Assurance Co. of Australia Ltd.* (1931) 46 C.L.R. 41.

[570] Wie z.B. in *Crofter Properties Ltd. v. Genport Ltd.* [2002] 4 I.R. 73. Zur *doctrine of attribution* vgl. C III 2 d.

[571] *Atiyah,* Vicarious Liability in the Law of Torts, S. 274.

[572] Ähnlich auch im deutschen Recht. So wurde § 831 BGB z.B. für die diffamierende Besprechung eines Restaurants durch einen Testesser bejaht; BGH NJW-RR 1998 250, 252. Ferner auch die Haftung des Mandanten für ehrverletzende Schriftsätze seines Anwalts; BGH NJW 1962, 1390, 1390 f.

[573] [1904] A.C. 423.

[574] *Colonial Mutual Life Assurance Soc. Ltd. v. Producers & Citizens Co-op Assurance Co. of Australia Ltd.* (1931) 46 C.L.R. 41.

[575] *Crofter Properties Ltd. v. Genport Ltd.* [2002] 4 I.R. 73.

6. Körperverletzung

Im Einklang mit der generellen Zurückhaltung bei Vorsatzdelikten haben die Gerichte auch bei Körperverletzungen enge Grenzen für *vicarious liability* gezogen. Dieses Gebiet ist das einzige im Bereich der vorsätzlichen Delikte, in dem der *Salmond test* zunächst uneingeschränkt angewandt wurde, wenngleich neuere Entscheidungen auch hier einen Kurswechsel andeuten. Die Anwendung von Gewalt muss demzufolge vom Geschäftsherrn für bestimmte Umstände autorisiert sein. Damit die Gewaltanwendung dann als eine fehlerhafte Ausführung erscheint, darf die Gewaltanwendung erstens nicht zu exzessiv sein und zweitens darf die Verbindung zur Anstellung nicht auf eine andere Weise abgeschnitten worden sein.

Wie sich in *Pettersson*[576] gezeigt hat, kann ein Barmann befugt sein, die Ordnung in der Bar gegebenenfalls auch mit Gewalt herzustellen. Aber dies gilt nicht für alle Angestellte in einer Bar.[577] In *Auckland Workingmen's Club and Mechanics Institute v. Rennie*[578] attackierte ein Manager des Clubs mit ungefähr denselben Befugnissen einen Gast, nachdem er ihn zum Gehen aufgefordert hatte. Hier wurde eine Haftung des Clubs abgelehnt, weil der Gast schon im Gehen begriffen war, als er attackiert wurde. Ein ähnlicher Fall ist *Deatons Pty. Ltd. v. Flew.*[579] In diesem Fall warf eine Barkeeperin ein Bierglas in das Gesicht eines Gastes und fügte ihm damit schwere Augenverletzungen zu. Der High Court of Australia lehnte *vicarious liability* ab, da die Barkeeperin nicht befugt gewesen sei, in Form von körperlicher Gewalt für Ordnung in der Bar zu sorgen. Im Gegensatz zu *Pettersson* war die Körperverletzung in diesem Fall vorsätzlich. Der eigentliche Unterschied könnte aber darin liegen, dass der Gast hier den Angriff provoziert hatte und das Gericht deshalb keine Veranlassung sah, auch noch die Arbeitgeber der Barkeeperin in die Haftung zu nehmen.[580]

Auch Sicherheitspersonal und Türsteher sind zur Gewaltanwendung zu gegebener Zeit befugt. Aber ein Krankenhausangestellter, der dafür zu sorgen hatte, dass der Betrieb „rund lief", wurde nicht für autorisiert gehalten, seine Kollegen zu attackieren.[581] Ein tödlicher Angriff auf einen Mitarbeiter wegen angeblicher Faulheit führte daher nicht zu *vicarious liability*. Ferner sind Angestellte, die mit dem Eigentum ihres Geschäftsherrn betraut sind, auch in der Regel konkludent dazu ermächtigt, dieses zu verteidigen, wie *Poland v. John Parr*[582] zeigt, so dass der Geschäftsherr für den ernsthaften Versuch einer solchen Verteidigung haften kann. Selbstverteidigung fällt auf der anderen Seite

---

[576] [1948] N.Z.L.R. 136; siehe oben, D II.
[577] Siehe oben, D II. *Deatons Pty. Ltd. v. Flew* (1949) 79 C.L.R. 370.
[578] [1976] 1 N.Z.L.R. 278.
[579] (1949) 79 C.L.R. 370.
[580] *White/Orr*, Case Notes: Precarious liability: The High Court in *Lepore*, *Samin* and *Rich* on school responsibility for assaults by teachers, T.L.J. Lexis (2004), 1, 36.
[581] *Rutherford v. Hawke's Bay Hospital Board* [1949] N.Z.L.R. 400.
[582] [1927] 1 K.B. 236.

nicht in den Rahmen der Verrichtung. Erstens kann der Geschäftsherr diese ohnehin nicht verbieten, so dass auch eine Autorisierung sinnlos ist und zweitens ist Selbstverteidigung ein persönlicher Akt, der keine innere Verbindung zu der Anstellung aufweist.[583] Daher haftet der Geschäftsherr auch nicht für übertriebene oder exzessive Selbstverteidigungshandlungen. Ein Arbeitgeber war deshalb nicht für seinen Arbeitnehmer haftbar, der einen Kunden als menschliches Schutzschild benutzte.[584]

Der enge Ansatz des *Salmond test* zeigt sich auch in *Daniels v. Whetstone Entertainments*,[585] wo ein Türsteher erst in einem Club einen Gast unberechtigt attackierte und später noch einmal außerhalb des Geländes auf einem Parkplatz.[586] Während er sich bei dem ersten Akt noch im Rahmen seiner Verrichtung bewegte, fiel der zweite Akt, der ausschließlich aus persönlichen Motiven motiviert war, aus dem Rahmen der Verrichtung heraus. In diesem Licht stellt sich auch *Pettersson* wieder als ein Grenzfall dar und würde heute wohl (in manchen Ländern) anders entschieden werden.[587] Denn die Motivation des Verrichtungsgehilfen kann in diesen Fällen entscheidend sein.[588] Ferner darf die Gewaltanwendung nicht völlig überzogen sein. Hätte der Verrichtungsgehilfe in *Poland v. John Parr* beispielsweise statt eines Faustschlags von einer Waffe Gebrauch gemacht, wäre sein Geschäftsherr nicht haftbar gewesen.[589]

Zusammenfassend wird *vicarious liability* auch auf diesem Gebiet von traditionell restriktiven Regeln beherrscht. Das Risiko des eigennützigen Missbrauchs der Autorität, die eine Aufgabe mit sich bringen kann, wurde bislang weitgehend ignoriert. Dieser zurückhaltende Ansatz ist nun in manchen Jurisdiktionen zugunsten eines extensiveren Haftungsumfangs aufgegeben worden. Diese Entwicklung geht von Entscheidungen zur Haftung für Sexualdelikte aus. Daher wird zunächst diese spezielle Fallgruppe behandelt, bevor auf die Auswirkungen auf *vicarious liability* im allgemeinen eingegangen wird.

7. Sexualdelikte

Die Behandlung von sexuellen Übergriffen im Common Law hat eine Kehrtwende erlebt. Neuere Entscheidungen in den meisten größeren Common-Law-

---

[583] *Atiyah*, Vicarious Liability in the Law of Torts, S. 277. *Dixon J.*, in *Deatons Pty. Ltd. v. Flew* (1949) 79 C.L.R. 370, 381.

[584] *Reilly v. Ryan* [1991] 2 I.R. 247.

[585] [1962] 2 Lloyds Rep. 1.

[586] Ebenso hat im deutschen Recht der Betreiber einer Diskothek, dem die Exkulpation nach § 831 Abs. S. 2 BGB misslang, für die Körperverletzung durch einen Türsteher, der ein Hausverbots durchsetzen wollte, haften müssen; OLGR Hamm 1999, 47, 47 ff.

[587] *Hughes*, in *S. Todd*, The Law of Torts in New Zealand, S. 904, 905 f.

[588] Vgl. *Auckland Workingmen's Club and Mechanics Institute v. Rennie* [1976] 1 N.Z.L.R. 278.

[589] [1927] 1 K.B. 236, 245 per *Atkin L.J.*

Jurisdiktionen deuten nun auf eine wohlwollendere Einstellung zu *vicarious liability* auf diesem Gebiet hin.

a. Der traditionelle Ansatz: *Trotman*

Zu der traditionellen Auffassung zu *vicarious liability* für sexuelle Übergriffe muss nicht viel gesagt werden. Sie entspricht der oben dargestellten Rechtslage bei Körperverletzungen. Es ist nicht überraschend, dass Sexualdelikte nicht als fehlerhafte Ausführung einer übertragenen Aufgabe angesehen werden konnten. Vielmehr schließt der *Salmond test* auf diesem Gebiet eine Haftung aus.[590] Wie sich gezeigt hat, klassifiziert dieser Test das Risiko des Missbrauchs einer berufsbedingten Machtposition oder berufsbedingten Zugangs mangels entsprechender Befugnis als eine bloße Gelegenheit.

Die Konsequenzen dieser Rechtsauffassung lassen sich wohl am besten durch *Trotman v. North Yorkshire County Council*[591] illustrieren. Der Kläger, ein geistig behindertes und epileptisches Kind, nahm an einem Ausflug seiner Sonderschule, die von den Beklagten geführt wurde, nach Spanien teil. Wegen seiner Epilepsie musste Trotman rund um die Uhr beaufsichtigt werden und teilte daher ein Zimmer mit dem stellvertretenden Schulleiter. Weil dieser ihn missbrauchte, verlangte er Schadensersatz nach den Regeln von *vicarious liability*. Der Court of Appeal fühlte sich durch den *Salmond test* dazu gezwungen, die Haftung des Schulträgers abzulehnen:

> But in the field of serious sexual misconduct, I find it difficult to visualise circumstances in which an act of the teacher can be an unauthorised mode of carrying out an authorised act, although I would not wish to close the door on the possibility.[592]

Lediglich in den USA vertraten manche Jurisdiktionen schon immer eine weitere Haftung für die Übergriffe von Polizisten.[593]

b. Gründe für die Neubewertung

Sexuelle Übergriffe ereignen sich oftmals, indem der Täter eine Vertrauens- oder Machtposition, die er gegenüber dem Opfer innehat, ausnutzt. Polizisten,

---

[590] Z.B. *Feldhusen*, in *Mullany/Linden*, Torts Tommorrow: A Tribute to John Fleming, 221, 224.

[591] (1999) 28 I.R.L.R. 98.

[592] Per *Butler-Sloss L.J.*, a.a.O., 101.

[593] *A. Todd*, Vicarious Liability For Sexual Abuse, Canterbury Law Journal 8 (2002), 281, 298; *Applewhite v. City of Baton Rouge* 380 So. 2d 119 (La Ct App 1979); *Mary M. v. City of Los Angeles* 814 P. 2d 1341 (SC of Cal 1991).

Lehrer und Betreuungspersonal nehmen häufig solche Positionen gegenüber schutzbe-dürftigen Personen ein. Und obwohl der *Salmond test* dies ignoriert, stellt der Missbrauch der damit einhergehenden Befugnisse ein vorhersehbares und reales Risiko dar. Es ist statistisch gesehen klar, dass eine gewisse Zahl solcher Delikte aus diesen Verhältnissen hervorgeht.

Auch bei Sexualdelikten kann *vicarious liability* eine vorbeugende Wirkung haben, da so ein Anreiz geschaffen wird, solche Vorkommnisse zu verhindern, zum Beispiel durch die Einstellung von besonders zuverlässigem Personal und intensiver Überwachung. Insbesondere wegen der typischerweise langen Zeitspanne, die zwischen dem Vorfall und der Klageerhebung liegt, treten hier im Rahmen von Fahrlässigkeitsklagen gegen die Arbeitgeber regelmäßig Beweisschwierigkeiten auf. Andererseits ist auch schon angesprochen worden, dass durch eine strenge Unternehmenshaftung manche Organisationen ganz von ihrer eigentlich nützlichen Betätigung abgeschreckt werden könnten.[594] So wurde nach diesem Kriterium in manchen US-Jurisdiktionen differenziert: Während Schulträger nicht für Übergriffe von Lehrern haften mussten,[595] musste der Dienstherr von Polizisten für deren Sexualverbrechen einstehen.[596] Der wichtigste Grund für die Neubewertung ist aber wohl das verstärkt empfundene Bedürfnis nach einem brauchbaren und fairen Rechtsbehelf. So ist zum Beispiel in Großbritannien und Neuseeland eine gesetzliche Arbeitgeberhaftung für solche Übergriffe von Arbeitnehmern geschaffen worden. Vergleichbar mit der Konstruktion von § 831 BGB muss der Arbeitgeber dann im Rahmen eines nur schwer zu führenden Entlastungsbeweis darlegen, alles in seiner Macht stehende getan zu haben, um ein solches Delikt zu verhindern.[597] Da auch in diesen Gesetzen das *in the course of the employment*-Erfordernis auftaucht, haben es die Gerichte in diesem Kontext schon längst weiter ausgelegt, um nicht den Gesetzeszweck zu sabotieren.[598]

Bei der Neubewertung ihrer hartnäckigen Treue zum *Salmond test* haben nun manche Common-Law-Jurisdiktionen von dem traditionell restriktiven Ansatz zugunsten eines weiteren Tests Abstand genommen.

---

[594] D III 1 b.

[595] *John R v. Oakland Unified School District* 769 P 2d 948 (SC of Cal 1989); *Boykin v. District of Columbia* 484 A. 2d 560 (1984).

[596] *Applewhite v. City of Baton Rouge* 380 So. 2d 119 (La Ct App 1979); *Mary M. v. City of Los Angeles* 814 P. 2d 1341 (SC of Cal 1991).

[597] Siehe oben, B III 1 c; für Großbritannien vgl. sec. 32(i) des Race Relations Acts 1976 und den Sex Discrimination Act 1975 (sec. 41(i)); für Neuseeland vgl. sec. 68 des Human Rights Acts 1993 und sec. 103(1)(d),(e), 108, 109, 123(d) des Employment Relations Acts 2000.

[598] *Jones v. Tower Boot Co. Ltd.* [1997] I.C.R. 254.

c. Neuere Entwicklung

aa. Ausgangspunkt Kanada

aaa. *Bazley v. Curry*

Der erste und wichtigste Fall in dieser Reihe, der den Wendepunkt markiert, ist *Bazley v. Curry.*[599] Der Sachverhalt dieses Falles war dem von *Trotman* auffallend ähnlich. Die sogenannte Kinder-Stiftung – eine öffentlich finanzierte, nicht gewinnorientierte Organisation – betrieb eine betreute Wohnanlage für emotional gestörte Kinder im Alter von sechs bis zwölf Jahren. Die Stiftung trat in die rechtliche Position der Eltern ein und stattete in dieser Eigenschaft auch ihre Angestellten mit elterlichen Befugnissen aus. Diese sollten als elterliche Bezugspersonen für die Kinder auftreten, was intimere Aufgaben wie Baden und Zubettbringen mit einschloss. Das Kind Bazley wurde dieser Stiftung anvertraut und später von Curry, einem Pädophilen, missbraucht, der von der Stiftung mit der Pflege von Bazley betraut war. Mangels nachweisbarer Fahrlässigkeit auf Seiten der Stiftung bei Einstellung und Überwachung stellte sich die Frage, ob diese aufgrund von *vicarious liability* haftbar war.

In erster Instanz wurde die Haftung mit dem *Salmond test* bejaht. In der zweiten Instanz wurde diese Entscheidung bestätigt, aber nicht mit dem *Salmond test*, sondern mit umfangreichen rechtspolitischen Erwägungen begründet. Mit der Weiterentwicklung dieses Ansatzes führte McLachlin J., die das einstimmige Urteil des Supreme Court of Canada verfasste, neue Grundsätze für *vicarious liability* bei sexuellem Missbrauch ein. Diese sahen in erster Linie einen zweistufigen Test vor. Auf der ersten Stufe sollte geklärt werden, ob Präzedenzfälle eine eindeutige Entscheidung vorgeben.[600] Andernfalls sollte auf einer zweiten Stufe im Lichte rechtspolitischer Erwägungen bestimmt werden, ob in dem Einzelfall *vicarious liability* anzunehmen sei.[601]

Auf der ersten Stufe identifizierte McLachlin J. drei verschiedene relevante Fallgruppen. Die erste betraf Fälle, in denen der Verrichtungsgehilfe den Zielen seines Geschäftsherrn dienen möchte. Die zweite beinhaltete Fälle, in denen durch das Unternehmen eine Spannungslage geschaffen wird, wie beispielsweise bei den Barkeeperfällen. And dritter Stelle zählte sie die Betrugs- und Diebstahlsfälle auf, in denen *vicarious liability* ohne eine Spannungslage und trotz eigennütziger Motivation des Verrichtungsgehilfen angenommen wird.[602] Bei der Betrachtung dieser Gruppen bemerkte sie, dass die Fälle der ersten Gruppe Unfällen ähnelten, die der zweiten immer noch „unfallähnlich"[603] seien, die dritte Gruppe aber diese Charakteristika vermissen lasse. *Vicarious*

[599] (1999) D.L.R. (4th) 45; [1999] 2 S.C.R. 534.
[600] [1999] 2 S.C.R. 534, 545.
[601] A.a.O.
[602] A.a.O., 547.
[603] A.a.O., 548.

liability in der dritten Fallgruppe beruhe allein auf Fairnesserwägungen. Trotzdem verbinde alle Gruppen, dass der Betrieb das Risiko der Deliktsbegehung generiere oder erheblich erhöhe und sich dieses Risiko dann verwirklicht habe. Daher schloss sie, dass die ersten beiden Gruppen „als beschränkte Formulierungen des Unternehmensrisikos, das auch den Fällen unehrlicher Arbeitnehmer unterliegt",[604] verstanden werden können. Weil der *Salmond test* aber nur diese beschränkten Formulierungen im Sinne der ersten beiden Fallgruppen erfasst,[605] folgerte sie, dass seine isolierte Anwendung unzureichend sei, da sie nicht die Gruppe der unehrlichen Arbeiter erklären könne. Von diesem Standpunkt aus erschien *Trotman* als Fehlentscheidung, weil dort die Argumentation ausschließlich auf dem *Salmond test* basiert. Mit Bezug auf Wilson J. führte sie aus: „Surely a distinction is not to be drawn attributing a higher standard to the way society looks after its jewellery than its children."[606] Aus diesem Grund überging sie den *Trotman*-Fall, der eine andere Lösung indiziert hätte.

Auf der zweiten Stufe ging McLachlin J. dann auf rechtspolitische Erwägungen ein. Mit Hinweis auf Fleming identifizierte sie die Verhinderung von zukünftigen Delikten und die Bereitstellung eines brauchbaren und fairen Rechtsbehelfs als die beiden wichtigsten Grundgedanken von *vicarious liability*.[607] Sie führte aus, dass es nur fair sei, wenn das Unternehmen, das das Risiko geschaffen oder wesentlich erhöht habe, dieses auch trage. Auch wenn das Delikt eigennützig motiviert sei, sei die Haftung wegen der überragenden Wichtigkeit der Entschädigung und wegen des Mechanismus der Schadensstreuung gerechtfertigt.[608] Ferner spreche auch das Ziel der Schadensvorbeugung wegen der Nachteile von reiner Fahrlässigkeitshaftung[609] für *vicarious liability*. Außerdem ließen sich diese beiden Ziele mit dem Gedanken des Unternehmensrisikos verbinden. Allerdings gestand sie ein, dass ein Kompromiss gefunden werden müsse, um nicht alle Risiken auf die Unternehmen zu verlagern.

Der folgende und wichtigste Teil ihrer Analyse befasste sich also mit der Frage, unter welchen Umständen eine ausreichend enge Beziehung besteht. Eine fehlerhafte Ausführung der übertragenen Aufgabe sei nicht erforderlich, sondern „[the employment] must materially enhance the risk, in the sense of significantly contributing to it, before it is fair to hold the employer vicariously liable."[610] Für diese Betrachtung entwickelte sie folgende Grundsätze:

> In determining the sufficiency of the connection between the employer's creation or enhancement of the risk and the wrong complained of, subsidiary factors may be considered. These may vary with the nature of

[604] A.a.O., 548.
[605] Siehe oben, D III 1 a, b.
[606] [1999] 2 S.C.R. 534, 550.
[607] A.a.O., 552 f.
[608] A.a.O., 553 f.
[609] Vgl. dazu oben, B III 2 b bb.
[610] [1999] 2 S.C.R. 534, 558 f.

> the case. When related to intentional torts, the relevant factors may include, but are not limited to, the following:
> (a) the opportunity that the enterprise afforded the employee to abuse his or her power;
> (b) the extent to which the wrongful act may have furthered the employer's aims (and hence be more likely to have been committed by the employee);
> (c) the extent to which the wrongful act was related to friction, confrontation or intimacy inherent in the employer's enterprise;
> (d) the extent of power conferred on the employee in relation to the victim;
> (e) the vulnerability of potential victims to wrongful exercise of the employee's power.[611]

Wegen der notwendigen Intimität des Verhältnisses zwischen Bazley und Curry, Bazleys Verwundbarkeit aufgrund seiner körperlichen und geistigen Unterlegenheit und der Befugnisse, die auf Curry übertragen waren, sah das Gericht die Verbindung zwischen Übergriffen und übertragener Verrichtung als ausreichend eng an. Und in der Tat ist eine engere Verbindung wohl nur schwer denkbar.

Der neue sogenannte *close connection test* geht also weiter als der *Salmond test*. Auch wenn dieser schon durch semantisch nicht mehr vertretbare Erweiterungen modifiziert worden war, hat ein Gericht schließlich offen seine Schwächen angesprochen und auch ausgeführt, warum eine weiter gefasste Formel gewählt werden sollte. Hier hat die Gruppe der unehrlichen Angestellten eine bedeutende Rolle gespielt. Zwar hat sich diese als eher untypisch für *vicarious liability* herausgestellt,[612] trotzdem ist sie mit der Zeit ein integraler Bestandteil dieser Rechtsfigur geworden. In der Tat ist es in diesem Zusammenhang auch nicht einzusehen, warum ein Geschäftsherr für einen Verrichtungsgehilfen, der einen Pelzmantel stiehlt, nicht aber für einen, der eine ihm anvertraute Person misshandelt, haftbar sein soll.

Es ist allerdings unglücklich, dass diese schlüssige neue Betrachtungsweise nur dann Anwendung finden soll, wenn das Fallrecht unklar ist.[613] Vielmehr hätte nach der Argumentation von *Bazley* eine Neubewertung für alle vorsätzlichen Delikte nahe gelegen, wo der *Salmond test* als unbefriedigend empfunden wurde. In *Jacobi v. Griffiths*[614] hat McLachlin J. dann auch den Rückgriff auf die zweite Stufe des neuen Tests dort befürwortet, wo das Fallrecht im Lichte der rechtspolitischen Erwägungen nicht zufriedenstellend war.[615] Dies erscheint

---

611 A.a.O., 560.
612 Siehe oben, D I 2 c, D III 3.
613 *A. Todd*, Vicarious Liability For Sexual Abuse, Canterbury Law Journal 8 (2002), 281, 294; *Des Rosiers*, From Precedent To Prevention – Vicarious Liability For Sexual Abuse, Tort Law Rev. 8 (2002), 27, 29.
614 [1999] 2 S.C.R. 570.
615 A.a.O., 573.

auch sinnvoller. Während die höchsten Common-Law-Gerichte natürlich Stellung zu den existierenden Präzedenzfällen nehmen müssen, bleibt es ihnen unbenommen, ihre eigenen Entscheidungen zu revidieren.

bbb. *Jacobi v. Griffiths*

Die Faktoren, die in *Bazley* präsentiert wurden, konkretisieren eindeutig die noch abstrakteren rechtspolitischen Erwägungen. Dass sie damit aber noch keine klare Abgrenzung ermöglichen, wird eindrucksvoll von einer Entscheidung desselben Gerichts in derselben Zusammensetzung vom selben Tag wie *Bazley v. Curry* verdeutlicht:

In *Jacobi v. Griffiths*[616] bot der Boys' and Girls' Club, ebenfalls eine nicht gewinnorientierte Organisation, Freizeitaktivitäten für Kinder an. Griffiths war als Programmdirektor angestellt. Seine Aufgaben umfassten die Organisation des Angebots und die Leitung des ehrenamtlichen Personals. Seine Arbeitgeber ermutigten ihn, Freundschaften mit den Kindern zu entwickeln, und er nahm laut erster Instanz eine "gottgleiche" Position ein, vor allem zu zwei Kindern. Diese Kinder missbrauchte er außerhalb seiner Arbeitszeit und des Clubgeländes, nach weniger schwerwiegenden vorangegangenen Vergehen innerhalb der Arbeitszeit und des Clubgeländes.

Offensichtlich war hier die Verbindung zwischen der Arbeit und dem Übergriff nicht ganz so eng wie in *Bazley v. Curry*. Bei der Anwendung der in diesem Fall entwickelten Grundsätze konnten sich die Richter nicht einigen, ob der Club nun haftbar für die sexuellen Übergriffe durch Griffiths war oder nicht. Mit einer Mehrheit von vier zu drei Stimmen entschied sich das Gericht gegen *vicarious liability*. Binnie J., der die Ansicht der Mehrheit vertrat, rechtfertigte die Entscheidung mit zwei alternativen Argumentationsansätzen. Zunächst untersuchte er das existierende Fallrecht und kam zu dem Schluss, dass es eine schlüssige und negative Antwort für diese Situation gab:

> Unless we seek to overrule rather than explain the existing law, I conclude as a result of the first step of the Children's Foundation analysis that the existing case law does not support the imposition of vicarious no-fault liability on the respondent in this appeal.[617]

Ungeachtet dessen begab er sich auch auf die zweite Stufe der Prüfung, die rechtspolitische Betrachtung. Zu dem Entschädigungsgedanken bemerkte er, dass dieser fairerweise nur dann durchdringen könne, wenn der Arbeitgeber die Kosten weitergeben könne.[618] In dem vorliegenden Fall schlug die Schadens-

---

[616] [1999] 2 S.C.R. 570.
[617] A.a.O., 610.
[618] A.a.O., 613.

streuung aber fehl, da eine ehrenamtliche Organisation betroffen war. Daher billigte er dem Gedanken der Entschädigung nur geringe Überzeugungskraft zu.[619] Auch den Abschreckungsgedanken bewertete Binnie J. angesichts der Tatsache, dass auch die Aussicht strafrechtlicher Sanktionen bei dem Täter versagt haben, eher skeptisch. Außerdem bemerkte er, dass Haftung in diesem Kontext wahrscheinlich die Betreiber des Clubs von einem ehrenamtlichen Engagement überhaupt abhalten werde. Da er also die rechtspolitischen Erwägungen in diesem Fall für nicht sehr durchschlagend hielt, stellte er fest, dass die einzelnen subsidiären Faktoren des *close connection tests* mit „angemessener Beständigkeit"[620] angewandt werden müssten. Hierbei beschränkte er sich darauf darzustellen, dass die Verbindung hier nicht so eng gewesen sei wie in *Bazley v. Curry*: Griffiths Arbeit habe keine so große Intimität zu den Kindern beinhaltet, auch wenn er Freundschaften eingegangen sei. Er habe keinerlei elterliche Befugnisse gehabt. Die Kinder hätten immer noch ihre Eltern gehabt. Ferner habe der Club keine Heimeinrichtung unterhalten, sondern Freizeitaktivitäten organisiert. Darüber hinaus seien die Kinder nicht ganz so verwundbar wie Bazley gewesen und schließlich hätten die Übergriffe außerhalb des Clubgeländes und der Arbeitszeit stattgefunden. Wegen dieser loseren Verbindung und wegen seiner Zweifel an der Durchschlagkraft der rechtspolitischen Erwägungen in diesem Einzelfall entschied sich Binnie J. mit der Mehrheit gegen *vicarious liability*.

McLachlin J. vertrat die Gegenansicht. Hinsichtlich des Fallrechts kam sie zu dem Schluss, dass es sowohl unschlüssig als auch unbefriedigend sei. Auf der zweiten Stufe des *Bazley*-Tests wandte sie sich sofort den einzelnen Merkmalen der Schaffung oder wesentlichen Erhöhung eines Risikos zu. Sie führte aus, dass der Club Griffiths in die besondere Position eines Betreuers eingesetzt habe, aufgrund derer er besondere Beziehungen mit den Kindern habe eingehen können. Auch wenn die Übergriffe nicht den Zielen des Clubs gedient hätten, sei Griffths doch dazu ermuntert worden, freundschaftliche Beziehungen mit den Kindern aufzubauen. Sie hob weiterhin hervor, dass Griffiths aus dem intellektuellen Gefälle und dem Altersunterschied eine erhebliche Machtposition abgeleitet habe, selbst wenn er keine elterlichen Befugnisse ausgeübt habe. Ferner seien Kinder immer verwundbarere Individuen als die meisten anderen. Die fehlende zeitliche und örtliche Verbindung wertete sie als entgegenstehenden Indikator, der aber nicht ausschlaggebend sei. „Die Delikte lediglich als Vorfälle, die in Griffiths Haus passierten, zu behandeln, würde den sorgfältigen Plan, den Griffiths verfolgte, missachten."[621] Nachdem sie ein paar Beispiele für zu lose Verbindungen gegeben hatte, wie beispielsweise den Fall eines Arbeiters, der einen Mitarbeiter einlädt und dann verletzt, kam sie zu dem Schluss, dass hier

---

[619] A.a.O.
[620] A.a.O., 617: „appropriate firmness".
[621] A.a.O., 586.

tatsächlich eine ausreichend enge Verbindung bestehe, also die Arbeit das Risiko des Delikts erheblich erhöht habe.

ccc. Analyse

Aus dem Vergleich dieser beiden gegensätzlichen Ansichten wird deutlich, dass die Bestimmung einer ausreichend engen Verbindung eine Wertungsfrage bleiben wird. Es sind letztlich wohl beide Ergebnisse auf Grundlage von *Bazley v. Curry* vertretbar.

Das erste Problem hat sich auf der ersten Stufe des Tests gezeigt. Diese ist in *Bazley v. Curry* unglücklich formuliert. Statt einer unklaren Rechtslage reicht wohl schon eine unbefriedigende aus, um zu der zweiten Stufe des Tests zu gelangen. Daher ist schon auf dieser Stufe eine rechtspolitische Bewertung existierenden Fallrechts angebracht.

Die zweite Stufe hat sich in *Jacobi v. Griffiths* ebenfalls als vieldeutig erwiesen. Allerdings beinhaltet sie entgegen mancher Kritik[622] neben einer rechtspolitischen Diskussion den Versuch, einen klaren Rechtssatz zu entwickeln. Denn sie leitet aus der Diskussion das Erfordernis einer engen Verbindung ab und zählt, wenn auch nicht abschließend, mehrere subsidiäre Faktoren auf. *Bazley v. Curry* ist daher ein Versuch, so viel Klarheit wie möglich zu schaffen. Und eine unbefangene Anwendung der dort entwickelten Grundsätzen hätte wohl auch in *Jacobi* zu *vicarious liability* führen müssen. Die rechtspolitische Analyse von Binnie J. erscheint nämlich in zwei Punkten durchaus fragwürdig. Zum einen ist nicht ganz nachvollziehbar, warum ein fairer Schadensausgleich mit der Möglichkeit, den Schaden weiterzugeben, stehen und fallen soll. Vielmehr könnte die Verlagerung nach *Bazley v. Curry* auch schon deshalb gerecht sein, weil das Unternehmen ein entsprechendes Risiko geschaffen oder erhöht hat.[623] Im übrigen steht es dem Club auch offen, einen entsprechenden Versicherungsschutz zu erwerben. Zum anderen ist auch der Schluss, dass gemeinnützige Unternehmen wegen potentiell negativer Auswirkungen auf ihre Betätigung weitgehende Immunität genießen sollen, nicht mit *Bazley v. Curry* zu vereinbaren. Dort war sich das Gericht noch in diesem Punkt einig: „[T]he suggestion that the victim must remain remediless for the greater good smacks of crass and unsubstantiated utilitarianism.“[624] Schließlich wird die Grenze von *vicarious liability* in diesem Fall deutlich hinter der Gruppe von Verrichtungsgehilfen, die elterliche Befugnisse ausüben, gezogen. Daher scheint die Minderheitsauffassung in *Jacobi* schlüssiger zu sein.

In der Literatur wurde *Bazley v. Curry* als eine bessere Grundlage für *vicarious liability* als die alte, vom *Salmond test* dominierte Rechtslage

[622] Z.B. *Foster*, Vicarious liability – back to basics, Solicitors Journal 145 (2001), 554, 555 und *Lister v. Hesley Hall Ltd.* [2001] 2 All E.R. 769, 792 per *Lord Hobhouse*.
[623] [1999] 2 S.C.R. 534, 554.
[624] Per *McLachlin J.*, in *Bazley v. Curry* [1999] 2 S.C.R. 534, 566.

begrüßt.[625] Schon vor dieser Entscheidung war eine Wende in der Rechtsprechung von vielen nordamerikanischen Autoren gefordert worden.[626] In allen diesen Beiträgen war von Kriterien wie *enterprise risk* oder *job-created power* beziehungsweise *job-created access* die Rede und alle hätten wohl in einem Fall wie *Jacobi v. Grifftiths* auch *vicarious liability* angenommen. Aber außerhalb von umfassender Betreuung ist es wohl auch weiterhin schwer, Aussagen über die Voraussetzungen von *vicarious liability* zu treffen. In dieser Hinsicht stellte Feldhusen in seiner Stellungnahme zu *Bazley v. Curry* fest, dass „dies weniger ein Lob der Qualität der neuen Entscheidung, sondern eher ein Tadel des haarsträubenden vorherigen Rechtszustands ist, der es Gerichten erlaubt hat, jemals vicarious liability abzulehnen.“ [627] Eine weitere Ausdehnung von *vicarious liability* kann daher immer noch auf diesem Gebiet stattfinden.

Zwischenzeitlich ist *Bazley v. Curry* in weiteren kanadischen Entscheidungen angewandt worden. In *John Doe v. Bennett*[628] missbrauchte ein katholischer Priester zahlreiche Messdiener und Kinder aus einer Gemeindeband. McLachlin C.J.C., die das einstimmige Urteil des Supreme Court of Canada verfasste, hielt die Kirchenkörperschaft sowohl für direkt haftbar als auch nach den Grundsätzen von *vicarious liability*. Bezugnehmend auf zwei widersprüchliche Entscheidungen von Berufungsgerichten zu ähnlichen Sachverhalten, *K. (W) v. Pornbacher*[629] und *M. (FW) v. Mombourquette*,[630] stellte sie fest, dass die Rechtslage unklar sei. Auf der zweiten Stufe des *Bazley*-Tests nutzte sie die Gelegenheit klarzustellen, dass es für gemeinnützige Organisationen keine Immunität von *vicarious liability* gebe.[631] Dann ging sie auf die Machtstellung eines Priesters in der Gesellschaft des ländlichen Kanadas ein, die auf der Kirchenzugehörigkeit basiere und ihn zu einer zentralen moralisch und psychologisch überlegenen Figur mache. Aufgrund dieser Umstände nahm das Gericht eine ausreichend enge Beziehung zwischen Delikt und beruflicher Tätigkeit an. Zumindest in Kanada ist *vicarious liability* damit nun über Fälle von betreutem Wohnen hinaus ausgedehnt worden und erstreckt sich wohl auf alle Fälle, in

---

[625] Z.B. *Cane*, Vicarious Liability For Sexual Abuse, L.Q.R. 116 (2000), 21, 24; *Des Rosiers*, From Precedent To Prevention – Vicarious Liability For Sexual Abuse, Tort Law Rev. 8 (2002), 27, 30; *Feldhusen*, Vicarious Liability For Sexual Abuse, Tort L.Rev. 9 (2001), 173, 175; *Tobin*, Vicarious Liability: Recent Developments, N.Z.B.L.Q. 7 (2001), 196, 199.

[626] *Feldhusen*, in *Mullany/Linden*, Torts Tommorrow: A Tribute to John Fleming, 221; *Weber*, 'Scope of Employment' Redifined: Holding Employers Vicariously Liable for Sexual Assaults Committed by Their Employees, Minn.L.Rev. 76 (1992), 1513; *Sykes*, The Boundaries Of Vicarious Liability: An Economic Analysis Of The Scope Of Employment Rule And Related Doctrines, Harv.L.Rev. 101 (1988), 563.

[627] *Feldhusen*, Vicarious Liability For Sexual Abuse, Tort L.Rev. 9 (2001), 173, 175.

[628] [2004] 1 S.C.R. 436.

[629] (1997) 32 B.C.L.R. (3d) 360 (BC CA).

[630] (1996) 152 N.S.R. (2d) 109 (NS CA).

[631] [2004] 1 S.C.R. 436, Rn. 24. Vgl. auch *McLachlin C.J.C.*, in *Blackwater v. Plint* [2005] S.C.C. 58, Rn. 39-44, wo sie eine Entscheidung des BC CA kassierte, die sich auf die *doctrine of charitable immunity* stützte.

denen jemand mit der Fürsorge für verletzliche Personen betraut wird und seine Position innerhalb seiner Arbeitszeit oder dem Arbeitsgelände ausnutzt.

bb. *Lister v. Hesley Hall Ltd.*

Zwei Jahre nach *Trotman* bekam das House of Lords dann die Gelegenheit, zu *vicarious liability* für Sexualdelikte Stellung zu nehmen. In *Lister v. Hesley Hall Ltd.*[632] betrieb die Beklagte eine Schule. Außerdem betrieb sie eine Heimunterbringung für Schüler mit Emotions- und Verhaltensstörungen, für deren Leitung ein Herbergsvater eingestellt wurde. In seinen Zuständigkeitsbereich fiel die Aufsicht über die dort untergebrachten Schüler, die Verwaltung ihres Taschengeldes, Einhaltung der Ruhezeiten, Aufrechterhaltung der Ordnung sowie die Entscheidung über Freizeit am Wochenende. Im Laufe der Zeit missbrauchte er diese Schüler systematisch.

Das House of Lords verwarf einstimmig *Trotman* und entschied zugunsten von *vicarious liability*. Interessanterweise verzichteten die Richter aber auf eine rechtspolitische Diskussion, sondern stellten die Entscheidung als eine Deduktion von existierendem Fallrecht dar. Dabei beriefen sie sich insbesondere auf *Lloyd v. Grace, Smith & Co.*[633] und *Morris*.[634] Nur Lord Steyn – und mit ihm Lord Hutton – versuchte den *Salmond test* anzuwenden, obwohl auch er vor einer mechanischen Anwendung warnte.[635] Die anderen relativierten diesen Test ausdrücklich für vorsätzliche Delikte als „nicht zu genau zu nehmen“,[636] „eine Faustregel, die […] nicht den fundamentalen Aspekt repräsentiert“,[637] oder nur als „nicht geglückt formuliert, wenn er als Test für *vicarious liability* bei Vorsatzdelikten dienen soll“.[638] Damit war der Weg geebnet, den unglücklichen *Trotman*-Fall, der, wie gesehen, auf einer wortgetreuen Auslegung des *Salmond test* beruhte,[639] zu verwerfen. Die Folgefrage, unter welchen Umständen *vicarious liability* anzunehmen ist, beantworteten die Richter unterschiedlich.

Lord Steyn betonte, dass die Grundsätze von *Morris* und *Lloyd* allgemeine Prinzipien des Deliktsrecht seien.[640] Und dies sei in *Trotman* übersehen worden. Im Folgenden kam er zum Ergebnis, es existiere eine “very close connection between the torts of the warden and his employment. After all, they were committed in the time and on the premises of employers while the warden was

---

[632] [2001] 2 All E.R. 769.
[633] [1912] A.C. 716.
[634] *Morris v. C. W. Martins & Sons Ltd.* [1966] 1 Q.B. 716; [1965] 2 All E.R. 725.
[635] [2001] 2 All E.R. 769, 775.
[636] Per *Lord Clyde*, a.a.O., 788.
[637] Per *Lord Hobhouse*, a.a.O., 792.
[638] Per *Lord Millett*, a.a.O., 795.
[639] Siehe oben, D III 7 a.
[640] [2001] 2 All E.R. 769, 779, mit Bezug auf *Photo Productions Ltd. v. Securicor Transport Ltd.* [1980] A.C. 827.

also busy caring for the children."[641] Lord Steyn und Lord Hutton kommen damit sehr nah an die Kriterien des *Bazley*-Falls heran, den sie als „erhellendes Urteil" begrüßten.

Lord Clyde führte aus, dass existierendes Fallrecht (wohl mit Ausnahme von *Trotman*) hier schon zu *vicarious liability* führe. Daher seien *Jacobi* und *Bazley* auch mit britischem Recht, das ebenfalls auf eine enge Verbindung abstelle, im Einklang.

Lord Hobhouse begründete *vicarious liability* anders. Während er die Begrün-dung von *Bazley* einerseits als eine hilfreiche rechtspolitische Erörterung bezeichnete, kritisierte er diese Entscheidung, weil sie keinen klaren Rechtssatz für *vicarious liability* bereitstelle.[642] Er analysierte das Pflichtenprogramm des Geschäftsherrn gegenüber den Opfern, um zu bestimmen, ob die Beziehung zwischen der unerlaubten Handlung und der Anstellung eng genug für *vicarious liability* ist.[643] Er stellte fest, dass der Arbeitgeber eine Beziehung zu dem Kläger eingegangen sei, die ihm spezielle Fürsorgepflichten auferlege.[644] Als weitere Beispiele für solche Verhältnisse nannte er Gefängnisse, Krankenhäuser, Schulen und Grundeigentümer im Verhältnis zu ihren Gästen.[645] Er führte weiterhin aus, dass diese Pflichten über den normalen, der Allgemeinheit geschuldeten Umfang hinausgingen. „If they entrust the performance of that duty to an employee and that employee fails to perform the duty, they are still liable."[646] Deshalb nahm er ebenfalls *vicarious liability* der Schulträgerin für die sexuellen Übergriffe des Herbergsvaters an.

Lord Millett stellte kurz das Konzept des Unternehmensrisikos dar. Aus dem *Salmond test* leitete er das Erfordernis einer hinreichend engen Beziehung zwischen Delikt und den Pflichten des Verrichtungsgehilfen ab. Dabei unterstrich er, dass der Herbergsvater von der Beklagten die Pflicht übernommen habe, auf die Schulkinder aufzupassen. Im Hinblick auf die erwähnten Präzedenzfälle wies er darauf hin, dass die Beklagten jedenfalls haftbar wären, wenn es sich, anstatt um Kinder, um Kartoffelsäcke gehandelt hätte.[647] Daher müsste die Beklagte auch in diesem Fall haftbar sein.

Das House of Lords hat mit dieser Entscheidung ebenfalls einen neuen Test eingeführt.[648] Auch wenn das Gericht dafür kritisiert wurde, die rechtspolitische Diskussion nicht aufgegriffen zu haben, scheint der neue Ansatz auf einer Linie mit *Bazley v. Curry* und *Jacobi v. Griffiths* zu liegen, da alle Richter

---

641 [2001] 2 All E.R. 769, 778.
642 A.a.O., 792.
643 A.a.O., 789-792.
644 A.a.O., 789.
645 A.a.O.
646 A.a.O.
647 A.a.O., 799.
648 *A. Todd*, Vicarious Liability For Sexual Abuse, Canterbury Law Journal 8 (2002), 281, 299 f.; *Foster*, Vicarious liability – back to basics, Solicitors Journal 145 (2001), 554; *Douglas*, Vicarious Liability, Fam.Law (2001), 595, 596.

diese Fälle für vereinbar mit dem eigenen Recht hielten. Mit der Entscheidung, den *Salmond test* nicht zu ernst zu nehmen, konzentrierten sie sich auch auf das Erfordernis einer engen Beziehung und diskutierten ebenfalls Faktoren wie den örtlichen und zeitlichen Zusammenhang mit der Arbeit. Nur Lord Hobhouse wählte eine andere Begründung, die die Pflichten des Geschäftsherrn in den Mittelpunkt rückt. Dieser Ansatz hätte wohl auch die Zustimmung seines australischen Kollegen McHugh J. gefunden, da er die Sprache der *doctrine of non-delegable duties* bemüht.[649] Dieses alternative Konzept hat sich als verwandt mit *vicarious liability* herausgestellt, ist aber dogmatisch klar abgrenzbar, weil es zu *primary liability* führt. Lord Hobhouse war trotzdem der Meinung, dass es sich hier um *vicarious liability* handele. Das House of Lords ist damit dem kanadischen Vorbild gefolgt und hat den Umfang von *vicarious liability* ausgedehnt. Diese Rechtsfigur deckt nun jedenfalls Fälle von Heimbetreuung und wahrscheinlich auch solche, in denen anvertraute und abhängige Personen innerhalb der Arbeitszeit oder des Arbeitsgeländes missbraucht werden, ab.

cc. *New South Wales v. Lepore; Samin v. Queensland; Rich v. Queensland*

Auch der High Court of Australia musste sich mit Fällen von Kindesmissbrauch befassen. Nach *Bazley* und *Lister* kamen drei verbundene Revisionen von den obersten Gerichten aus New South Wales und Queensland vor das Gericht, in denen es um sexuelle Übergriffe von Lehrern auf Schüler in normalen Tagesschulen ging.[650] In *Lepore* wurde ein siebenjähriger Junge von seinem Lehrer mehrmals im Rahmen körperlicher Züchtigung sexuell missbraucht. In *Samin* und *Rich* besuchten zwei Mädchen eine ländliche Grundschule, die von nur einem einzigen Lehrer geführt wurde. Dieser missbrauchte sie mehrmals, was in einem Fall in Vergewaltigung gipfelte. Alle Übergriffe ereigneten sich auf dem Schulgelände während der Schulzeit. In allen diesen Fällen wurde aber in der Tatsacheninstanz die Position des Lehrers und sein Aufgabenbereich nur lückenhaft aufgeklärt. Weil die Verfahren noch vor *Lister* eingeleitet wurden, stützten sich die Klagen auch ursprünglich nicht auf *vicarious liability*, sondern auf das Konzept der *non-delegable duties*. Lepore hatte damit vor dem Court of Appeal of New South Wales Erfolg, während die Klagen von Samin und Rich von dem Court of Appeal of Queensland zurückgewiesen wurden, allerdings mit der Erlaubnis, sie erstinstanzlich unter *vicarious liability*-Gesichtspunkten prüfen zu lassen. Die Richter des High Court prüften sowohl *non-delegable duties* als auch *vicarious liability*. Der Revision aus New South Wales wurde teilweise stattgegeben und ein neues Verfahren angeordnet, während die aus Queensland abge-

---

649 Siehe unten, D III 7 c cc aaa; Vgl. auch *Weekes*, Vicarious Liability For Violent Employees, C.L.J. 63 (2004), 53, 58, der anführt, dass diese Argumentation zu *primary liability* führe.

650 *New South Wales v. Lepore; Samin v. Queensland; Rich v. Queensland* (2003) 195 A.L.R. 412.

wiesen wurden. Das von sieben Richtern gefällte Urteil enthält sechs verschiedene Beiträge und damit sechs verschiedene Rechtsauffassungen. Das Spektrum reicht dabei von überhaupt keiner Haftung für Vorsatzdelikte bis hin zu strenger Haftung für alle Übergriffe eines Lehrers in einer Schule. Obwohl die Rechtslage in Australien dadurch unklarer ist als vorher, lässt sich doch eine gewisse Tendenz in der Einstellung des Gerichts und für künftige Entwicklungen erkennen.

aaa. Die einzelnen Voten

Gleeson C.J. weigerte sich, die *doctrine of non-delegable duties* anzuwenden. Mit der ganz herrschenden Ansicht zu dieser Angelegenheit beschränkte er diese Rechtsfigur auf Fahrlässigkeit. Hinsichtlich *vicarious liability* sprach er *Lloyd, Bazley, Jacobi* und *Lister* und den australischen Präzedenzfall, *Deatons Pty. Ltd. v. Flew,*[651] an. Obwohl er Zustimmung mit den neueren Entscheidungen signalisierte, war er nicht dazu bereit, in ihnen eine Ausdehnung von *vicarious liability* zu sehen. Er führte aus, das Unternehmensrisiko korrespondiere mit den an die Verrichtungsgehilfen übertragenen Pflichten und deshalb äußere sich in Intimität und einem Machtgefälle auch eine ausreichend enge Verbindung.[652] Hinsichtlich sexueller Übergriffe durch Lehrer stellte er fest:

> I do not accept that the decisions in *Bazley*, *Jacobi*, and *Lister* suggest that, in Canada and England, in most cases where a teacher has sexually abused a pupil, the wrong will be found to have occurred within the scope of the teacher's employment. However, they demonstrate that, in those jurisdictions, as in Australia, one cannot dismiss the possibility of a school authority's vicarious liability for sexual abuse merely by pointing out that it constitutes serious misconduct on the part of a teacher.[653]

Folglich kam er zu dem Ergebnis, dass der Missbrauch in den vorliegenden Fällen nur dann zu *vicarious liability* führe, „wenn er berechtigterweise als exzessive Form der Bestrafung angesehen werden kann".[654] Weil er den Ausführungen des Tatrichters keine Antwort hierzu entnehmen konnte, ordnete er für Lepore ein neues Verfahren an und wies die anderen beiden Revisionen ab, da hier eine solche Anordnung schon in zweiter Instanz erfolgt war.

Gaudron J. stimmte ebenfalls mit der Mehrheit ihrer Kollegen darin überein, die Anwendung der *doctrine of non-delegable duties* abzulehnen.[655] *Vicarious liability* für vorsätzliche Delikte charakterisierte sie mit Hinweis auf

---

[651] (1949) 79 C.L.R. 370. Zu dem Sachverhalt dieses Falles vgl. oben, D II.
[652] *New South Wales v. Lepore* (2003) 195 A.L.R. 412, 432 f.
[653] A.a.O., 434.
[654] A.a.O., 435.
[655] A.a.O., 438.

Lloyd und *Morris* als eine Form von *estoppel.*[656] Ferner grenzte sie die vorliegenden Fälle von *Bazley* und *Lister* dadurch ab, dass hier keine gestörten Kinder betroffen seien und statt Heimeinrichtungen normale Tagesschulen.[657] Außerdem kritisierte sie die Risikoanalyse, weil ein erhöhtes Risiko ihrer Meinung zufolge zu direkter Haftung führe.[658] Trotzdem wollte auch sie den *close connection test* angewandt wissen[659] und sprach sich für ein neues Verfahren für Lepore aus und dafür, die anderen Revisionen abzuweisen.

Die am radikalsten von der Mehrheit abweichende Meinung vertrat McHugh J. Als einziger Richter sprach er sich für eine Behandlung der Fälle nach dem Konzept der *non-delegable duties* aus. Unter Berufung auf Lord Denning M.R. in *Morris*[660] sah er sich nicht daran gehindert, diese Rechtsfigur auch auf vorsätzliche Delikte anzuwenden.[661] Weil er mit der herrschenden Meinung eine nicht delegierbare Pflicht zwischen Schulträgern und Schülern annahm, kam er zu dem Ergebnis, dass „[e]s unnötig ist, zu bestimmen, ob [der Lehrer] *in the course of the employment* handelte als er den Kläger missbrauchte".[662] Er diskutierte also nicht die Frage, ob nicht ein entsprechender Filter auch für die *doctrine of non-delegable duties* erforderlich sei. Er bejahte mithin in allen Fällen eine Haftung nach dem Konzept der *non-delegable duties.* Daher hätte er die Revision aus New South Wales verworfen und die anderen beiden zugelassen.

Gummow und Hayne JJ. lehnten das Konzept der *non-delegable duties* für Vorsatzdelikte ab. Sie begründeten dies mit der restriktiven Haltung des High Court zu strikter Haftung und mit dem Erfordernis persönlichen Verschuldens für *primary liability.*[663] Außerdem verhindere eine solche Überschneidung mit *vicarious liability* die geordnete Entwicklung dieser Rechtsfigur.[664] Bezüglich *vicarious liability* gingen sie auf *Lister, Dubai Aluminium, Bazley* und *Jacobi* ein. Dabei akzeptierten sie zwar das Erfordernis einer engen Beziehung,[665] kritisierten aber, dass eine Risikoanalyse nach dem Vorbild dieser Fälle von der eigentlich relevanten Frage ablenke, wofür der Verrichtungsgehilfe eingestellt worden sei.[666] Stattdessen verschiebe sich die Prüfung auf eine Bewertung der Gelegenheit, das Delikt zu begehen.[667] Dabei kritisierten sie explizit, dass nach der Argumentation von McLachlin J. jedes Mal, wenn sich die sexuelle Nötigung am Arbeitsplatz innerhalb der Arbeitszeit ereigne, *vicarious liability*

---

[656] A.a.O., 441 f.
[657] A.a.O., 443.
[658] A.a.O., 446.
[659] A.a.O.
[660] [1965] 2 All E.R. 725, 728 ff.
[661] *New South Wales v. Lepore* (2003) 195 A.L.R. 412, 451. Vgl. oben, C II 2 b und D III 4.
[662] A.a.O., 456.
[663] A.a.O., 479 f.
[664] A.a.O., 480.
[665] A.a.O., 467.
[666] A.a.O.
[667] A.a.O.

angenommen werden müsse.[668] Unzufrieden mit einer solchen Schlussfolgerung führten sie aus, dass man die antithetische Motivationslage und das zweifelhafte Gewicht des Abschreckungsgedankens nicht ignorieren dürfe. Vielmehr seien die meisten Fälle von *vicarious liability* bei vorsätzlichen Delikten auch anders lösbar gewesen. Die Erweiterung über die etablierten Fallgruppen hinaus lasse sich nicht mehr mit dem *in the course of the employment*-Erfordernis vereinbaren. *Vicarious liability* für vorsätzliche Delikte müsse also auf Fälle beschränkt bleiben, in denen die Ziele des Geschäftsherrn gefördert werden sollten oder *ostensible authority* vorliege.[669] Ähnlich wie Gleeson C.J. kamen sie folglich zu dem Ergebnis, dass *vicarious liability* nur dann zu bejahen sei, wenn der Lehrer seinen Pflichten nachgehen wollte, also beispielsweise bei exzessiver Bestrafung.[670]

Auch Kirby J. lehnte das Konzept der *non-delegable duties* zur Lösung dieser Fälle ab. Seiner Ansicht nach ist dieses Konzept subsidiär zu *vicarious liability* und seine Anwendung schon deshalb durch *vicarious liability* gesperrt, weil die Lehrer jeweils Verrichtungsgehilfen gewesen seien.[671] Er begrüßte ausdrücklich die neueren Entwicklungen in Kanada und Großbritannien und wandte ebenfalls den weiter gefassten *close connection test* an, den er als Weiterentwicklung des *Salmond tests* verstand.[672] Hierbei ging er auch auf das Unternehmensrisiko ein und bemerkte: „In the case of an educational authority, involving immature and vulnerable pupils, the risk, although small, is one that may be inherent in the conduct of the particular employer's enterprise."[673] Daher hielt auch er jeweils neue Verfahren für notwendig, um diese Frage zu klären.

Callinan J. vertrat schließlich eine Ansicht, die auf der McHugh J. entgegengesetzten Seite des Spektrums anzusiedeln ist. Mit der Argumentation von Gleeson C.J. lehnte er *non-delegable duties* als Lösung ab und führte dann näher aus, was Gummow und Hayne JJ. schon angedeutet hatten. Seiner Ansicht zufolge kommt *vicarious liability* bei vorsätzlichem, kriminellem Verhalten niemals in Frage. Er lehnte *Lister* mit der Begründung ab, diese Entscheidung führe zu inakzeptabeler Unsicherheit.[674] Darüber hinaus solle *Morris* auf entgeltliche Verwahrungsfälle beschränkt bleiben und *Lloyd* solle als vertragsrechtlicher Fall verstanden werden.[675] Daher seien alle Revisionen abzuweisen.

---

[668] A.a.O., 467 f.
[669] A.a.O., 471-473.
[670] A.a.O., 472.
[671] A.a.O., 486.
[672] A.a.O., 496.
[673] A.a.O.
[674] A.a.O., 499.
[675] A.a.O.

bbb. Analyse

Die Uneinigkeit der höchsten Richter Australiens zieht sich wie ein roter Faden durch die Deliktsrechtsfälle, die der High Court in letzter Zeit zu entscheiden hatte.[676] In diesem Fall illustrieren die radikal divergierenden Ansichten aber auch die Komplexität der angesprochenen Fragen. Es lässt sich in der Art und Weise, mit der der High Court *vicarious liability* und *non-delegable duties* behandelt, aber ein gewisser Trend erkennen.

Ganz überwiegend hat das Gericht die *doctrine of non-delegable duties* aus dem Bereich der Vorsatzdelikte verbannt. Nur McHugh J. hat eine andere Auffassung vertreten, wobei auffällig ist, das er keine analoge Beschränkung zu dem *in the course of the employment*-Erfordernis für notwendig hält. Wie oben ausgeführt, sollte aber eine solche Beschränkung aus der *doctrine of collateral negligence* abgeleitet werden und diese Rechtsfigur auch bei einer etwaigen Erweiterung auf Vorsatzdelikte begleiten.[677] Das unzureichende Fallrecht im Bereich der Fahrlässigkeit[678] erklärt sich aus der vergleichsweise geringen Bedeutung in diesem Bereich. Bei Vorsatzdelikten hätte ein solcher Filter aber eine sehr viel größere Bedeutung. Deshalb erscheint auch die Einschätzung von Gleeson C.J., dass die Anwendung der *doctrine of non-delegable duties* den Haftungsumfang erweitern würde,[679] nicht unbedingt zwingend. Und vielleicht wäre eine solche Entwicklung angesichts der Probleme, die die *servant*-Definition im Rahmen von *vicarious liability* bereitet, auch wünschenswert. Kirby J. könnte unter Umständen dahingehend verstanden werden, da er das Konzept der *non-delegable duties* als subsidiär zu *vicarious liability* ansieht. Insbesondere könnte eine solche Entwicklung auf diesem Gebiet auch deshalb nahe liegen, weil sich *non-delegable duties* aus einer besonderen Gefährdungslage und Verletzlichkeit ergeben.[680] Trotzdem scheinen sich *non-delegable duties* in Australien in „einem Belagerungszustand zu befinden".[681] Jedenfalls in Australien hat sich insgesamt eine beklagtenfreundliche Rechtsprechung heraus-

---

676 Vgl. *Luntz*, Round-up of Cases in the High Court of Australia in 2003, T.L.J. 12(1) (2004), 1, mit einem Überblick über die 18 deliktsrechtlichen Fälle, die der HCA im Jahre 2003 behandelt hat; insb. Rn. 54.

677 Vgl. oben, C II 2 b; *Meah/Petchey*, Liability of Churches and Religious Organizations for Sexual Abuse of Children by Ministers of Religion, C.L.W.R. 34 (2005), 39, 51.

678 Siehe oben, C II 2 a.

679 (2003) 195 A.L.R. 412, 242, 425.

680 Siehe oben, C II 2 b und *Wangmann*, Liability for institutional child sexual assault: where does Lepore leave Australia? M.U.L.R. 28 (2004), 169, 198 f. Außerdem *Glofcheski*, A frolic in the law of tort: Expanding the scope of employer's vicarious liability, Tort L.Rev. 12 (2004), 18, 27.

681 *White/Orr*, Case Notes: Precarious liability: The High Court in *Lepore*, *Samin* and *Rich* on school responsibility for assaults by teachers, T.L.J. Lexis 11(2) (2003), 101, Rn. 33.

gebildet, die eine solche Entwicklung in näherer Zukunft unwahrscheinlich erscheinen lässt.[682]

Hinsichtlich *vicarious liability* lässt sich jedenfalls festhalten, dass diese Rechtsfigur für das passende Instrument bei der Behandlung von sexuellen Übergriffen gehalten wird. Außerdem hat die große Mehrheit des Gerichts eine Haftung für Lehrer in diesem Bereich nicht kategorisch ausgeschlossen. Nur Callinan J. entwirft ein gegensätzliches Konzept, das weder der geltenden Rechtslage entspricht noch seine Kollegen überzeugt hat. Nach der ganz überwiegenden Ansicht schließt *vicarious liability* auch manche kriminellen Delikte ein. Während Gummow und Hayne JJ. den traditionell restriktiven Standpunkt verteidigen, ist die Position von Gleeson C.J., Kirby und Gaudron JJ. weniger klar. Es scheint, dass sich Gleeson C.J. nur verbal der weitergehenden Risikoanalyse angeschlossen hat.[683] Statt dessen wendet er offensichtlich den *Salmond test* an, wenn er zu dem Ergebnis kommt, dass allenfalls übertriebene Bestrafung noch eine hinreichend enge Verbindung zur Anstellung aufweisen könne. Daher ist seine Ansicht sehr nah an der von Gummow und Hayne JJ. Gaudron J. spricht zwar von der dogmatischen Konstruktion der Haftung in Form eines *estoppels*, lässt die Voraussetzungen aber weitgehend unerwähnt. Mit ihrer kritischen Haltung zu dem Konzept des Unternehmensrisikos zieht sie die Grenzen von *vicarious liability* aber wohl enger als ihre kanadischen und britischen Kollegen. Kirby J. wendet dieses Konzept andererseits an. Er scheint sich daher auf einer Linie mit *Bazley* und *Lister* zu befinden und – abgesehen von McHugh J. – den weitesten Haftungsumfang zu befürworten. Aufgrund der stark divergierenden Meinungen der höchsten Richter und der unvollständigen Aufklärungsarbeit in der ersten Instanz bleibt die Rechtslage in Australien aber unklar. Die einzelnen Argumentationen spiegeln aber mehrheitlich eine größere Zurückhaltung wider. *Bazley* und *Lister* sind also in Australien mehrheitlich skeptisch aufgenommen worden. Auch wenn sie nicht kategorisch abgelehnt wurden, sind sie jedenfalls nicht auf große Gegenliebe gestoßen. Die Verbindung, die der High Court of Australia im Auge hat, ist wohl eine engere als diese Fälle für ausreichend erachtet hätten.

dd. *S. v. Attorney-General*

Die Entscheidung des neuseeländischen Court of Appeal in *S. v. Attorney-General*[684] ist schon erwähnt worden.[685] Die Pflegeeltern wurden als *agents* des

---

[682] *White/Orr*, a.a.O.; *Vines*, New South Wales v. Lepore; Samin v. Queensland; Rich v. Queensland – Schools' Responsibility for Teachers' Sexual Assault: Non-Delegable Duties and Vicarious Liability, M.U.L.R. 27 (2003), 612, 618, 625.

[683] *Wangmann*, Liability for institutional child sexual assault: where does Lepore leave Australia? M.U.L.R. 28 (2004), 169, 177, 188.

[684] [2003] 3 N.Z.L.R. 450.

[685] Siehe oben, C III 2 e.

Familienministeriums behandelt, so dass im Folgenden die Frage geklärt werden musste, ob sich die sexuellen Übergriffe *in the course of agency* abspielten. Im Gegensatz zu dem High Court of Australia übernahm der neuseeländische Court of Appeal *Bazley* und *Lister* ohne große Bedenken.[686] Obwohl sich der Sachverhalt von diesen Fällen darin unterschied, dass weder Arbeitnehmer noch eine private Organisation betroffen waren, sah das Gericht kein Hindernis für eine Analogie:

> By analogy with the facts in the Canadian cases and in *Lister*, we have no doubt that it can, and that such abuse was sufficiently connected with the purpose of parenting for which the placements were made, even though it was absolutely contrary to the intentions of the department. The foster parents were empowered to exercise full-time parenting control over BS in the course of which they were expected to supervise or assist him in intimate activities. He was therefore particularly vulnerable to a wrongful exercise of power by the persons to whom the department had entrusted him. There was always a risk of sexual abuse of a foster child from a foster parent [...].[687]

Hinsichtlich der abstrakteren rechtspolitischen Ziele, die McLachlin J. in *Bazley v. Curry* angesprochen hatte, stimmten die Richter darin überein, dass die Allgemeinheit, in deren Verantwortung die Betreuung von Waisen und hilfsbedürftigen Kindern fiel, den Schaden tragen solle, da sonst kein Schadensausgleich denkbar sei. Außerdem drückten sie die Hoffnung aus, dass *vicarious liability* zu verstärkten Vorsichtsmaßnahmen in der Zukunft beitrage.[688] Dieser Effekt dürfte zwar in Neuseeland nur sehr beschränkt zu erwarten sein, weil dort durch den Injury Prevention, Rehabilitation and Compensation Act 2001[689] und seine Vorgängergesetze Common-Law-Klagen für alle Übergriffe nach 1974 gesperrt sind.[690] Es hat sich aber gezeigt, dass gerade in diesem Bereich oft sehr große Zeiträume zwischen Klageerhebung und dem Vorfall liegen, da die Opfer häufig den Tod der Täter abwarten. In Neuseeland, Kanada und möglicherweise auch in Großbritannien werden sie nun durch die neue Rechtslage dazu ermutigt, Schadensersatz zu verlangen, und damit auch zu einer Aufklärung und Verbesserung der Situation der Kinderbetreuung in diesen Ländern beizutragen.

---

[686] Vgl. *S. Todd*, Tort actions by victims of sexual abuse, Tort L.Rev. 12 (2004), 40, 48.
[687] [2003] 3 N.Z.L.R. 450, 469 f. per Blanchard J. mit dem einstimmigen Urteil zu diesem Punkt.
[688] A.a.O., 470.
[689] Sec. 317(1).
[690] Vgl. *A. Todd*, Vicarious Liability For Sexual Abuse, Canterbury Law Journal 8 (2002), 281, 301 f.

d. Schlussbemerkung

Die erst in jüngerer Zeit aufgetretene Fallgruppe von sexuellem Missbrauch hat wieder Bewegung in die Diskussion um den Haftungsumfang von *vicarious liability* gebracht. Dabei ist der *Salmond test* in Frage gestellt und für diese Fallgruppe schließlich aufgegeben worden. Trotz einiger hartnäckiger Versuche, insbesondere im House of Lords, die Haftung mit diesem Test zu vereinbaren,[691] bilden *Bazley*, *Lister* und *S. v. Attorney-General* eine neue Fallgruppe außerhalb des *Salmond tests*. Einige Zeit, nachdem die Parlamente Antidiskriminierungsgesetze verabschiedet hatten, die zu einer Arbeitgeberhaftung führten, scheint nun auch das Common Law nachgezogen zu haben.

In dogmatischer Hinsicht lässt sich außerdem noch feststellen, dass das Konzept der *non-delegable duties* trotz vereinzelter Sympathiebekundungen für die Lösung solcher Fälle abgelehnt wurde. Auch wenn es einige Vorteile mit sich bringt – wie zum Beispiel die Loslösung von *employment contracts* – scheint es als untrennbar mit Fahrlässigkeit verknüpft angesehen zu werden. Für dieses Problem hat *S. v. Attorney-General* eine mögliche Lösung auf Grundlage von *agency* beziehungsweise einer Beziehung *sui generis* aufgezeigt. Allerdings wurde dies mit der Schutzpflicht des Familienministeriums begründet, die ebenso gut für die Annahme von *non-delegable duties* hätte herhalten können.

Das Konzept des Unternehmensrisikos hat sich als solide Grundlage für die Erweiterung von *vicarious liability* erwiesen. In Übereinstimmung mit generellen Fairnesserwägungen – und der ökonomischen Analyse des Rechts – scheint die Schaffung eines Risikos oder dessen erhebliche Erhöhung die Verlagerung der Haftung auf das verantwortliche Unternehmen zu rechtfertigen. Außerhalb solcher Fälle, wo lediglich das Mitleid mit den Opfern überwiegt, existieren in vielen Ländern besondere Fonds zur Entschädigung.[692] Die Existenz solcher Fonds und Ausgleichsmöglichkeiten sollte bei der Bewertung der Rolle des Deliktsrechts und insbesondere *vicarious liability* bei solchen tragischen Verbrechen beachtet werden. Die Sachverhalte in den dargestellten Fällen reflektieren aber alle ein beachtliches Risiko des Missbrauchs der von der Organisation abgeleiteten Macht. In allen diesen Fällen hatten die Täter eine autoritäre Position über die Opfer inne und pervertierten ihre Schutzpflichten. Es erscheint in diesem Licht aber zweifelhaft, ob sich die Grundsätze aus *Bazley* und *Lister* auch auf andere Fallgruppen übertragen lassen, oder ob sie dort irgendwelche Auswirkungen hätten.

---

[691] Vgl. oben D III 7 c bb.

[692] *Wangmann*, Liability for institutional child sexual assault: where does Lepore leave Australia? M.U.L.R. 28 (2004), 169, 201.

8. Die Auswirkungen von *Lister* auf Vorsatzdelikte

Wie sich gezeigt hat, war *vicarious liability* für vorsätzliche Delikte schon immer möglich. *Lloyd* und *Morris* haben den Haftungsumfang dann noch einmal erhebliche erweitert und sind trotz der tendenziellen Zurückhaltung der Gerichte als generelle Prinzipien jedenfalls für ihre jeweiligen Fallgruppen anerkannt worden. Die oben dargestellten Entwicklungen auf dem Gebiet sexueller Übergriffe haben nun anscheinend eine weitere Ausdehnung der Haftung für Vorsatzdelikte bewirkt.

Lister und *Bazley* sind gemeinhin als eine großzügigere Auslegung des *course of the employment* verstanden worden, die statt der wortgetreuen Anwendung des *Salmond tests* eine enge Beziehung in den Mittelpunkt der Betrachtung rückt. Deshalb haben sich Gerichte in der Folgezeit gerne auf *Lister* bezogen, anstatt darauf zu bestehen, dass auch kriminelle Handlungen eine fehlerhafte Aufgabenerfüllung sein können. So wurde beispielsweise auch in *Dubai Aluminium*,[693] einem Fall von Betrug und Bruch eines *trusts*,[694] auf *Lister* Bezug genommen. Lord Nicholls Begründung, mit der Lord Hutton, Lord Hadley und Lord Hobhouse übereinstimmten, illustriert diese neue Herangehensweise eindrucksvoll. Bei der Behandlung von *vicarious liability* (unter sec. 10 des (UK) Partnership Acts 1890) nahm er zunächst zu den rechtspolitischen Zielen Stellung:

> The underlying legal policy is based on the recognition that carrying on a business enterprise necessarily involves risks to others. [...] It is fair to allocate risk of losses thus arising to the businesses rather than leave those wronged with the sole remedy, of doubtful value, against the individual employee who committed the wrong. To this end, the law has given the concept of "ordinary course of employment" an extended scope. If, then, authority is not the touchstone, what is? [...] Perhaps the best general answer is that the wrongful conduct must be so closely connected with acts the partner or employee was authorised to do that, for the purpose of the liability of the firm or the employer to third parties, the wrongful conduct *may fairly and properly be regarded as done by the partner* while acting in the ordinary course of the firm's business or the employee's employment. Lord Millett said as much in *Lister v. Hesley Hall Ltd* [2002] 1 AC 215, 245.[695]

Auch Lord Millett argumentierte, dass die Gehilfenhaftung für Vorsatzdelikte losgelöst vom *Salmond test* aus einem weiteren Blickwinkel zu betrachten sei.

---

[693] *Dubai Aluminium Ltd. v. Salaam* [2003] 2 A.C. 366.
[694] Vgl. oben, D III 3.
[695] [2003] 2 A.C. 366, 377.

> In *Lister v. Hesley Hall Ltd* [2002] 1 AC 215 several of your Lordships *observed* that the traditional Salmond test for determining whether an employee's act was in the course of his employment is not happily expressed when applied to the case of intentional or fraudulent wrongdoing. [...] If regard is paid to the closeness of the connection between the employee's wrongdoing and the class of acts which he was employed to perform, or to the underlying rationale of vicarious liability, there is no relevant distinction to be made between performing an act in an improper manner and performing it for an improper purpose or by an improper means.[696]

In diesem Fall hätten die Gerichte wohl auch ohne die Hilfe von *Lister vicarious liability* bejaht, da der *Salmond test* in dieser Fallgruppe ohnehin nur pro forma angewandt wurde.[697]

Allerdings hat diese neue Rechtsprechung nun auch normale Körperverletzungen erfasst. Auf diesem Gebiet ist der *Salmond test* bislang sehr wohl angewandt worden und hat auch zu einer praktikablen Abgrenzung geführt. In *Mattis v. Pollock (trading as Flamingos Nightclub)*[698] beschäftigte Pollock, der Beklagte, in seinem Nachtclub einen Türsteher namens Cranston. Der Beklagte verlangte von seinem Türsteher, notfalls auch mit Gewalt für Ordnung in dem Club zu sorgen, und begrüßte ausdrücklich die aggressive und einschüchternde Art, mit der Cranston seiner Arbeit nachging. Bei einer Auseinandersetzung in dem Club provozierte Cranston eine feindliche Reaktion unter den Gästen. Im Rahmen dieser Auseinandersetzung verletzte er einen Gast mit einer Waffe und wurde dann selbst von anderen Gästen, unter anderem von dem Kläger Mattis, angegriffen. Er konnte aber aus dem Club fliehen. Zuhause bewaffnete er sich mit einem Messer und kehrte in die Nähe des Clubs zurück. Aus Vergeltung und um seinen ramponierten Ruf wiederherzustellen, fügte er damit Mattis, den er zufällig antraf, schwere Verletzungen zu, die diesen in einen Zustand dauerhaften Siechtums versetzten. Obwohl dies kaum als fehlerhafte Art, Ordnung im Club herzustellen, betrachtet werden kann und obwohl *Daniels v. Whetstone Entertainments*[699] hier gegen *vicarious liability* zu sprechen schien, hob der Court of Appeal das erstinstanzliche Urteil auf und entschied zugunsten von *vicarious liability*. *Daniels* wurde anhand des Umstandes von dem vorliegenden Fall unterschieden, dass der Clubbetreiber hier besonders aggressives Vorgehen erwartete.[700] Nachdem so der Weg zu einer unbelasteten Betrachtung von *vicarious liability* frei war, stützte sich Judge L.J. primär auf die Anwendung von *Lister* und *Dubai Aluminium*:

---

[696] A.a.O., 400.

[697] Siehe oben, D III 3.

[698] [2004] 4 All E.R. 85.

[699] [1962] 2 Lloyd's Rep. 1, siehe oben, D III 6.

[700] *Mattis v. Pollock (trading as Flamingos Nightclub)* [2004] 4 All E.R. 85, 92.

> The essential principle we derive from the reasoning in the *Lister* and *Dubai Aluminium* cases is that Mr Pollock's vicarious liability to Mr Mattis for Cranston's attack requires a deceptively simple question to be answered. Approaching the matter broadly, was the assault "so closely connected" with what Mr Pollock authorised or expected of Cranston in the performance of his employment as doorman at his nightclub, that it would be fair and just to conclude that Mr Pollock is vicariously liable for the damage Mr Mattis sustained when Cranston stabbed him.[701]

Davon ausgehend führte er weiter aus:

> [F]ollowing the decisions in the *Lister* case [2002] 1 AC 215 and the *Dubai Aluminium* case [2003] 2 AC 366, it is clear that where an employee is expected to use violence while carrying out his duties, the likelihood of establishing that an act of violence fell within the broad scope of his employment is greater than it would be if he were not.[702]

Hier ist der Court of Appeal offensichtlich bereitwillig dem extensiveren Ansatz gefolgt. Nach der alten Rechtslage hätte sich *vicarious liability* schon aufgrund der räumlichen und zeitlichen Zäsur und vielleicht auch wegen der übertriebenen Härte der Gewalt nicht rechtfertigen lassen. Allerdings hätte dieser Fall auch zu einer direkten Haftung des Clubbetreibers geführt, wenn dies geltend gemacht worden wäre, wie Judge L.J. ausführt.[703] Dem Beklagten war die aggressive Einstellung seines Türstehers nämlich bewusst und er unterstützte sie. Außerdem beschäftigte er den Türsteher wissentlich illegal, da dieser nicht lizenziert war.

Dieser Fall stellt demnach eine klare Erweiterung von *vicarious liability* auf dem Gebiet der Körperverletzung dar. Der Privy Council hat diese Tendenz zwischenzeitlich in zwei Fällen bestätigt, in denen jeweils Urteile des jamaikanischen Court of Appeal zugunsten von *vicarious liability* aufgehoben wurden. In *Clinton Bernard v. The Attorney General of Jamaica*[704] wurde *vicarious liability* für einen Polizisten angenommen, der mit einer Dienstwaffe einen Mann in den Kopf schoss, um sich für ein Telefonat Zugang zu einer Telefonzelle zu verschaffen. Nachdem der identifizierte Polizist nicht mehr aufzufinden war, machte der geschädigte Kläger Ansprüche gegen den Staat als den Dienstherrn des Polizisten geltend. Der Privy Council hob die Entscheidung der zweiten Instanz auf und entschied sich unter Anwendung von *Lister* und *Dubai Aluminium* für die Existenz einer ausreichend engen Verbindung und damit für *vicarious liability*. Dabei wurde besonders darauf hingewiesen, dass

---

[701] A.a.O., 90 f.
[702] A.a.O., 93.
[703] A.a.O., 96.
[704] [2004] U.K.P.C. 47; [2004] W.L. 2270264.

der Polizist von seinem Arbeitgeber mit der Waffe ausgestattet worden sei.[705] In *Brown v. Robinson & Sentry Service Co. Ltd.*[706] wurde ein Jugendlicher, der ein Fußballspiel besuchen wollte, von einem Wachmann verfolgt und außerhalb des Stadions von diesem angeschossen, obwohl er sich zu diesem Zeitpunkt schon gestellt hatte. Während sich dasselbe jamaikanische Gericht gezwungen sah, *vicarious liability* abzulehnen, wobei es unter anderem auch auf *Daniels v. Whetstone Entertainments*[707] Bezug nahm, wandte der Privy Council wieder *Lister* und *Dubai Aluminium* an und kassierte diese Entscheidung.

Obwohl es sicherlich zu begrüßen ist, dass sich die Gerichte nicht mehr mit dem *Salmond test* auseinandersetzen müssen, haben sich bei der Anwendung von *Lister* auch einige Schwierigkeiten gezeigt. Erstens ist das Anwendungsfeld dieser Entscheidung unklar. Denn das House of Lords hat in dieser Entscheidung nicht etwa offen die Gehilfenhaftung ausgeweitet, sondern offiziell nur die Rechtslage klar gestellt. Daher beschränken sich die Ausführungen der Richter auch nicht etwa auf sexuelle Übergriffe oder Körperverletzung, sondern sind als allgemeine Bemerkungen zu *vicarious liability* gefasst und damit grundsätzlich auf alle Delikte anwendbar.[708] Zweitens gibt der *close connection test*, so wie er in *Lister* vorgestellt wurde, keinen Hinweis darauf, welcher Grad oder welche Art von Verbindung normalerweise ausreichen soll.[709] Hier müssen sich erst noch Fallgruppen herausbilden.

Es lässt sich also festhalten, dass jedenfalls in Großbritannien vorsätzliche Delikte nicht mehr mit dem *Salmond test*, sondern einem extensiveren Test, dem *close connection test*, bewertet werden. Dabei ist der Anwendungsbereich von *vicarious liability* für Körperverletzung und insbesondere für sexuelle Übergriffe erweitert worden. Bei den übrigen Vorsatzdelikten bleibt unklar, inwieweit dies Auswirkungen auf den Haftungsumfang haben wird.

---

[705] Der BGH hat in einem ähnlichen Fall des Missbrauchs einer Dienstwaffe Haftung aus § 839 BGB abgelehnt; BGHZ 11, 181; *Palandt-Sprau*, § 839, Rn. 181.

[706] [2004] U.K.P.C. 56; [2004] W.L. 3091683.

[707] [1962] 2 Lloyd's Rep. 1, siehe oben, D III 6.

[708] Vgl. Z.B. *Lister v. Hesley Hall Ltd.* [20011] 2 All E.R. 769 f.

[709] Vgl. *Lord Nicholls*, in *Dubai Aluminium Ltd. v. Salaam* [2003] 2 A.C. 366, 377. Außerdem *Glofcheski*, A frolic in the law of tort: Expanding the scope of employer's vicarious liability, Tort L.Rev. 12 (2004), 18, 24 f.

IV. Auswirkungen der neueren Entwicklungen auf *vicarious liability* für Fahrlässigkeit

Während sich die Ausführungen in *Bazley v. Curry* ausdrücklich auf Vorsatzdelikte und insbesondere auf *trepassory torts* beschränken,[710] beinhaltet *Lister* allgemeinere Ausführungen, die anscheinend gleichermaßen für alle Delikte gelten sollen. Ein Grund dafür ist die subtile Rechtsfortbildung des House of Lords. Es wurde vorgegeben, etwas Offensichtliches zu erklären, anstatt das Recht weiterzuentwickeln. So überrascht es nicht, dass Lord Clyde bemerkte:

> Cases which concern sexual harassment or sexual abuse committed by an employee should be approached in the same way as any other case where questions of vicarious liability arise. I can see no reason for putting them into any special category of their own.[711]

Ferner haben manche Richter in diesem Fall bei ihren Begründungen auch auf Fälle fahrlässiger Unfallverursachung wie *Williams v. Hemphill*[712] zurückgegriffen.

Und so hat dann auch der Hong Kong Court of Final Appeal[713] – in *Ming An Insurance Co. (HK) Ltd. v. Ritz-Carlton Ltd.*[714] – *Lister* auf einen fahrlässig verursachten Verkehrsunfall angewandt. Lo war an der Rezeption eines Hotels angestellt. Diese Arbeit brachte es mit sich, dass er gelegentlich als „car jockey“ arbeiten, das heißt Autos von dem Eingangsbereich des Hotels in den Hinterhof fahren musste. Wenn er dort keinen Parkplatz finden konnte, musste er eine längere Route über eine belebte Straße nehmen. Außerdem hatte das Hotel einen Vertrag mit einem Limousinenservice, der auch seine eigenen Fahrer stellte. Nur um diese Limousinen von dem Eingangsbereich wegzufahren, wenn die Fahrer außer Dienst waren, hatte Lo Zugang zu deren Schlüsseln. Aber er besorgte sich die Schlüssel und fuhr zusammen mit einem anderen Angestellten zu einem Restaurant, um Verpflegung für sich und die Belegschaft zu holen. Auf dem Weg verlor er die Kontrolle über das Fahrzeug und fuhr zwei Fußgänger an, die dabei schwer verletzt wurden. Zwar war es der Belegschaft gestattet, Verpflegung von außerhalb zu holen, wenn die Zeit dies erlaubte. Dafür mussten die Bediensteten dann aber entweder ein Taxi nehmen, zu Fuß gehen oder einen lizenzierten Limousinenfahrer überreden, zu fahren.

In den ersten beiden Instanzen wurde zwar der Fahrer für haftbar gehalten, aber *vicarious liability* abgelehnt. Die Versicherung des Fahrers, die aufgrund

---

[710] [1999] 2 S.C.R. 534, 559.

[711] [2002] 1 A.C. 215, 236.

[712] 1966 S.C. (H.L.) 31. Siehe oben, D II 2.

[713] Dieses Gericht hat den Privy Council als höchstes Gericht Hong Kongs abgelöst. Es setzt sich aus *permanent judges* (P.J.) und *non-permanent judges* (N.P.J.), die aus dem House of Lords und anderen höchsten Common-Law-Gerichten kommen, zusammen.

[714] [2003] 1 H.K.C. 225.

von *Lister* eine Regresschance gegen das Hotel und dessen Haftpflichtversicherung witterte, brachte den Fall zur Prüfung von *vicarious liability* vor den Court of Final Appeal. Dieses Gericht sprach sich einstimmig für *vicarious liability* aus. Bokhary P.J. verfasste die Hauptbegründung, mit der alle Richter übereinstimmten.[715] Litton und Mortimer N.P.JJ. verfassten trotzdem eigene Begründungen.

Bokhary P.J. beschrieb den *close connection test* als Nachfolger des *Salmond tests*, auch wenn er nicht unerwähnt ließ, dass Lord Steyn ihn als bloße Anwendung des letzteren Tests ansah.[716] Er bewertete das Erfordernis einer engen Verbindung „to be an intellectually satisfying and practical criterion for vicarious liability. It imposes vicarious liability when, but only when, it would be fair and just to do so".[717] Dann ging er zu der Frage über, ob dieser Gedanke auf Sexualdelikte beschränkt sei, oder sich auch auf den vorliegenden Fall anwenden ließe.[718] Hier konnte er sich auf die schon erwähnten Passagen aus *Lister* stützen, die ausdrücklich alle Delikte einschlossen. Bokhary stellte fest, dass der *close connection test* wegen seiner immanenten Gerechtigkeitserwägungen für eine allgemeine Anwendung geeignet sei.[719] Bei der Bewertung des Risikos, das der Betrieb des Hotels für die Umwelt darstellte, unterstrich er, dass manchmal Limousinen für die Beschaffung von Verpflegung benutzt wurden und dies auch im Interesse des Hotels lag.[720] Folglich liege auch eine ausreichend enge Beziehung zwischen dem Hotelbetrieb und dem Delikt vor.[721] Außerdem sprächen noch andere Faktoren dafür wie die Tatsache, dass Lo zum Tatzeitpunkt eine Uniform trug, im Dienst war und die Fahrt vom Hotel ausging.[722]

Litton und Mortimer N.P.JJ. wandten interessanterweise neben *Lister* auch *Bazley* an, obwohl dieser Fall ausweislich seiner Begründung nur für Vorsatzdelikte gilt. Litton N.P.J. ging ausführlich auf das Konzept des Unternehmensrisikos als Schlüsselbegriff des *close connection tests* ein. Indem er betonte, dass zum Aufgabenbereich von Lo auch das Fahren von Autos teilweise auf belebten Straßen gehörte und er darüber hinaus Zugang zu den Limousinenschlüsseln hatte, versuchte er zu erläutern, worin das immanente Risiko der Führung des Betriebs hier lag. Außerdem wies er auch auf das Interesse des Hotels an einer wohlgenährten Belegschaft hin. Daher sei es in diesem Grenzfall auch gerecht, das Hotel, dessen Betrieb diese Risiken habe entstehen lassen, für ihre Verwirklichung haften zu lassen. Ein wichtiger Grund war dabei vor allem

---

715 Lord *Cooke N.P.J.* und *Chan P.J.* ohne eigene Begründung.
716 [2003] 1 H.K.C. 225, 231-233.
717 A.a.O., 233.
718 A.a.O., 233-235.
719 A.a.O., 235.
720 A.a.O., 236.
721 A.a.O., 237.
722 A.a.O., 227 f.

die Versicherungsmöglichkeit des Hotels.[723] Mortimer N.P.J. zitierte *Lister* in großen Passagen. Unter anderem erwähnte er auch die Kritik von Lord Hobhouse an *Bazley*, während er den Fall gleichzeitig anwandte.[724] Unter Berufung auf dieselben Aspekte wie seine Kollegen fasste er die Pflichten von Lo zusammen und stellte schließlich fest: „The combination of circumstances was new but the activity was the same, he was in uniform and it was within his working hours. The inherent risk that he would drive the vehicle in these circumstances is apparent."[725] Allerdings gab auch er zu, dass die Entscheidung natürlich eine Abwägungsfrage bleibe.

Zweifellos hat *Ming An* den Umfang von *vicarious liability* in Hong Kong – und sofern andere Gerichte dieser Entscheidung folgen, auch allgemein – erheblich erweitert. Da der Court of Final Appeal international besetzt ist und die Entscheidung einstimmig war, stehen die Chancen dafür recht gut. Es scheint sehr wahrscheinlich, dass auch andere Common-Law-Jurisdiktionen zumindest die Klasse der *frolics* neubewerten werden, wenn sich die Gelegenheit dazu ergibt. Die traditionelle und bislang gefestigte Rechtsauffassung, die oben dargestellt wurde,[726] differenziert klar zwischen Schwarzfahrten und Abweichungen von autorisierten Routen. Nur hinsichtlich der letzteren Kategorie wurde ein unbefriedigender Zustand bemängelt, während für *vicarious liability* bei Schwarzfahrten bislang eine klare negative Antwort gegeben wurde.[727] Das Fallrecht hierzu geht zurück bis auf *Storey v. Ashton.*[728] Im Lichte von *Ming An* wäre auch dieser Fall wohl anders entschieden worden.[729] Und hinsichtlich der *frolics* würde *Ming An* sicher zu einer erweiterten, wenn nicht ausnahmslosen, Haftung führen. Es ist allerdings fraglich, ob sich diese Entscheidung überhaupt zu Recht auf die oben diskutierten neueren Fälle stützen kann.

Der Court of Final Appeal hat einstimmig *Lister* angewandt und hätte wohl auch *Dubai Aluminium*, *Mattis* sowie die jamaikanischen Fälle vor dem Privy Council angewandt. Wie sich gezeigt hat, ist *Lister* zumindest ausweislich seiner Begründung auch auf Fahrlässigkeitsdelikte anwendbar. Und sicherlich existierte auch in diesem Fall ein wahrnehmbares Risiko, dass jemand, der Zugang den Autoschlüsseln hat, diese für private oder nicht autorisierte Zwecke benutzen würde. Nach dem traditionellen Ansatz wäre hier der potentielle Vorteil des Hotel irrelevant, da dies allenfalls zu einer konkludenten Autorisierung führen würde. Hier lag aber ein ausdrückliches Verbot vor, das den Bereich autorisierter Tätigkeiten und nicht etwa die Art der Erfüllung betraf. Insofern war die Anwendung von *Lister* oder jedenfalls einer neuen Regel auch notwen-

[723] A.a.O., 239 f.
[724] A.a.O., 242.
[725] A.a.O., 243.
[726] D II 2.
[727] Ebenso im deutschen Recht, vgl. oben, D II 2.
[728] (1869) 38 Law J. Rep. 223.
[729] Vgl. *Glofcheski*, A frolic in the law of tort: Expanding the scope of employer's vicarious liability, Tort L.Rev. 12 (2004), 18, 32.

dig, um eine Haftung bejahen zu können. Aber es gibt hier offensichtliche Unterschiede zu dem Sachverhalt von *Lister*, die das Gericht vielleicht hätte ansprechen müssen. Alle oben im Zusammenhang mit dem *close connection test* genannten Fälle weisen eine Beziehung zwischen dem Opfer und dem beklagten Unternehmen oder Arbeitgeber auf, die durch gewisse besondere Pflichten gegenüber dem Opfer gekennzeichnet ist. Anhand dieser Pflichten lässt sich die Klasse potentieller Opfer gegen die Allgemeinheit abgrenzen. In den Kindesmissbrauchfällen sind dies die Kinder, die Einrichtungen besuchen, oder gegebenenfalls die, die dort untergebracht sind. Eine andere Gruppe sind Gäste auf dem Gelände der Beklagten.[730] *Clinton Bernard v. The Attorney General of Jamaica*[731] fällt auf den ersten Blick aus dieser Kategorie heraus, aber es lässt sich wohl sagen, dass einer Polizeibehörde, die Polizisten bewaffnet, besondere Pflichten gegenüber der gesamten Öffentlichkeit erwachsen, auch wenn keine abgrenzbare Gruppe entsteht. Alle bislang diskutierten Fälle weisen daher solche besonderen Pflichten gegenüber den Opfern auf. Der *close connection test* und das Unternehmensrisiko scheinen daher eine solche Pflicht vorauszusetzen. Mit Lord Hobhouse ließe sich eine solche Pflicht auch als notwendige Voraussetzung des *close connection test* betrachten.[732] In *Ming An* bestand eine solche Pflicht nicht. Alles andere wäre unvereinbar mit der geltenden Rechtslage, in der ein Fahrer – nicht aber der Arbeitgeber – den übrigen Verkehrsteilnehmer die erforderliche Sorgfalt schuldet. Die Gruppe der übrigen Verkehrsteilnehmer wäre keine hinreichend abgrenzbare Gruppe. Daher fehlt es in *Ming An* an einer solchen besonderen Pflicht des Geschäftsherrn gegenüber den Geschädigten. Dieser Unterschied hätte von dem Gericht zumindest angesprochen werden müssen, um die Entscheidung plausibel zu begründen. Außerdem waren die anderen Fälle von der Suche nach einem solventen Schuldner geprägt, während *Ming An* lediglich die Bühne für einen Streit zweier Versicherungsgesellschaften war. Auch hinsichtlich des Gedankens der Schadensvorbeugung ist es nur schwer nachvollziehbar, wie die verbotswidrig unternommene Schwarzfahrt hätte verhindert werden können oder in Zukunft verhindert werden kann. Deshalb hätten in *Ming An* die Grundsätze von *Lister* zumindest fortentwickelt werden müssen, um die Haftung zu begründen.

Außerdem erscheint auch der übrige Umgang mit existierendem Fallrecht problematisch. So wenden Litton und Mortimer N.P.JJ. die kanadischen Fälle an, obwohl sich diese auf Vorsatzdelikte beschränken. Darüber hinaus werden die etablierten Präzedenzfälle zu Schwarzfahrten, die eine entgegenstehende Entscheidung indizieren, gar nicht erst angesprochen. Nach dem kanadischen *close connection test* und der allgemeinen Methodik des Common Law wäre

[730] *Brown v. Robinson & Sentry Service Co. Ltd.* [2004] U.K.P.C. 56; [2004] W.L. 3091683; *Mattis v. Pollock (trading as Flamingos Nightclub)* [2004] 4 All E.R. 85. Bei *Mattis* ist es dann freilich zweifelhaft, ob die Pflicht noch zum Zeitpunkt des Angriffs bestand; vgl. unten, D V.

[731] [2004] U.K.P.C. 47; W.L. 2270264.

[732] *Lister v. Hesley Hall Ltd.* [2001] 2 All E.R. 769, 789 ff.

aber eine Auseinandersetzung mit dem existierenden Fallrecht zwingend notwendig gewesen.

Zusammenfassend wirft die Ausdehnung der neueren Rechtsprechung auf fahrlässig begangene Delikte einige Probleme auf. Obwohl in *Ming An* sicherlich eine gewisse Verbindung zwischen dem Unfall und der Anstellung in dem Sinne bestand, dass sich ein Risiko, das von dem Betrieb des Hotels geschaffen wurde, verwirklichte, war dieses näher an einer „bloßen Gelegenheit" als in den bisherigen Fällen vorsätzlicher Delikte. Diese Fälle zeichneten sich durch besondere Pflichten auf Seiten des Geschäftsherrn aus, die normalerweise abgrenzbare Gruppen potentieller Opfer schufen. Außerdem spielte der Entschädigungsgedanke in diesen Fällen eine große Rolle. Daher hätte sich *Ming An* nicht kommentarlos auf die vorgenannten Fälle und den *close connection test* stützen dürfen. Andererseits scheinen durchaus Gemeinsamkeiten zwischen bewusster Missachtung von Verboten und Vorsatzdelikten zu bestehen. Diese Gruppe von Fällen sollte daher nicht unbedingt einer Neubewertung verschlossen bleiben. Möglicherweise hat *Ming An* dafür den Anstoß geben wollen. Es wird daher interessant sein, die weitere Entwicklung zu beobachten.

V. Ergebnis

Aufgrund der neueren Entwicklung ist das Recht von *vicarious liability* in einigen zentralen Aspekten neu geschrieben worden. So hat der alte *Salmond test*, und damit eine eher restriktive Handhabung von *vicarious liability*, vielerorts einem extensiveren Test weichen müssen. In Großbritannien, Kanada und Neuseeland – aber wohl (noch) nicht in Australien – hat sich ein extensiverer Ansatz, der sogenannte *close connection test*, durchgesetzt. Diese Entwicklung ging von Fällen mit sozial besonders geächteten Verhaltensweisen aus und hat inzwischen auch darüber hinaus einen schwer bestimmbaren Kreis von Delikten erfasst. Diese Ausweitung erfolgte auf der Basis einer rechtspolitischen Entscheidung und spiegelt wohl eine allgemein empfundene soziale Verantwortung für Schäden von schuldlosen Personen wider.

Trotzdem ist der Stil, in dem diese Ausweitung stattgefunden hat, in manchen Aspekten fragwürdig. Erstens zeigen sich in dem neueren Verständnis von *vicarious liability* dogmatische Unregelmäßigkeiten und zweitens sollten die neuen Kriterien möglicherweise klarer gefasst sein als sie es momentan sind.

1. Dogmatische Aspekte

Wie erwähnt, scheinen die meisten oben dargestellten neueren Fälle mit besonderen Pflichten des Geschäftsherrn erklärbar zu sein, die ihm gegenüber dem Opfer erwachsen. Auch wenn dieses Konzept bislang erst in Umrissen erkennbar geworden ist, soll hier wohl ein breites Spektrum an Pflichten in Betracht kommen.[733] Sie können beispielsweise ehrliches Verhalten, gewissenhafte Betreuung von Kindern oder die Gewährleistung der Sicherheit von Gästen beinhalten. In dieser Hinsicht wirft *Mattis* Probleme auf, weil es äußerst zweifelhaft ist, ob die Schutzpflicht des Clubbetreibers gegenüber seinem Gast Mattis noch zum Zeitpunkt des Angriffs fortbestand.[734] Daher ist diese Entscheidung – ähnlich wie *Ming An* – entweder über das Ziel hinaus geschossen oder aber in der Begründung nicht ausführlich genug.

Dieses Pflichtenkonzept, das für den *close connection test* von zentraler Bedeutung zu sein scheint,[735] stellt sich aber innerhalb der Rechtsfigur der

---

[733] Aus rechtsvergleichender Sicht ist hier eine Ähnlichkeit zu den quasivertraglichen Schuldverhältnissen des deutschen Rechts erkennbar, die einzig deshalb existieren, um gewissen Personenkreisen den Schutz des § 241 Abs. 2 BGB zu gewähren wie z.B. den Vertrag mit Schutzwirkung zugunsten Dritter und die *culpa in contrahendo*; vgl. oben, A II.

[734] *Weekes*, Vicarious Liability For Violent Employees, C.L.J. 63 (2004), 53, 58 f. Aufgrund einer solchen Argumentation wurde *vicarious liability* auch in der ersten Instanz abgelehnt; vgl. *Mattis v. Pollock (trading as Flamingos Nightclub)* [2004] 4 All E.R. 85, 89.

[735] Vgl. z.B. *Glofcheski*, A frolic in the law of tort: Expanding the scope of employer's vicarious liability, Tort L.Rev. 12 (2004), 18, 27; *Weekes*, Vicarious Liability For Violent Employees, C.L.J. 63 (2004), 53, 60, 61.

vicarious liability eher als Fremdkörper dar. Längst nicht in allen Fällen von *vicarious liability* bestehen nämlich besondere Pflichten auf Seiten des Geschäftsherrn gegenüber dem Geschädigten. So haftet der Inhaber eines Dachdeckerbetriebs beispielsweise auch ohne eine solche Pflicht für einen Angestellten, der auf einer Baustelle fahrlässig einen Dachziegel fallen lässt und einen Passanten verletzt. Das gleiche gilt für Straßenverkehrsunfälle. Das Pflichtenkonzept der neueren Fälle ist daher kein genereller Bestandteil von *vicarious liability*.

Umgekehrt ist aber die Existenz derartiger Pflichten eine Grundvoraussetzung der *doctrine of non-delegable duties*. Solche entstehen gerade in Verhältnissen, die von Unterlegenheit beziehungsweise Überlegenheit einer Partei charakterisiert werden und wo ein besonders hohes Risiko im Raum steht.[736] Diese Rechtsfigur wird zwar allgemein dahingehend missverstanden, dass sie zu einer Form der absoluten Haftung führt, was sich beispielsweise in den in *Lepore* vertretenen Ansichten zeigt. Aber sie stellt ebenfalls einen Filter für die Aussonderung zu entfernter Sachverhalte zur Verfügung, nämlich das Konzept von *casual* oder *collateral negligence*.[737] Dieser deckt bislang auch das gesamte Anwendungsfeld ab, da die Rechtsfigur momentan auf Fahrlässigkeit beschränkt ist. Es liegt auf der Hand, dass dieser Filter mit der Ausdehnung dieser Rechtsfigur auf Vorsatz ebenfalls erweitert werden müsste und dann auch erheblich an Bedeutung gewinnen würde. Dies ist bislang weitgehend ignoriert worden. Wenn man aber die rechtspolitische Entscheidung zugunsten der Haftungserweiterung umsetzen möchte, sollte diese Erweiterung möglichst in einer dogmatisch stringenten Weise vollzogen werden. Dafür scheint die *doctrine of non-delegable duties* aufgrund der zentralen Bedeutung des Pflichtenkonzepts für diese Rechtsfigur sehr viel geeigneter zu sein. Die in *Bazley v. Curry* entwickelten Kriterien wären ein guter Ansatzpunkt für die Bestimmung einer solchen Pflicht sowie für die Entwicklung eines geeigneten Filters gewesen, mit dem identische Ergebnisse wie mit *vicarious liability* erzielt werden könnten. Als Folge hätte das Konzept der *non-delegable duties* wohl *vicarious liability* in vielen Bereichen der Vorsatzdelikte mit denselben Ergebnissen verdrängen können. *Ming An* und wohl auch *Mattis* wären zwar auch mit diesem Konzept nur schwer zu vereinbaren, aber beide Fälle stellen auch für *vicarious liability* Grenzfälle dar und sind ohnehin kritisiert worden.[738]

---

[736] Siehe oben, C II 2 b und D III 7 c cc bbb; *Wangmann*, Liability for institutional child sexual assault: where does Lepore leave Australia? M.U.L.R. 28 (2004), 169, 198 f.

[737] Siehe oben, C II 2 a.

[738] *Weekes*, Vicarious Liability For Violent Employees, C.L.J. 63 (2004), 53; *Glofcheski*, A frolic in the law of tort: Expanding the scope of employer's vicarious liability, (2004) 12 Tort L.Rev. 18.

2. Stil der Rechtsfortbildung

Abgesehen von den dogmatischen Erwägungen, haben die neueren Entwicklungen auch ein anderes Problem des *close connection tests* offen gelegt. Es ist wiederholt gesagt worden, dass sich dieser vor allem auf Gerechtigkeitserwägungen stützt. Insbesondere bei sozial besonders verwerflichen Delikten hat sich dies gezeigt.[739] Andererseits darf dabei das ebenso wichtige Ziel der Rechtssicherheit und –klarheit nicht völlig außer Acht gelassen werden. Dies setzt zunächst eine gewissenhafte Auseinandersetzung mit existierendem Fallrecht voraus, was manche der neueren Entscheidungen teilweise vermissen lassen. In *Ming An* werden Präzedenzfälle für das betroffene Sachgebiet gar nicht erst angesprochen. Und auch in *Lister* wird dies vernachlässigt, da dort die Haftung auf subtile Weise scheinbar im Einklang mit dem existierenden Fallrecht erweitert wird.

Ferner scheint der Begriff der *close connection*, wie er in vielen der Fälle verwendet wird, bedenklich weit und unklar zu sein. Zwar bringt eine Änderung der Rechtslage immer auch eine gewisse Rechtsunsicherheit mit sich. Darüber hinaus wird auch die Frage nach einer hinreichend engen Verbindung immer der wertenden Beurteilung des Gerichts überlassen bleiben. Aber ein paar anleitende Aspekte wären trotzdem hilfreich. In dieser Hinsicht scheint *Bazley v. Curry* vorbildlich zu sein, wo einerseits vorhandenes Fallrecht nicht verschwiegen und andererseits der Versuch unternommen wurde, ausfüllende Kriterien zu entwickeln. Auf dieser Grundlage können Fallgruppen entstehen, die das *close connection*-Erfordernis konkretisieren.

VI. *Agency, partners*

Hinsichtlich *agency* im Deliktsrecht gilt dasselbe wie für *vicarious liability* im Allgemeinen. Dies ist erst kürzlich von *S v. Attorney-General*[740] veranschaulicht worden. Ebenso lässt sich die von *vicarious liability* vorgezeichnete Rechtslage auf die Haftung für Partner übertragen.[741]

---

[739] Ein Beispiel hierfür ist der großzügige Umgang der Gerichte mit den Verjährungsregeln in den Fällen von Kindesmissbrauch; vgl. *S. Todd*, Tort actions by victims of sexual abuse, Tort L.Rev. 12 (2004), 40, 42-45.

[740] [2003] 3 N.Z.L.R. 450. Außerdem *Leesh River Tea Co. Ltd. and Others v. British India Steam Navigation Co. Ltd.* [1966] 3 All E.R. 593 (vgl. D III 4); *Fridman*, The Law Of Torts In Canada, S. 279.

[741] Siehe oben, D III 3 und *Hughes*, in *S. Todd*, The Law of Torts in New Zealand, S. 920 f.; *Proceedings Commissioner v. Ali Hatem* [1999] 1 N.Z.L.R. 305, 312; *Dubai Aluminium Ltd. v. Salaam* [2003] 2 A.C. 366.

E. Regress

Nach der detaillierten Darstellung der einzelnen Tatbestandsmerkmale von *vicarious liability* soll nunmehr der Frage nachgegangen werden, wer den Schaden letztlich zu tragen hat. Dies beinhaltet die mögliche Verpflichtung des Verrichtungsgehilfen, den Geschäftsherrn für geleisteten Schadensersatz, zu dem er als Gesamtschuldner verpflichtet ist, zu entschädigen. Umgekehrt, wenn eine solche Pflicht nicht in vollem Umfang besteht, kann der Verrichtungsgehilfe gegebenenfalls von dem Geschäftsherrn einen Ausgleich verlangen, falls er selbst die Schadensersatzleistung erbringt. Auf diesem Gebiet fallen in vielen Common-Law-Staaten die Rechtslage und die Rechtwirklichkeit auseinander.

Das Common Law geht bei dieser Frage von *Lister v. Romford Ice Cold Storage Co. Ltd.*[742] aus. In diesem Fall[743] befand das House of Lords, dass ein Verrichtungsgehilfe den Geschäftsherrn in vollem Umfang – und nicht etwa anteilig – zu entschädigen habe. Hergeleitet wurde dies aus einem konkludenten Versprechen des Verrichtungsgehilfen im zugrundeliegenden Vertrag, die Arbeit sorgfältig auszuführen. Auch der (UK) Civil Liability (Contribution) Act 1978 führt zu keinem anderen Ergebnis. Nach diesem Gesetz bemessen sich die Schadensbeiträge nach dem Verschulden der jeweiligen Partei.[744] Daher kann ein Ausgleichsanspruch des Gehilfen nach diesem Gesetz nur bei Verschulden und mithin nicht im klassischen Kontext von *vicarious liability* entstehen, der sich dadurch auszeichnet, dass den Geschäftsherrn keine Schuld trifft.

In der Realität wird die Möglichkeit, bei dem Verrichtungsgehilfen Regress zu nehmen, aber nur äußerst selten wahrgenommen.[745] Es ist nämlich in allen größeren Common-Law-Staaten zu einem „Gentlemen's agreement" zwischen den führenden Versicherungen und Arbeitgebern gekommen, nur dann von den entsprechenden abgetretenen Rechten Gebrauch zu machen, wenn der Arbeitgeber zustimmt,[746] ein Fall von Kollusion vorliegt oder bei vorsätzlichen Delikten.[747] Die meisten Schadensfälle fallen in den Anwendungsbereich dieser

---

[742] [1957] 1 All E.R. 125.

[743] Die Entscheidung wurde in Neuseeland von *Bromwich v. Pacific Commercial Bank Ltd.* [1988] 1 N.Z.L.R. 348, 359 übernommen wurde. Vgl. auch *Everist v. McEvedy* [1996] 3 N.Z.L.R. 348, 359 and *Campbell v. Russell* [1962] N.Z.L.R. 407, 415 f.

[744] In Neuseeland ist dieselbe Rechtslage durch das Common Law geschaffen worden; vgl. *Richardson v. O'Neil* [1959] N.Z.L.R. 540, 541, wo *Semtex Ltd. v. Gladstone* [1954] 2 All E.R. 206 übernommen wurde. In Australien ist dieselbe Regelung in Kraft; vgl. z.B. (Cth und NT) Law Reform (Miscellaneous Provisions) Act Part IV; (NSW) Law Reform (Miscellaneous Provisions) Act 1946; (Vic) Wrongs Act 1958, sec. 24; (Qld) Law Reform Act 1995 Part 3 und ebenso in großen Teilen Kanadas; vgl. *Fleming*, The Law of Torts, S. 294, Fußnote 45.

[745] Vgl. z.B. *Schwartz*, The Hidden And Fundamental Issue Of Employer Vicarious Liability, Sou.Cal.L.Rev. 69 (1996), 1739, 1764-1767.

[746] *Hughes*, in *S. Todd*, The Law of Torts in New Zealand, S. 889.

[747] *Deakin/Johnston/Markesinis*, Tort Law, S. 597; *Rogers*, Winfield & Jolowicz on Tort, S. 725.

Übereinkunft. Trotzdem ist sie nicht rechtlich durchsetzbar und daher ist *Lister v. Romford Ice* noch immer gültiges Recht. Der Geschäftsherr kann also von dem Verrichtungsgehilfen Regresszahlungen in voller Höhe des Schadens erzwingen.[748] Umgekehrt ist es deshalb auch zweifelhaft, ob ein Verrichtungsgehilfe von dem Geschäftsherrn Regresszahlungen verlangen kann, falls er selbst Schadensersatz leistet. Auf das „Gentlemen's agreement" kann er sich jedenfalls nicht berufen, da keine Versicherung involviert ist. Andererseits haben Gerichte gelegentlich der Arbeitgeberschaft eine *duty to be a good employer* auferlegt, die unter gewissen Umständen wohl auch eine Regresspflicht mit sich bringt:[749]

> The precise content of that duty will vary with the circumstances but it must include as a minimum the implied term mentioned by Lord Tucker "that the master will indemnify the servant from liability arising out of an unlawful enterprise on which he has been required to embark without knowing that it was unlawful" [*Lister v. Romford Ice Cold Storage Co Ltd* [1957] 1 All ER 125, 144]. The modern duty may go further [...].[750]

Umgekehrt kann der Arbeitgeber bei einer solchen Pflicht wohl auch sein Recht aus *Lister v. Romford Ice* nicht ausüben und Regress verlangen, sofern er vorgeleistet hat. Aber der Umfang einer solchen Regresspflicht ist unklar und *Lister v. Romford Ice* ist bislang in den meisten Jurisdiktionen noch nicht generell in Frage gestellt worden.[751]

Während es auf den ersten Blick ein wenig befremdlich erscheint, dass Verrichtungsgehilfen in den meisten Fällen von *vicarious liability* eine Art Immunität genießen, gibt es doch einige gewichtige Argumente für eine solche Lösung. Erstens erscheint es durchaus sachgerecht, den Geschäftsherrn an dem Schaden zu beteiligen, da er auch von der Tätigkeit seiner Verrichtungsgehilfen profitiert. Ferner ist dem Schädiger gerade bei leichter Fahrlässigkeit nur selten ein wirklicher moralischer Vorwurf zu machen.[752] Außerdem kann der Geschäftsherr den Schaden sehr viel besser verteilen. Schließlich würden Regressklagen zu einem schlechten innerbetrieblichen Klima führen.[753] Das alles erklärt, warum Arbeitgeber von Regressklagen in der Regel keinen Gebrauch machen.

---

[748] *Hughes*, in *S. Todd*, The Law of Torts in New Zealand, S. 889; *Janata Bank Ltd. v. Ahmed* [1981] I.C.R. 791.

[749] *F. v. Attorney-General* [1994] 2 E.R.N.Z. 62, 67-72.

[750] A.a.O., 70 per *Goddard C.J.*

[751] In manchen australischen Jurisdiktionen ist die Regel aus *Lister v. Romford Ice* gesetzlich abgeschafft worden und der Arbeitgeber allein schadensersatzpflichtig; vgl. *Trindade/Cane*, The Law of Torts in Australia, S. 744. In Kalifornien und bei Klagen nach dem Bundesrecht der USA darf außerdem nur der Arbeitgeber verklagt werden; vgl. *Schwartz*, in *Spier*, Unification of Tort Law: Liability for Damage Caused by Others, S. 283.

[752] *Deakin/Johnston/Markesinis*, Tort Law, S. 596.

[753] *Rogers*, Winfield & Jolowicz on Tort, S. 725.

Gewisse Parallelen zum deutschen Recht lassen sich auch hier nicht verkennen. So steht die allgemeine Regel für das Innenverhältnis zwischen Geschäftsherrn und Verrichtungsgehilfen, § 840 Abs. 2 BGB, die der in *Lister v. Romford Ice* gefundenen Regel entspricht, „im Bereich des Arbeitsrecht weithin nur auf dem Papier".[754] Hier haben die Gerichte durch die bekannten Grundsätze des innerbetrieblichen Schadensausgleichs eine abweichende Rechtslage geschaffen,[755] die auch den Großteil der Gehilfenhaftung erfasst. Diese ist flexibler und vielleicht vorzugswürdig, da sie von der „Alles oder nichts"-Lösung des Common Law abweicht.[756]

---

[754] MünchKommBGB-*Wagner*, § 831, Rn. 9.

[755] Vgl. dazu BAGE 5, 1, 4 ff.; BAGE 70, 337, 339 ff. (Großer Senat des BAG); NJW 1994, 856 (Beschluss des VI. Zivilsenats des BGH auf Anfrage des Gemeinsamen Senats der obersten Gerichtshöfe des Bundes); BGH NJW 1996 1532; *Palandt-Weidenkaff*, § 611, Rn. 152 ff.

[756] Grundsätzlich wird der Arbeitgeber an dem Schaden beteiligt, wenn der Arbeitnehmer den Schaden nicht grob fahrlässig oder gar vorsätzlich herbeigeführt hat. Bei leichter Fahrlässigkeit soll er im Innenverhältnis den gesamten Schaden tragen, während bei gewöhnlicher Fahrlässigkeit beide den Schaden anteilig tragen sollen; vgl. im Überblick *Palandt-Weidenkaff*, § 611, Rn. 15.

F. Strafschadensersatz

Strafschadensersatz (*exemplary* oder *punitive damages*) ist ein etablierter, wenn auch atypischer, Bestandteil des *law of torts*. Im Lichte der Erweiterung von *vicarious liability* auf sozial besonders verwerfliches Verhalten von Hilfspersonen hat nun die Frage Bedeutung erlangt, ob Strafschadensersatz auch gegen den Geschäftsherrn verhängt werden kann. Während dieser Aspekt aufgrund der bislang sehr seltenen Überschneidung dieser Rechtsfiguren lange vernachlässigt wurde, hat sich in letzter Zeit eine höchstrichterliche Rechtsprechung zu dieser Frage herausgebildet.

Traditionell waren die Gerichte bereit, dem Geschäftsherrn bei *outrageous conduct* seines Gehilfen Strafschadensersatz aufzuerlegen.[757] Diese Fälle sind jedoch nie über die Ebene der High Courts hinaus gelangt und haben – mit Ausnahme von *Monroe v. Attorney-General*[758] – jeweils die Möglichkeit von Strafschadensersatz im Rahmen von *vicarious liability* ohne eine genaue Prüfung dieser Frage angenommen. Die geringe Beachtung,[759] die diesem Aspekt geschenkt wurde, verwundert nicht, da *outrageous conduct* nach der traditionellen Rechtsauffassung ohnehin nur ausnahmsweise *in the course of the employment* fiel.[760] Aber nun haben zwei Entwicklungen Bewegung in dieses Gebiet gebracht. Zum einen hat sich gezeigt, dass *vicarious liability* vielerorts beachtlich ausgedehnt wurde. Zum anderen ist auch der Umfang des Strafschadensersatzes erheblich erweitert worden und umfasst nun auch *„outrageous negligence"*.[761] In Neuseeland kommt noch hinzu, dass Strafschadensersatz bei Unfällen mit Personenschäden die einzige Möglichkeit bietet, parallel zu dem *accident compensation scheme* mit seinen niedrigeren Schadensersatzleistungen einen Common-Law-Anspruch geltend zu machen.[762] Daher ist gerade dort diese Frage von besonderer Bedeutung.

---

[757] *McLaren Transport Ltd. v. Somerville* [1996] 3 N.Z.L.R. 424; *Monroe v. Attorney-General* (27. März 1985, Prichard J., HC Auckland, A 617/82); *Carrington v. Attorney-General* [1972] N.Z.L.R. 1106.

[758] (27. März 1985), Prichard J., HC Auckland, A 617/82.

[759] *Atiyah* konnte nicht einen britischen Fall zu dieser Frage finden; vgl. Vicarious Liability in the Law of Torts, S. 435. Nach *Smillie*, Exemplary Damages for Personal Injury, NZ Law Rev. (1997), 140, 165, war *Monroe v. Attorney-General* der erste Fall im Commonwealth hierzu, bezeichnenderweise eine nicht veröffentlichte Entscheidung.

[760] Siehe oben, D III 6, bzgl. des *outrageousness standard* aus *Poland v. John Parr* [1927] 1 K.B. 236.

[761] Vgl. die Entscheidung des Privy Council in dem (neuseeländischen) Fall *Bottrill v. A.* [2003] 2 N.Z.L.R. 721; [2003] 1 A.C. 449 und davor *McLaren Transport Ltd. v. Somerville* [1996] 3 N.Z.L.R. 424, 425. Ebenso der Supreme Court of Canada (vgl. *Whiten v. Pilot Insurance Co.* (2002) 209 D.L.R. (4th) 257), während sich in Australien wohl ein restriktiverer Ansatz abzeichnet (vgl. *Gray v. Motor Accident Commission* (1998) 158 A.L.R. 485, 489 ff.).

[762] Sec. 319 des Injury, Prevention, Rehabilitation and Compensation Act 2001.

In *Monroe v. Attorney-General*[763] wurde dem Staat Strafschadensersatz für tätliche Übergriffe von nicht identifizierten Polizeibeamten bei einem Rugby-Länderspiel auferlegt. Dies wurde insbesondere mit Sinn und Zweck des Strafschadensersatzes begründet. In erster Linie führe der Strafschadensersatz zu einer umfassenderen Kontrolle der Gehilfen und trage somit zur Schadensvermeidung bei. Ferner bestehe die Gefahr, dass Geschäftsherren nicht bei der Identifizierung der jeweiligen Verrichtungsgehilfen mitwirkten und somit die Bestrafung des Täters vereitelten.

Allerdings trägt auch der normale Schadensersatz dem Gedanken der Schadensvermeidung Rechnung. Selbst unter dem Regime des neuseeländischen *accident compensation scheme* wird dasselbe Ziel durch die Aussicht auf höhere Beiträge sowie strafrechtliche Konsequenzen erreicht.[764] Daher wird in der Literatur übereinstimmend vertreten, dass der Gedanke der Schadensvermeidung die Auferlegung von Strafschadensersatz nicht ausreichend rechtfertigen könne.[765] Vielmehr bezwecke Strafschadensersatz, den Beklagten zu bestrafen und ihm so die Anstößigkeit seines Verhaltens zu vermitteln. Hinsichtlich des Argumentes der Strafvereitelung wurde bereits ausgeführt, dass fehlende Kooperation bei der Identifizierung des Täters regelmäßig zu direkter Haftung der betreffenden Person führt.[766] Daher hätte den Staat in *Monroe v. Attorney-General* auch *primary liability* – gegebenenfalls in Verbindung mit Strafschadensersatz – treffen können. Folglich kann dieser Fall keine generelle Antwort zu dem fraglichen Verhältnis von *vicarious liability* und Strafschadensersatz geben. Vielmehr ist das Argument der möglichen Strafvereitelung im Kontext von *vicarious liability* fragwürdig.

Offensichtlich ist Bestrafung der zentrale Gedanke von Strafschadensersatz. Daher scheint auch persönliche Vorwerfbarkeit eine notwendige Voraussetzung für die Annahme eines solchen Schadensersatzes zu sein. *Vicarious liability* beinhaltet den Vorwurf persönlichen Fehlverhaltens aber gerade nicht. Genau aus diesem Grund haben es höchste Gerichte wie der neuseeländische Court of Appeal in *S. v. Attorney-General*[767] und *W. v.*

---

[763] (27. März 1985), Prichard J., HC Auckland, A 617/82.

[764] *S. v. Attorney-General* [2003] 3 N.Z.L.R. 450, 474 per Blanchard J.

[765] *A. Todd*, Vicarious Liability For Sexual Abuse, Canterbury Law Journal 8 (2002), 281, 310 f.; *S. Todd*, Exemplary Damages, NZ Universities Law Rev. 18 (1998), 145, 183, beschreibt die abschreckenden Effekte als „allenfalls minimal". Vgl. auch *Smillie*, Exemplary Damages for Personal Injury, NZ Law Rev. (1997), 140, 166 f.

[766] Siehe oben, C III 1; *Smillie*, Exemplary Damages for Personal Injury, NZ Law Rev. (1997), 140, 168 und *A. Todd*, Vicarious Liability For Sexual Abuse, Canterbury Law Journal 8 (2002), 281, 313, klassifizieren dies als eine Genehmigung, die zu *primary liability* führen soll.

[767] [2003] 3 N.Z.L.R. 450, 473-475 unter Bezug auf Obiter-Bemerkungen von *Lord Scott* in *Kuddus v. Chief Constable of Leicestershire Constabulary* [2001] 3 All E.R. 193, 218 ff. Auf S. 226 stellt er fest: „[T]he defendant should not be liable to pay exemplary damages unless he has committed punishable behaviour. This principle leaves no room for an award of exemplary damages against an individual whose alleged liability is vicarious only […]".

Attorney-General[768] sowie der Supreme Court of Canada in *Blackwater v. Plint*[769] abgelehnt, den Geschäftsherrn mit Strafschadensersatz zu belegen. Nur *Monroe* wurde als mögliche Ausnahme zugelassen.[770] Außerdem nutzte der Court of Appeal die Gelegenheit um klarzustellen, dass Strafschadensersatz nicht als eine zusätzliche Kompensationsleistung für die relativ geringen Leistungen des *accident compensation scheme* fehlinterpretiert werden dürfe.[771] Daher kann *vicarious liability* grundsätzlich keine Grundlage für Strafschadensersatz bieten. *Monroe* ist heftig kritisiert worden[772] und steht zu gegebener Zeit einer Prüfung durch den neuseeländischen Court of Appeal und Supreme Court[773] offen.

Auch wenn die Rechtslage für *vicarious liability* nun geklärt zu sein scheint, zeichnet sich eine kontroverse Debatte bezüglich verwandter Rechtsfiguren ab. Die oben dargestellte *doctrine of attribution* sieht ähnlich wie § 31 BGB (und im Gegensatz zu dem Konzept der *non-delegable duties*) das Verhalten bestimmter hochrangiger Vertreter als das Verhalten der juristischen Person *selbst* an. In *W. v. Attorney-General* ging Blanchard J. wohl aus diesem Grund offensichtlich davon aus, dass Strafschadensersatz in Verbindung mit dieser Doktrin verhängt werden könne.[774] Und in der Tat erscheint es plausibel, dass eine juristische Person – wenn sie nach allgemeiner Wahrnehmung selbst gehandelt hat – auch so behandelt wird wie eine natürliche Person, wo dies möglich ist. Dies würde Strafschadensersatz mit einschließen. In dieser Hinsicht wäre die *doctrine of attribution*, entgegen verbreiteter Kritik,[775] nicht überflüssig, sondern würde im Rahmen des Strafschadensersatzes ein originäres Anwendungsfeld haben. In *W. v. Attorney-General* fehlte es aber an einem Delikt, das zu Strafschadensersatz hätte führen können. Daher ist diese Frage noch nicht verbindlich entschieden worden und die zukünftige Entwicklung nur schwer vorauszusagen.

---

768 (15. Juli 2003) CA 227/02, Rn. 50-61.
769 [2005] S.C.C. 58, Rn. 90-92.
770 *S. v. Attorney-General* [2003] 3 N.Z.L.R. 450, 474 ff.
771 *S. v. Attorney-General* [2003] 3 N.Z.L.R. 450, 473f.
772 *S. Todd*, Tort actions by victims of sexual abuse, Tort L.Rev. 12 (2004), 40, 49.
773 Der Supreme Court of New Zealand hat mit Wirkung vom 1. Juli 2004 den Privy Council als höchstes Gericht Neuseelands ersetzt.
774 (15. Juli 2003) CA 227/02, Rn. 51-53; zu der *doctrine of attribution* siehe oben, C III 2 d.
775 In diesem Sinne *S. Todd*, Tort actions by victims of sexual abuse, Tort L.Rev. 12 (2004), 40, 50.

Literaturverzeichnis

Atiyah, P S: Vicarious Liability in the Law of Torts (London: Butterworths, 1967)

Baty, T: Vicarious Liability (Oxford: Clarendon Press, 1916)

Blackstone, W: Commentaries on the Laws of England Volume I (Oxford: Clarendon Press, 16. Aufl., 1825)

Boston, T R O: A Hospital's Non-delegable Duty of Care, M.L.J. 10 (2003), 364

Burchel, B/Deakin, S F/Honey, S: The Employment Status of Individuals in Non-standard Employment – Research series 6 (London: Department of Trade and Industry, Employment Relations, 1999)

Carrol, N: Non-standard employment: a note on levels, trends and some implications, NZ Labour Market Bulletin (1999), 101

Cane, P: Atiyah's Accidents, Compensation and the Law (London, Edinburgh, Dublin: Butterworths, 6. Aufl, 1999)

Cane, P: Vicarious Liability For Sexual Abuse, L.Q.R. 116 (2000), 21

Chapman, B: Corporate Tort Liability and the Problem of Overcompliance, Sou.Cal.L.Rev 60 (1996), 1679

Collins, H: Independent Contractors and the Challenge of Vertical Disintegration to Employment Protection Laws, O.J.L.S.10 (1990), 352

Croley, S: Vicarious Liability in Tort: On the Sources and Limits of Employee Resonableness, Sou.Cal.L.Rev. 69 (1996), 1705

Dal Pont, G E: Agency: Definitional challenges through the law of tort, T.L.J. Lexis (2003), 6

Deakin, S F: Enterprise-Risk: The Juridical Nature Of The Firm Revisited, I.L.J. 32 (2003), 97

Deakin, S F/Johnston, A/Markesinis, B S: Markesinis and Deakin's Tort Law (Oxford: Clarendon Press, 5. Aufl., 2003)

Des Rosiers, N: From Precedent To Prevention – Vicarious Liability For Sexual Abuse, Tort Law Rev. 8 (2000), 27

Douglas, G: Vicarious Liability, Fam.Law (2001), 595

Douglas, W: Vicarious Liability and Administration of Risk, Yale L.J. 38 (1928-29), 584

Eidenmüller, H: Effizienz als Rechtsprinzip – Möglichkeiten und Grenzen der ökonomischen Analyse des Rechts (Tübingen: Mohr Siebeck, 3 Aufl., 2005)

Englard, I: The Philosophy of Tort Law (Aldershot, England: Dartmouth Publishing, 1993)

Feldhusen, B: Vicarious Liability For Sexual Abuse, Tort L.Rev. 9 (2001), 173

Flannigan, R: Enterprise Control: The Servant-Independent Contractor Decision, U.Tor.L.J. 37 (1987), 25

Fleming, J G: The Law of Torts (Sydney: LBC Information Services, 9. Aufl., 1998)

Foster, C: Vicarious liability – back to basics, Solicitors Journal 145 (2001), 554

Fridman, G H L: The Law of Agency (London, Wellington: Butterworths, 6. Aufl., 1990)

ders.: The Law of Torts in Canada (Toronto: Carswell, 2. Aufl., 2002)

Fuchs, M: Deliktsrecht (Berlin: Springer, 5. Aufl., 2004)

van Gerven, W/Lever, J/Larouche, P: Cases, Materials and Text on National, Supranational and International Tort Law (Oxford and Portland, Oregon: Hart Publishing, 2000)

Glofcheski, R: A frolic in the law of tort: Expanding the scope of employer's vicarious liability, Tort.L.Rev.12 (2004) 18

Goode, M R: Imposition of Vicarious Liability to the Torts of Police Officers: Considerations of Policy, M.U.L.R. 10 (1975) 47

Handkommentar BGB, *R Schulze (Hrsg)* (Baden-Baden: Nomos, 3. Aufl., 2003)

Heuston, R F V/Buckley, R A: Salmond & Heuston on the Law of Torts (London, Auckland: Sweet & Maxwell, 21. Aufl., 1996)

Hogg, P W/Monahan, P J: Liability of the Crown (Scarborough, Ontario: Carswell, 3. Aufl., 2000)

Holdsworth, W S: A History of English Law Volume III (London: Methuen, 3. Aufl., 1923)

ders.: A History of English Law Volume VIII (London: Methuen, 1925)

Holmes, O W: Agency II, Harv.L.Rev. 5(1892), 1

ders.: The Common Law (London: Macmillan, 1882)

James, Jr, F: Vicarious Liability, Tul.L.Rev. 28 (1954), 161

Jansen, N: Die Struktur des Haftungsrechts – Geschichte, Theorie und Dogmatik außervertraglicher Ansprüche auf Schadensersatz (Tübingen: Mohr Siebeck, 2003)

Jauernig, O: Bürgerliches Gesetzbuch, *O Jauernig (Hrsg)* (München: Beck, 11. Aufl., 2004)

Khan, A N: Who is a Servant? A.L.J. 53 (1979), 832

Khan-Freund, O: Servants and Independent Contractors, M.L.R. 14 (1951), 504

McKendrik, E: Vicarious Liability and Independent Contractors – A Re-examination, M.L.R. 53 (1990), 770

Kidner, R: Vicarious liability: for whom should the employer be liable? Legal Stud. 15 (1995), 47

Kornhauser, L A: An Economic Analysis Of The Choice Between Enterprise And Personal Liability For Accidents, Calif.L.Rev. 70 (1982), 1345

Lee Adams, K: The High Court on Vicarious Liability, A.J.L.L. 16 (2003), 214

Landes, W M/Posner, R A: The Economic Structure of Tort Law (Cambridge (MA), London: Harvard University Press, 1987)

Larenz, K/Canaris, C W: Lehrbuch des Schuldrechts Band II, 2. Halbband: Besonderer Teil (München: C H Beck, 13. Aufl., 1994)

Lunney, M/Oliphant, K: Tort Law – Text and Materials (Oxford: Oxford University Press, 2000)

Luntz, H: Round-up of Cases in the High Court of Australia in 2003, T.L.J. 12(1) (2004), 1

Markesinis B S/Unberath, H: The German Law of Torts (Oxford: Clarendon Press, 4. Aufl., 2002)

Mazengarb's Employment Law (LexisNexis, 2005)

Meah, N/Petchey, P: Liability of Churches and Religious Organizations for Sexual Abuse of Children by Ministers of Religion, C.L.W.R. 34 (2005), 39

Medicus, D: Schuldrecht I: Allgemeiner Teil (München: C H Beck, 15. Aufl., 2004)

ders.: Bürgerliches Recht (München: C H Beck, 19. Aufl., 2002)

Merrit, A: 'Control' v. 'Economic Reality': Redefining the Contract of Employment, Austr.Bus.L.Rev. 10 (1982), 105

Mildred, M: Employers' Liability – Two Separate Employers, J.P.I. Law (2006), 1

Minutes of Evidence on Employers' Liability, British Parliamentary Papers (1876, Volume X)

Mullany, N J/Linden, A M (Hrsg): Torts Tommorrow: A Tribute to John Fleming (North *Ryde, N.W*: LBC Information Services, 1998)

Münchener Kommentar zum Bürgerlichen Gesetzbuch, Band V, *P Ulmer (Hrsg)* (München: Beck, 4. Aufl., 2004)

Musielak, H J: Grundkurs BGB (München: C H Beck, 9. Aufl., 2005)

New Zealand Government (Hrsg): Workforce 2010 (2001)

Palandt, O: Bürgerliches Gesetzbuch, *H Bassenge (Hrsg u.a.)* (München: Beck, 64. Aufl., 2005)

Rogers, W V H: Winfield & Jolowicz on Tort (London, Sweet & Maxwell, 16. Aufl., 2002)

Salmond, J W: Salmond on Torts (London: Sweet & Maxwell, 1. Aufl., 1907)

Schäfer, H-B/Ott, C: Lehrbuch der ökonomischen Analyse des Zivilrechts (Berlin: Springer, 4. Aufl., 2004)

Schwartz, G T: Reality in the Economic Analysis of Tort Law: Does Tort Law Really Deter? UCLA L.Rev. 42 (1994), 377

Schwartz, G T: The Hidden And Fundamental Issue Of Employer Vicarious Liability, Sou.Cal.L.Rev. 69 (1996), 1739

Shavell, S: Economic Analysis of Accident Law (Cambridge (MA), London: Harvard University Press, 1987)

Smillie, S: Exemplary Damages for Personal Injury, NZ Law Rev. (1997), 140

Smith, B: Cumulative Reasons and Legal Method, Texas L. Rev. 27(1949), 454

Spier, J (Hrsg): Unification of Tort Law: Liability for Damage Caused by Others (London: Kluver Law International, 2003)

von Staudinger, J: Kommentar zum Bürgerlichen Gesetzbuch, Buch 2: Recht der Schuldverhältnisse,Teilband §§ 830-838 BGB, *N Horn (Hrsg)* (Berlin: Sellier-de Gruyter, Neubearbeitung 2002)

Stewart, A: Redefining Employment? Meeting the Challenge of Contract and Agency Labour, A.J.L.L. 15(2002), 235

Sykes, A O: The Boundaries Of Vicarious Liability: An Economic Analysis Of The Scope Of Employment Rule And Related Doctrines, Harv.L.Rev. 101 (1988), 563

Tettenborn, A: Vicarious liability and borrowed employees, N.L.J. 155 (2005), 1750

Thayer, E R: Liability Without Fault, Harv.L.Rev. 29 (1916), 801

Tobin, R: Vicarious Liability: Recent Developments, N.Z.B.L.Q. 7 (2001), 196

Todd, A: Vicarious Liability For Sexual Abuse, Canterbury Law Review 8 (2002), 281

Todd, S: Exemplary Damages, New Zealand Universities Law Review 18 (1998), 145

ders.: The Law of Torts in New Zealand (Wellington: Brooker's Ltd., 3. Aufl., 2001)

ders.: The Law of Torts in New Zealand (Wellington: Brooker's Ltd., 4. Aufl., 2005)

ders.: Tort actions by victims of sexual abuse, Tort L.Rev. 12 (2004), 40

Townshend-Smith, R: Vicarious Liability for Sexual (and other) Assaults, Tort L.Rev. 8 (2000), 108

Trindade, F/Cane, P: The Law of Torts in Australia (Oxford, Melbourne: Oxford University Press, 3. Aufl., 1999)

Verkerke, J H: Notice Liability in Employment Discrimination Law, Virginia L.Rev. 81 (1995), 273

Vines, P: New South Wales v. Lepore; Samin v. Queensland; Rich v. Queensland – Schools' Responsibility for Teachers' Sexual Assault: Non-Delegable Duties and Vicarious Liability, M.U.L.R. 27 (2003), 612

Wangmann, J: Liability for institutional child sexual assault: where does Lepore leave Australia? M.U.L.R. 28 (2004), 169

Weber, R R: 'B Scope of Employment' Redefined: Holding Employers Vicariously Liable for Sexual Assaults Committed by Their Employees, Minn.L.Rev. 76 (1992), 1513

Weekes, R: Vicarious Liability For Violent Employees, Camb.L.J. 63 (2004), 53

Weinrib, E J: The Idea of Private Law (Cambridge (MA), London: Harvard University Press, 1995)

White, S/Orr, G: Case Notes: Precarious Liability: The High Court in *Lepore*, *Samin* and *Rich* on school responsibility for assaults by teachers, Torts Law J. 12 (2004), 101; T.L.J. Lexis (2004), 1

Wicke, H: Respondeat Superior (Berlin: Duncker & Humblot: 2000)

Williams, G: Liability for Independent Contractors, Camb.L.J. 15 (1956) 180

ders.: Vicarious Liability and the Master's Indemnity, M.L.R. 20 (1957), 220

ders: Vicarious Liability and the Master's Indemnity, M.L.R. 20 (1957), 437

ders.: Vicarious Liability: Tort of the Master or of the Servant? L.Q.R. 72 (1956), 522

Wigmore, J H: Responsibility for Tortious Acts: Its History I, Harv.L.Rev. 7 (1894), 315

ders.: Responsibility for Tortious Acts: Its History II, Harv.L.Rev. 7 (1894), 383

Woellner, R H: Law and Business Risk-Taking, Aust.Bus.L.Rev. 10 (1982), 391

Zahlen und Fakten – Arbeitsmarkt (Berlin: Bundeszentrale für politische Bildung, 2005)

Zimmermann, R: The Law of Obligations – Roman Foundations of the Civilian Tradition (Oxford: Oxford University Press, 1996)

Zweigert, K/Kötz, H: Rechtsvergleichung (Tübingen: Mohr Siebeck, 3. Aufl., 1996)

Entscheidungen aus dem anglo-amerikanischen Rechtskreis

Australien

Albrighton v. Royal Prince Alfred Hospital [1980] 2 N.S.W.L.R. 542 (NSW CA)

Baume v. Commonwealth (1906-1907) 4 C.L.R. 97 (HCA)

Bugge v. Brown (1919) 26 C.L.R. 110 (HCA)

Burnie Port Authoriy v. General Jones Pty. Ltd. (1994) 120 A.L.R. 42 (HCA)

Clyne v. Deputy Commissioner of Taxation (NSW) (no. 5) (1982) 13 A.T.R. 677 (FCA)

Colonial Mutual Life Assurance Society Ltd. v. Producers & Citizens Co-op Assurance Co. of Australia Ltd. (1931) 46 C.L.R. 41; 38 A.L.R. 73 (HCA)

Cubillo v. Commonwealth (2000) 174 A.L.R. 94 (FCA)

Deaton's Pty. Ltd. v. Flew (1949) 79 C.L.R. 370 (HCA)

Deutz Australia Pty Ltd. v. Skilled Engineering Ltd. (2001) 162 F.L.R. 173 (Victorian SC)

Ellis v. Wallsend District Hospital (1989) 17 NSWLR 553 (NSW CA)

Gray v. Motor Accident Commission (1998) 158 A.L.R. 485 (HCA)

Hollis v. Vabu Pty. Ltd. (2001) 181 A.L.R. 263 (HCA)

Humberstone v. Northern Timber Mills (1949) 79 C.L.R. 389 (HCA)

Irvin v. Whitrod (No. 2) [1978] Qd. R. 271 (SC Qd)

Kilgannon v. Sharpe Bros Pty. Ltd. (1986) 4 N.S.W.L.R. 600 (NSW CA)

Kondis v. State Transport Authority (1984) 154 C.L.R. 672; 55 A.L.R. 225 (HCA)

Lepore v. NSW [2001] Aust. Torts Reports 81-609 (NSW CA)

New South Wales v. Lepore; Samin v. Queensland; Rich v. Queensland (2003) 195 A.L.R. 412; [2003] H.C.A. 4 (HCA)

Northern Sandblasting Pty. Ltd. v. Harris (1997) 146 A.L.R. 572 (HCA)

NMFM Property Pty. Ltd. and Others v. Citibank Ltd. (2000) 186 A.L.R. 442 (FCA)

Oceanic Crest Shipping Co. v. Pilbara Harbour Services Pty. Ltd. (1986) 160 C.L.R. 626 (HCA)

Proprietary Ltd. v. Federal Commissioner of Taxation (1945) 70 C.L.R. 539 (HCA)

Queensland Stations Proprietary Ltd. v. Federal Commissioner of Taxation (1945) 70 C.L.R. 539 (HCA)

Scott v. Davis (2000) 175 A.L.R. 217 (HCA)

Skuse v. Common Wealth (1985) 62 A.L.R. 108 (FCA)

Stevens v. Brodribb Sawmilling Co. Pty. (1986) 63 A.L.R. 513 (HCA)

The Common Wealth v. Introvigne (1982) 150 C.L.R. 258 (HCA)

Thompson v. Williams (1915) 32 W.N. (NSW) 27 (SC NSW)

Thorne v. State of Western Australia [1964] W.A.R. 147 (SC of Western Australia)

Whitfield v. Turner (1920) 28 C.L.R. 97 (HCA)

Vabu Pty. Ltd. v. Federal Commissioner of Taxation (Cth) (Crisis Couriers) (1996) 33 A.T.R. 537 (NSW CA)

Zuijis v. Wirth Brothers Pty. Ltd. (1955) 93 C.L.R. 561 (HCA)

Großbritannien

Airfix Footwear Ltd. v. Cope [1978] I.C.R. 1210 (EAT)
Alexander v. Rayson [1936] 1 K.B. 169 (CA)
Armagas Ltd. v. Mundogas S.A. [1986] A.C. 717 (HL)
Australian Mutual Provident Society v. Chaplin (1978) 18 A.L.R. 385 (PC)
Bank voor Handel en Sheepvaart N.V. v. Slatford [1953] 1 Q.B. 248; [1952] 2 All E.R. 956 (CA)
Bhoomidas v. Port of Singapore Authority [1978] 1 All E.R. 956 (PC)
Bird v. O'Neal [1960] A.C. 907 (PC)
Binding v. Great Yarmouth Port and Haven Commissioners (1923) 16 B.W.C.C. 28 (CA)
Bottrill v. A. [2003] 2 N.Z.L.R. 721; [2003] 1 A.C. 449 (PC)
Bower v. Peate (1876) 1 Q.B.D. 321 (HC)
Broom v. Morgan [1953] 1 Q.B. 597 (CA)
Brown v. Robinson & Sentry Service Co. Ltd. [2004] U.K.P.C. 56; [2004] W.L. 3091683 (PC)
Calder v. H. Kidson Vickers Ltd. [1988] I.C.R. 232 (CA)
Canadian Pacific Railway Co. v. Lockhart [1942] A.C. 591 (PC)
Carmichael v. National Power Plc. [1999] 4 All E.R. 897 (HL)
Cassidy v. Minister of Health [1951] 2 K.B. 343; [1951] 1 All E.R. 574 (CA)
Catamaran Cruisers v. Williams (1994) 23 I.R.L.R. (EAT)
Century Insurance Co. v. Northern Ireland Road Transport Board [1942] A.C. 509 (HL)
Chyebassa, The [1919] P 201 (Court of Admiralty)
Citizens' Life Assurance Co. v. Brown [1904] A.C. 423 (PC)
Clelland v. Edward Lloyd Ltd. [1938] 1 K.B. 272 (HC)
Clinton Bernard v. The Attorney General of Jamaica [2004] U.K.P.C. 47; W.L. 2270264 (PC)
Conway v. George Wimpey & Co. Ltd. [1951] 2 K.B. 266 (CA)
Dacas v. Brook Street Bureau (2004) 33 I.R.L.R. 358 (CA)
Daley v. Allied Suppliers [1983] I.C.R. 90 (EAT)
Dalton v. Angus (1881) 6 A.C. 740 (HL)
Daniels v. Whetstone Entertainments [1962] 2 Lloyd's Rep. 1 (CA)
Davis v. New England College of Arundel [1977] I.C.R. 6 (EAT)
Denham v. Midland Employers Mutual Assurance [1955] 2 Q.B. 437 (CA)
D. & F. Estates Ltd. v. Church Commissioners for England [1989] A.C. 177 (HL)
Director-General of Fair Trading v. Pioneer Concrete (UK) Ltd. [1994] 3 W.L.R. 1249 (HL)
Donoghue v. Stevenson [1932] A.C. 562 (HL)
Dubai Aluminium Ltd. v. Salaam [2003] 2 A.C. 366 (HL)
Duncan v. Findlater (1839), 6 Cl. & Fin. 894 (HL)

Ellis v. Sheffield Gas Consumer Co. (1853) 2 E. & B. 767 (Court of the King's Bench)

Express and Echo Publications Ltd. v. Tanton (1999) 28 I.R.L.R. 367 (CA)

Ferguson v. John Dawson & Partners (Contractors) Ltd. [1976] 3 All E.R. 817 (CA)

General Cleaning Contractors v. Christmas [1953] A.C. 180 (HL)

Gold v. Essex County Council [1942] 2 K.B. 293; [1942] 2 All E.R. 237 (CA)

H. & N. Emanual Ltd. v. Greater London Council [1971] 2 All E.R. 835 (CA)

Hall (Inspector of Taxes) v. Lorimer [1994] 1 All E.R. 250 (CA)

Halley, The (1868) L.R. 2 P.C. 193 (PC)

Hardaker v. Idle District Council [1896] 1 Q.B. 335 (CA)

Harris v. Associated Portland Cement Manufacturers Ltd. [1939] A.C. 71 (HL)

Harvey v. R. G. O'Dell Ltd. [1958] 1 All E.R. 657 (HC)

Heasmans v. Clarity Cleaning Co. Ltd. [1987] I.C.R. 949 (CA)

Heatons Transport (St Helens) Ltd. v. TGWU [1973] A.C. 15 (HL)

Hern v. Nichols (1709) 1 Salk. 289 (Court of the King's Bench)

Hillyer v. The Governors of St. Bartholomew's Hospital [1909] 2 K.B. 820 (CA)

Hilton v. Thomas Burton (Rhodes) Ltd. [1961] 1 W.L.R. 705 (HC)

Honeywill and Stein Ltd. v. Larkin Brothers Ltd. [1934] 1 K.B. 191 (CA)

Hughes v. Percival [1883] 8 A.C. 443 (HL)

Ilkiw v. Samuel [1963] 2 All E.R. 879 (CA)

Ironmonger v. Movefield Ltd. (1988) 17 I.R.L.R. 461 (EAT)

Irving v. The Post Office (1987) 16 I.R.L.R. 289 (CA)

Janata Bank Ltd. v. Ahmed [1981] I.C.R. 791 (CA)

Jones v. Tower Boot Co. Ltd. [1997] I.C.R. 254 (CA)

Kennedy v. de Trafford [1897] A.C. 180 (HL)

Kooragang Investments Pty. Ltd. v. Richardson & Wrench Ltd. [1982] A.C. 462 (PC)

Kuddus v. Chief Constable of Leicestershire Constabulary [2001] 3 All E.R. 193 (HL)

Laugher v. Pointer (1826) 5 B. & C. 547 (HC)

Launchbury v. Morgans [1971] 2 Q.B. 245 (CA)

Latimer v. AEC [1953] A.C. 643 (HL)

Leesh River Tea Co. Ltd. and Others v. British India Steam Navigation Co. Ltd. [1966] 3 All E.R. 593 (CA)

Lee Ting Sang v. Chung Chi-Keung [1990] 2 A.C. 375 (PC)

Limpus v. London General Omnibus Co. (1862) 1 H. & C.; [1861-73] All E.R. Rep. 556 (Ex)

Lister and others v. Hesley Hall Ltd. [2002] 1 A.C. 215; [2001] 2 All E.R. 769 (HL)

Lister v. Romford Ice Cold Storage Co. Ltd. [1957] 1 All E.R. 125 (HL)

Lloyd v. Grace, Smith & Co. [1912] A.C. 716 (HL)

London General Cab Co. Ltd. v. Inland Revenue Commissioners [1950] 2 All E.R. 566 (HC)

Market Investigation Ltd. v. Minister of Social Security [1969] 2 Q.B. 173 (HC)

Massey v. Crown Life Insurance Co. [1978] 1 WLR 676; 2 All E.R. 576 (CA)

Mattis v. Pollock (trading as Flamingos Nightclub) [2004] 4 All E.R. 85 (CA)

McDermid v. Nash Dredging and Reclamation Co. Ltd. [1987] A.C. 906; [1987] 2 All E.R. 878 (HL)

McMeechan v. Secretary of State for Employment [1997] I.C.R. 549 (CA)

Meridian Global Funds Management Asia Ltd. v. Securities Commission [1995] 3 N.Z.L.R. 7 (PC)

Mersey Docks and Habour Board v. Coggins & Griffith [1947] A.C. 1; [1946] 2 All E.R. 345 (HL)

Mersey Docks and Harbour Board v. Gibbs (1866) L.R. 1 H.L. 93; [1861-1873] All E.R. 397 (HL)

Middleton v. Fowler (1699) 1 Salk. 282 (Court of the King's Bench)

Monk v. Warby [1935] 1 K.B. 75 (PC)

Montgomery v. Johnson Underwood [2001] I.C.R. 819 (CA)

Montreal v. Montreal Locomotive Works Ltd. [1947] 1 D.L.R. 161 (PC)

Morgans v. Launchbury [1973] A.C. 272; [1972] 2 All E.R. 606 (HL)

Morris v. C W Martins & Sons Ltd. [1966] 1 Q.B. 716; [1965] 2 All E.R. 725 (CA)

Mulholland v. William Reid & Leys Ltd. [1958] S.L.T. 285 (Inner House)

Nethermere (St Neots) v. Gardiner [1984] I.C.R. 612 (CA)

O'Kelly v. Trusthouse Forte Plc. [1984] Q.B. 90; [1983] 3 All E.R. 456 (HC)

Ormrod v. Crosville Motor Services Ltd. [1953] 2 All E.R. 753 (CA)

Paine v. Colne Valley Electricity Supply Co. Ltd. and British Insulated Cables Ltd. [1938] 4 All E.R. 803 (HC)

Park v. Wilson & Clyde Coal Co. 1928 S.C. 121 (Court of Session)

Performing Right Society Ltd. v. Mitchel and Booker (Palais de Danse) Ltd. [1924] 1 K.B. 762 (HC)

Photo Productions Ltd. v. Securior Transport Ltd. [1980] A.C. 827 (HL)

Pickard v. Smith (1861) 10 C.B. (NS) 470 (Court of Common Pleas)

Plumb v. Cobden Flour Mills Co. Ltd. [1914] A.C. 62 (HL)

Poland v. John Parr & Sons [1927] 1 K.B. 236 (CA)

Quarman v. Burnett (1840) 6 M. & W. 499; [1835-1842] All E.R. 350 (Ex)

Ready Mixed Concrete (South East) Ltd. v. Ministry of Pensions and National Insurance [1968] 2 Q.B. 497; [1968] 1 All E.R. 433 (HC)

Reilly v. Ryan [1991] 2 I.R. 247 (HC)

Roe v. Minister of Health [1954] 2 Q.B. 66; [1954] 2 All E.R. 574 (CA)

Rose v. Plenty [1976] 1 All E.R. 97 (CA)

Ruddiman v. Smith (1889) 60 L.T. 708 (HC)

Rylands v. Fletcher (1868) L.R. 3 H.L. 330 (HL)

Samson v. Aitchison [1912] A.C. 844 (PC)

Savignac v. Roome (1795) 6 T.R. 125 (Court of the King's Bench)

Seaman v. Browing (1589) 4 Leon. 123 (Court of Common Pleas)

Semtex Ltd. v. Gladstone [1954] 2 All E.R. 206 (Birmingham Assizes)

Short v. J. & W. Henderson Ltd. (1946) 62 T.L.R. 427 (HL)

Sime v. Sutcliffe Catering Scotland Ltd. [1990] I.R.L.R. 228 (CA)
Smith v. General Motor Cab Co. Ltd. [1911] A.C. 188 (HL)
Smith v. Stages [1989] 1 A.C. 928 (HL)
Southern v. How (1618) Cro. Jac. 468 (Court of the King's Bench)
Stevens v. Woodward (1881) 6 Q.B.D. 318 (HC)
Strangways-Lesmere v. Clayton [1936] 2 K.B. 11 (HC)
Stone v. Cartwright (1795) 6 TR. 411 (Court of the King's Bench)
Storey v. Ashton (1869) 38 Law J. Rep. 223 (HC)
Tarry v. Ashton (1876) 1 Q.B.D. 314 (DC)
Tesco Supermarkets Ltd. v. Nattrass [1972] A.C. 153 (HL)
Thelma (Owners) v. University College School [1953] 2 Lloyd's Rep. 613 (HC)
Trotman v. North Yorkshire County Council (1999) 28 I.R.L.R. 98 (CA)
Turberville v. Stampe (1698) 1 Ld. Raym. 264 (Court of the King's Bench)
Twine v. Bean's Express Ltd. [1946] 1 All E.R. 202 (HC)
Uxbridge Permanent Benefit Building Soc. v. Pickard [1939] 2 K.B. 248 (CA)
Viasystems Ltd. v. Thermal Transfer (Northern) Ltd. [2006] 2 W.L.R. 428; [2005] 4 All E.R. 1181 (CA)
Viscount Canterbury v. Attorney-General (1842) 1 Ph. 306 (High Court of Chancery)
Waltham v. Mulgarm (1606) Moore (KB) 776 (Court of the King's Bench)
Wardell v. Kent County Council [1938] 2 K.B. 768 (CA)
Wickens v. Champion Employment [1984] I.C.R. 365 (EAT)
Williams v. Hemphill 1966 S.C. (H.L.) 31 (HL)
Willy Scheidegger Swiss Typewriting School (London) Ltd. v. Ministry of Social Security (1968) 5 K.I.R. 65 (HC)
Wilson and Clyde Coal Co. v. English [1938] A.C. 57; [1937] 3 All E.R. 628 (HL)
Wiltshire Police Authority v. Wynn [1981] Q.B. 95; [1980] 3 W.L.R. 445 (CA)
X. (Minors) v. Bedfordshire [1995] 2 A.C. 633 (HL)
Yewens v. Noakes (1880-81) 6 Q.B.D. 530 (CA)
Young and Woods Ltd. v. West (1980) 9 I.R.L.R. 201 (CA)

Hong Kong

Ming An Insurance Co. (HK) Ltd. v. Ritz-Carlton Ltd. [2003] 1 H.K.C. 225 (Court of Final Appeal)

Irland

Crofter Properties Ltd. v. Genport Ltd. [2002] 4 I.R. 73 (HC und SC)

Kanada

B. (KL) v. British Columbia [2003] 2 S.C.R. 403 (SCC)
Bazley v. Curry [1999] 2 S.C.R. 534; (1999) 174 D.L.R. (4th) 45 (SCC)
Blackwater v. Plint [2005] S.C.C. 58 (SCC)
Chaplin v. Dunstan [1938] S.A.S.R. 24 (Saskatchewan CA)
Jacobi v. Griffiths [1999] 2 S.C.R. 570 (SCC)
John Doe v. Bennett [2004] 1 S.C.R. 436 (SCC)
K. (W) v. Pornbacher (1997) 32 B.C.L.R. (3d) 360 (BC CA)
M. (FW) v. Mombourquette (1996) 152 N.S.R. (2d) 109 (NS CA)
Whiten v. Pilot Insurance Co. (2002) 209 D.L.R. (4th) 257 (SCC)

Neuseeland

Attorney-General v. Hartley [1964] N.Z.L.R. 785 (CA)
Attorney-General v. Geothermal Produce NZ Ltd. [1987] 2 N.Z.L.R. 348 (CA)
Ansin v. R. & D. Evans Ltd. [1982] 1 N.Z.L.R. 184 (HC)
Auckland Workingmen's Club and Mechanics Institute v. Rennie [1976] 1 N.Z.L.R. 278 (SC)
Bromwich v. Pacific Commercial Bank Ltd. [1988] 1 N.Z.L.R. 641 (CA)
Brooks v. New Zealand Guardian Trust Company Ltd. [1994] 2 N.Z.L.R. 134 (CA)
Bryson v. Three Foot Six Ltd. [2005] N.Z.S.C. 34 (SC)
Campbell v. Russell [1962] N.Z.L.R. 407 (CA)
Cashfield House Ltd. v. David & Heather Sinclair Ltd. [1995] 1 N.Z.L.R. 452 (HC)
Challenge Realty Ltd. v. Commissioner of Inland Revenue [1990] 3 N.Z.L.R. 42 (HC und CA)
Carrington v. Attorney-General [1972] N.Z.L.R. 1106 (SC Auckland)
CMI Screws & Fasteners Ltd. v. NZ Amalgamated Engineering etc. IUOW [1990] 2 N.Z.I.L.R. 433 (CA)
Commercial Union Assurance Co. of NZ Ltd. v. Lamont [1989] 3 N.Z.L.R. 187 (CA)
Daniels v. Thompson, J. v. Bell, W. v. W, H. v. P. [1998] 3 N.Z.L.R. 22 (CA)
Donselaar v. Donselaar [1982] 1 N.Z.L.R. 97 (CA)
Enterprise Cars Ltd. v. Commissioner of Inland Revenue (1988) 10 N.Z.T.C. 5,126 (HC)
Eriksen and Another v. Clifton [1963] N.Z.L.R. 705 (SC Auckland)
Everist v. McEvedy [1996] 3 N.Z.L.R. 348 (HC)
F. v. Attorney-General [1994] 2 E.R.N.Z. 62 (Employment Court)

Harris v. Van Spijk [1986] 1 N.Z.L.R. 275 (HC)

Koia v. Carlyon Holdings Ltd. [2001] 1 E.R.N.Z. 585 (Employment Court)

Manawatu County v. Rowe [1956] N.Z.L.R. 78 (CA)

McIntyre v. Bianchi [1992] 3 E.R.N.Z. 1057 (HC)

McLaren Transport Ltd. v. Somerville [1996] 3 N.Z.L.R. 424 (HC)

Monroe v. Attorney-General (27. März 1985, Prichard J, HC Auckland, A 617/82)

Mount Albert Borough Council v. Johnson [1979] 2 N.Z.L.R. 234 (CA)

New Zealand Educational Institute v. Director-General of Education [1981] 1 N.Z.L.R. 538 (CA)

Pettersson v. Royal Oak Hotel Ltd. [1948] N.Z.L.R. 136 (CA)

Proceedings Commissioner v. Ali Hatem [1999] 1 N.Z.L.R. 305 (CA)

Re Securitibank Ltd. (No 2) [1978] 2 N.Z.L.R. 136 (CA)

Richardson v. O'Neil [1959] N.Z.L.R. 540 (SC)

Rutherford v. Hawke's Bay Hospital Board [1949] N.Z.L.R. 400 (CA)

S. v. Attorney-General [2003] 3 N.Z.L.R. 450 (CA)

Simpson v. Attorney-General [Baigent's case] [1994] 3 N.Z.L.R. 667 (CA)

Steel Structures v. Rangitikei County [1974] 2 N.Z.L.R. 306, 311 (CA)

Telecom South Ltd. v. Post Office Union (Inc.) [1992] 1 N.Z.L.R. 275 (CA)

TNT Worldwide Express (NZ) Ltd. v. Cunningham [1993] 3 N.Z.L.R. 681 (CA)

W. v. Attorney-General (15. Juli 2003) CA 227/02 (CA)

Südafrika

Feldman (Pty.) Ltd. v. Mall 1945 A.D. 733 (SASC)

USA

Applewhite v. City of Baton Rouge 380 So. 2d 119 (La CA 1st Cir 1979)

Boykin v. District of Columbia 484 A. 2d 560 (DC CA 1984)

Faragher v. City of Boca Raton 524 U.S. 775 (1998) (US SC)

John R. v. Oakland Unified School District 769 P. 2d 948 (SC Cal 1989)

Lyon v. Carey 533 F. 2d 649 (US CA DC Cir 1976)

Mary M. v. City of Los Angeles 814 P. 2d 1341 (SC Cal 1991)

National Labour Relations Board v. Nu-Car Carriers 189 F. 2d 756 (FCA 1951)

United States of America v. Silk 331 U.S. 704 (US SC 1946)

Englische Abkürzungen

A. 2d	Atlantic Reporter, second series (USA)
A.C.	Law Reports, Appeal Cases
A.D.	South African Supreme Court Appellate Division Reports
A.J.L.L.	Australian Journal of Labour Law
A.L.J.	Australian Law Journal
All E.R.	All England Law Reports
All E.R. Rep.	All England Law Reports Reprint
A.L.R.	Australian Law Reports
A.T.R.	Australian Tax Reports
Aust.Bus.L.Rev.	Australian Business Law Review
Aust.Torts R.	Australian Torts Reports
BC	British Columbia (Kanada)
B.C.L.R.	British Columbia Law Reports
B.W.C.C.	Butterworth's Workmen's Compensation Cases
CA	Court of Appeal
Calif.L.Rev.	California Law Review
Camb.L.J.	Cambridge Law Journal
Canterbury L. Rev.	Canterbury Law Review
C.B. (NS)	Common Bench Reports
C.J.	Chief Justice
C.J.C.	Chief Justice of Canada
Cl. & Fin.	Clark & Finnelly's House of Lords Cases
C.L.R.	Commonwealth Law Reports
C.L.W.R.	Common Law World Review
Co.	Company
Cro. Jac.	Croke's King's Bench Reports tempore James 1 1603-1625
Cth	Commonwealth; australischer Bundesstaat
D.L.R.	Dominion Law Reports (Kanada)
E.&B.	Ellis & Blackburn's Queen's Bench Reports
E.R.N.Z.	Employment Law Reports New Zealand
Ex	Court of the Exchequer
F. 2d	Federal Reporter, second series (USA)
F.L.R.	Federal Law Reports (Australien)
Harv.L.Rev.	Harvard Law Review
H. & C.	Hurlstone and Coltman's Exchequer Reports
HCA	High Court of Australia
H.C.A.	Law Reports, High Court of Australia
H.K.C.	Law Reports, Hong Kong Cases
HL	House of Lords

I.C.R.	Industrial Cases Reports
I.L.J.	Industrial Law Journal
Inc.	Incorporated
I.R.	Irish Reports
I.R.L.R.	Industrial Relations Law Reports
J.	Judge
J.P.I. Law	Journal of Personal Injury Law
K.B.	Law Reports, King's Bench Division
K.I.R.	Knight's Industrial Reports
La	Lousiana
Ld. Raym.	Lord Raymond's King's Bench Reports
Legal Stud.	Journal, Legal Studies
L.J.	Lord Justice
L.Q.R.	Law Quarterly Review
L.R. H.L.	Law Reports, English and Irish Appeals
L.R. P.C.	Law Reports, Privy Council
Ltd.	Limited
Minn.L.Rev.	Minnesota Law Review
M.L.J.	Journal of Law and Medicine
M.L.R.	Modern Law Review
Moore (KB)	Moore's King's Bench Report
M.R.	Master of the Rolls
M.U.L.R.	Melbourne University Law Review
M. & W.	Meeson & Welsby's Exchequer Reports
N.L.J.	New Law Journal
N.P.J.	Non-permanent Judge
NS	Nova Scotia (Kanada)
N.S.R.	Nova Scotia Law Reports
NSW	New South Wales (Australien)
N.S.W.L.R.	New South Wales Law Reports
NT	Northern Territory (Australien)
NZ	New Zealand
N.Z.B.L.Q.	New Zealand Business Law Quarterly
N.Z.I.L.R.	New Zealand Industrial Law Review
N.Z.L.R.	New Zealand Law Reports
NZ Law Rev.	New Zealand Law Review
N.Z.S.C.	Law Reports, New Zealand Supreme Court
N.Z.T.C.	New Zealand Tax Cases
O.J.L.S.	Oxford Journal of Legal Studies
P.	Law Reports, Probate Division
P. 2d	Pacific Reporter, second series (USA)
PC	Privy Council
P.C.	Law Reports, Privy Coucil
Ph.	Phillips' Chancery Reports
P.J.	Permanent Judge

Plc.	Public limited company
Pty.	Proprietary
Q.B.	Law Reports, Queens Bench
Q.B.D.	Law Reports, Queens Bench Division
Qd. R.	Queensland Law Reports
Qld	Queensland (Australien)
Q.L.R.	Quarterly Law Review
S.A.	Sociedad Anonyma
SA	South Australia
S.A.S.R.	South Australian State Reports
Salk.	Salked's Kings's Bench Reports
S.C.	Law Reports, Session Cases
SC	Supreme Court
S.C.C.	Supreme Court of Canada
S.C.R.	Supreme Court of Canada Reports
S.L.T.	Scots Law Times
So. 2d	Southern Reporter, second series (USA)
Sou.Cal.L.Rev.	South Californian Law Review
T.L.J. Lexis	Tort Law Journal (Lexis)
T.L.R.	Times Law Reports
Tort L.Rev.	Tort Law Review
T.R.	Durnford & East's Term Reports
Tul.L.Rev.	Tulane Law Review
UCLA L.Rev.	University of California Los Angeles Law Review
U.S.	United States Supreme Court Reports
U.Tor.L.J.	University of Toronto Law Review
Vic	Victoria (Australien)
Virginia L.Rev.	Virginia Law Review
WA	Western Australia
W.A.R.	Western Australian Reports
W.L.	West Law
W.L.R.	Weekly Law Reports
W.N. (NSW)	Weekly Notes (New South Wales, Australien)
Yale L.J.	Yale Law Journal

STUDIEN ZUM VERGLEICHENDEN UND INTERNATIONALEN RECHT

Herausgeber: Bernd von Hoffmann, Erik Jayme und Heinz-Peter Mansel

Band 1 Ferdinand Henke: Die Datenschutzkonvention des Europarates. 1986.

Band 2 Peter Czermak: Der express trust im internationalen Privatrecht. 1986.

Band 3 Peter Kindler: Der Ausgleichsanspruch des Handelsvertreters im deutsch-italienischen Warenverkehr. Eine rechtsvergleichende und kollisionsrechtliche Untersuchung. 1987.

Band 4 Wilhelm Denzer: Stellung und Bedeutung des Engineers in den FIDIC-Bauvertragsbedingungen. 1988.

Band 5 Marijan-Maximilian Lederer: Die internationale Enteignung von Mitgliedschaftsrechten unter besonderer Berücksichtigung der französischen Enteignungen 1982. 1989.

Band 6 Rainer Esser: Klagen gegen ausländische Staaten. 1990.

Band 7 Chang Jae-Ok: Auf dem Weg zu einer Materialisierung des Immateriellen? Personen-, Persönlichkeitsschutz und Geldersatz des immateriellen Schadens in rechtsvergleichender Hinsicht am Beispiel des koreanischen und japanischen Zivilrechts unter besonderer Berücksichtigung des deutschen Rechts. 1990.

Band 8 Paul-Frank Weise: Lex mercatoria. Materielles Recht vor der internationalen Handelsschiedsgerichtbarkeit.1990.

Band 9 Werner Born: Der Auftrittsvertrag für Musikgruppen im Bereich der Rock- und Popmusik. 1990.

Band 10 Ralf Erich Jürgens: IPR und Verfassung in Italien und in der Bundesrepublik Deutschland. 1990.

Band 11 Rainer Gildeggen: Internationale Schieds- und Schiedsverfahrensvereinbarungen in Allgemeinen Geschäftsbedingungen vor deutschen Gerichten. 1991.

Band 12 Klaus Grabinski: Die kollisionsrechtliche Behandlung des Durchgriffs bei rechtlich verselbständigten Unternehmen in privater oder öffentlicher Hand. 1991.

Band 13 Dieter Stummel: Konkurs und Integration. Konventionsrechtliche Wege zur Bewältigung grenzüberschreitender Insolvenzverfahren. 1991.

Band 14 Joachim Güntzer: Die Rechtsstellung des Geschäftsführers im spanischen Aktienrecht. Die Neuregelung des spanischen Aktienrechts nach dem Beitritt Spaniens zur EG. 1991.

Band 15 Sabine Isenburg-Epple: Die Berücksichtigung ausländischer Rechtshängigkeit nach dem Europäischen Gerichtsstands- und Vollstreckungsübereinkommen vom 27.9.1968. Untersuchungen zum Anwendungsbereich von Art. 21 EuGVÜ unter schwerpunktmäßiger Behandlung der Frage nach der Bestimmung eines europäischen Streitgegenstandsbegriffs. 1992.

Band 16 Ulrich Nickl: Die Qualifikation der culpa in contrahendo im Internationalen Privatrecht. 1992.

Band 17 Theo Rauh: Leistungserschwerungen im Schuldvertrag. Eine rechtsvergleichende Untersuchung des englischen, US-amerikanischen, französischen und deutschen Rechts unter besonderer Berücksichtigung der gerichtlichen Praxis. 1992.

Band 18 Bernadette Chaussade-Klein: Vorvertragliche "obligation de renseignements" im französischen Recht. 1992.

Band 19 Josef Sievers: Verbraucherschutz gegen unlautere Vertragsbedingungen im französischen Recht. Vom Code civil zum "Code de la consommation" – die Entstehung eines Sonderprivatrechts für Verbraucher. 1993.

Band 20 Achim Schäfer: Grenzüberschreitende Kreditsicherung an Grundstücken, unter besonderer Berücksichtigung des deutschen und italienischen Rechts. 1993.

Band 21 Eugenio Hernández-Breton: Internationale Gerichtsstandsklauseln in Allgemeinen Geschäftsbedingungen. Unter besonderer Berücksichtigung des deutsch-südamerikanischen Rechtsverkehrs (dargestellt am Beispiel Argentinien, Brasilien und Venezuela). 1993.

Band 22 Ingo Reng: Unterhaltsansprüche aufgrund nichtehelicher Lebensgemeinschaft – Internationales Privatrecht und ausländisches materielles Recht. 1994.

Band 23 Stefanie Roloff: Die Geltendmachung ausländischer öffentlicher Ansprüche im Inland. 1994.

Band 24 Katharina Ludwig: Der Vertragsschluß nach UN-Kaufrecht im Spannungsverhältnis von Common Law und Civil Law. Dargestellt auf der Grundlage der Rechtsordnungen Englands und Deutschlands. 1994.

Band 25 Malte Diesselhorst: Mehrparteienschiedsverfahren. Internationale Schiedsverfahren unter Beteiligung von mehr als zwei Parteien. 1994.

Band 26 Manfred Kost: Konsensprobleme im internationalen Schuldvertragsrecht. 1995.

Band 27 Wolff-Heinrich Fleischer: Das italienische Wettbewerbsrecht und die Probleme des selektiven Parfümvertriebs unter Berücksichtigung der Rechtslage in Frankreich und Deutschland. 1995.

Band 28 Angelika Fuchs: Lateinamerikanische Devisenkontrollen in der internationalen Schuldenkrise und Art. VIII Abschn. 2 b) IWF-Abkommen. 1995.

Band 29 Jacques Matthias Aull: Der Geltungsanspruch des EuGVÜ: "Binnensachverhalte" und Internationales Zivilverfahrensrecht in der Europäischen Union. Zur Auslegung von Art. 17 Abs. 1 S. 1 EuGVÜ. 1996.

Band 30 Hartmut Ost: EVÜ und fact doctrine. Konflikte zwischen europäischer IPR-Vereinheitlichung und der Stellung ausländischen Rechts im angelsächsischen Zivilprozeß. 1996.

Band 31 Stefan Wagner: Die Testierfähigkeit im Internationalen Privatrecht. 1996.

Band 32 Wolfgang Jakob Hau: Positive Kompetenzkonflikte im Internationalen Zivilprozeßrecht. Überlegungen zur Bewältigung von *multi-fora disputes*. 1996.

Band 33 Markus Schütz: UN-Kaufrecht und *Culpa in contrahendo*. 1996.

Band 34 Volker Geyrhalter: Das Lösungsrecht des gutgläubigen Erwerbers. Ein "vergessener" Kompromiß und die Auswirkungen auf das heutige deutsche Recht unter besonderer Berücksichtigung des internationalen Sachenrechts. 1996.

Band 35 Andreas Kramer: Abwicklungsstörungen bei Kaufverträgen. Die Lieferung vertragswidriger Sachen im deutschen und italienischen Recht. 1996.

Band 36 Petra Krings: Erfüllungsmodalitäten im internationalen Schuldvertragsrecht. 1997.

Band 37 Tonja Gaibler: Der rechtsgeschäftliche Irrtum im französischen Recht. 1997.

Band 38 Dirk Otto: Rechtsspaltung im indischen Erbrecht. Bedeutung und Auswirkungen auf deutsch-indische Nachlaßfälle. 1997.

Band 39 Gregor W. Decku: Zwischen Vertrag und Delikt. Grenzfälle vertraglicher und deliktischer Haftung dargestellt am Beispiel der Berufs- und Expertenhaftung zum Schutze des Vermögens Dritter im deutschen und englischen Recht. 1997.

Band 40 Gregor W. Decku: Zwischen Vertrag und Delikt. Grenzfälle vertraglicher und deliktischer Haftung dargestellt am Beispiel der Berufs- und Expertenhaftung zum Schutze des Vermögens Dritter im deutschen und englischen Recht. 1997.

Band 41 Ulrike Höpping: Auswirkungen der Warenverkehrsfreiheit auf das IPR unter besonderer Berücksichtigung des Internationalen Produkthaftungsrechts und des Internationalen Vertragsrechts. 1997.

Band 42 Helene Boriths Müller: Die Umsetzung der europäischen Übereinkommen von Rom und Brüssel in das Recht der Mitgliedstaaten. Dargestellt am Beispiel Deutschlands und Dänemarks. 1997.

Band 43 Bernd von Hoffmann / Myong-Chang Hwang (eds.): The Public Concept of Land Ownership. Reports and Discussions of a German-Korean Symposium held in Seoul on October 7-9, 1996. 1997.

Band 44 Oliver Heeder: Fraus legis. Eine rechtsvergleichende Untersuchung über den Vorbehalt der Gesetzesumgehung in Deutschland, Österreich, der Schweiz, Frankreich und Belgien unter besonderer Berücksichtigung des Internationalen Privatrechts. 1998.

Band 45 Heinrich Schütt: Deliktstyp und Internationales Privatrecht. Dargestellt an grenzüberschreitenden Problemen der Arzthaftung. 1998.

Band 46 Axel Steiner: Die stillschweigende Rechtswahl im Prozeß im System der subjektiven Anknüpfungen im deutschen Internationalen Privatrecht. 1998.

Band 47 Martina Schulz: Der Eigentumsvorbehalt in europäischen Rechtsordnungen. Rechtsvergleichende Untersuchung des deutschen, englischen und französischen Rechts unter besonderer Berücksichtigung von Erweiterungen und Verlängerungen. 1998.

Band 48 Karin Dreher: Die Rechtswahl im internationalen Erbrecht. Unter besonderer Berücksichtigung des italienischen IPR-Reformgesetzes N. 218 vom 31. Mai 1995. 1999.

Band 49 Giuliano Gabrielli: Das Verhältnis zwischen der Anfechtung wegen Eigenschaftsirrtums und den Gewährleistungsansprüchen im deutschen, österreichischen und italienischen Recht. 1999.

Band 50 Bernd von Hoffmann / Myong-Chan Hwang (eds.): Developments in Land Law. Reports and Discussions of a German-Korean Symposium held in Berlin and Trier on July 21-24, 1997. 1999.

Band 51 Volker Heidbüchel: Das UNCITRAL-Übereinkommen über unabhängige Garantien und Standby Letters of Credit. Vergleiche mit den Richtlinien der Internationalen Handelskammer, dem deutschen, englischen und US-amerikanischen Recht. 1999.

Band 52 Jan Christoph Nordmeyer: Pflichtteilsansprüche und Wiedervereinigung. Eine systematische Analyse der Ausgleichsansprüche nach BGB-Pflichtteilsrecht unter besonderer Berücksichtigung der durch den Wiedervereinigungsprozeß eingetretenen Wertveränderungen. 1999.

Band 53 Bettina Linder: Vertragsabschluß beim grenzüberschreitenden Verbraucherleasing. 1999.

Band 54 Almontasser Fetih: Die zivilrechtliche Haftung bei Vertragsverhandlungen. Eine rechtsvergleichende Studie zum deutschen, französischen, ägyptischen und islamischen Recht. 2000.

Band 55 Sona Rajani: Die Geltung und Anwendung des Gemeinschaftsrechts im Vereinigten Königreich von Großbritannien und Nordirland. Der Grundsatz der Parlamentssouveränität im Wandel. 2000.

Band 56 Joachim Kayser: Gegenmaßnahmen im Außenwirtschaftsrecht und das System des europäischen Kollisionsrechts. Eine Analyse der EU-Abwehrverordnung gegen die Auswirkungen extraterritorialer Rechtserstreckung eines Drittlandes. 2001.

Band 57 Albrecht Conrad: Qualifikationsfragen des Trust im Europäischen Zivilprozeßrecht. 2001.

Band 58 Bernd Borgmann: Die Entsendung von Arbeitnehmern in der Europäischen Gemeinschaft. Wechselwirkungen zwischen Kollisionsrecht, Grundfreiheiten und Spezialgesetzen. 2001.

Band 59 Aleksandar Jaksic: Arbitration and Human Rights. 2002.

Band 60 Islamisches und arabisches Recht als Problem der Rechtsanwendung. Symposium zu Ehren von Professor Emeritus Dr. iur. Omaia Elwan. Veranstaltet vom Institut für ausländisches und internationales Privat- und Wirtschaftsrecht der Universität Heidelberg und der Gesellschaft für Arabisches und Islamisches Recht e.V. Herausgegeben von Herbert Kronke, Gert Reinhart und Nika Witteborg. 2001.

Band 61 Patrick Fiedler: Stabilisierungsklauseln und materielle Verweisung im internationalen Vertragsrecht. 2001.

Band 62 Werner Mangold: Die Abtretung im Europäischen Kollisionsrecht. Unter besonderer Berücksichtigung des spanischen Rechts. 2001.

Band 63 Eike Dirk Eschenfelder: Beweiserhebung im Ausland und ihre Verwertung im inländischen Zivilprozess. Zur Bedeutung des US-amerikanischen discovery-Verfahrens für das deutsche Erkenntnisverfahren. 2002.

Band 64 Bernd Ehle: Wege zu einer Kohärenz der Rechtsquellen im Europäischen Kollisionsrecht der Verbraucherverträge. 2002.

Band 65 Heiko Lehmkuhl: Das Nacherfüllungsrecht des Verkäufers im UN-Kaufrecht. 2002.

Band 66 Jochen Nikolaus Schlotter: Erbrechtliche Probleme in der Société Privée Européenne. IPR-Harmonisierung im einheitlichen Europäischen Rechtsraum. 2002.

Band 67 Konrad Ost: Doppelrelevante Tatsachen im Internationalen Zivilverfahrensrecht. Zur Prüfung der internationalen Zuständigkeit bei den Gerichtsständen des Erfüllungsortes und der unerlaubten Handlung. 2002.

Band 68 Tobias Bosch: Die Durchbrechungen des Gesamtstatuts im internationalen Ehegüterrecht. Unter besonderer Berücksichtigung deutsch-französischer Rechtsfälle. 2002.

Band 69 Ursula Philipp: Form im amerikanischen Erbrecht. Zwischen Formalismus und harmless error. 2002.

Band 70 Christian Stefan Wolf: Der Begriff der wesentlich engeren Verbindung im Internationalen Sachenrecht. 2002.

Band 71 André Fomferek: Der Schutz des Vermögens Minderjähriger. Ein Vergleich des deutschen und des englischen Rechts unter Berücksichtigung des schottischen und irischen Rechts. 2002.

Band 72 nicht erschienen

Band 73 Markus Dreißigacker: Sprachenfreiheit im Verbrauchervertragsrecht. Der Verbraucher im Spannungsfeld zwischen kultureller Identität und Privatautonomie. 2002.

Band 74 Vassiliki Myller-Igknay: Auskunftsansprüche im griechischen Zivilrecht. Auswirkungen im deutsch-griechischen Rechtsverkehr sowie im deutschen internationalen Privat- und Verfahrensrecht. 2003.

Band 75 Stefan Bruinier: Der Einfluss der Grundfreiheiten auf das Internationale Privatrecht. 2003.

Band 76 Nika Witteborg: Das gemeinsame Sorgerecht nichtverheirateter Eltern. Eine Untersuchung im soziologischen, rechtsgeschichtlichen, verfassungsrechtlichen, rechtsvergleichenden und internationalen Kontext. 2003.

Band 77 Peter Stankewitsch: Entscheidungsnormen im IPR als Wirksamkeitsvoraussetzungen der Rechtswahl. 2003.

Band 78 Jan Wilhelm Ritter: Euro-Einführung und IPR unter besonderer Berücksichtigung nachehelicher Unterhaltsverträge. Eine Untersuchung mit Blick auf das deutsche, französische und schweizerische Recht. 2003.

Band 79 Wolf Richard Herkner: Die Grenzen der Rechtswahl im internationalen Deliktsrecht. 2003.

Band 80 Ira Ditandy: Internationale Zuständigkeit. Neuregelung durch die LOPJ 1985. Vergleich mit dem europäischen Vorbild und Auswirkungen auf das spanische internationale Zivilverfahrensrecht. 2003.

Band 81 Andrea Verena Schefold: Werbung im Internet und das deutsche Internationale Privatrecht. 2004.

Band 82 Klaus Herkenrath: Die Umsetzung der Richtlinie 93/13/EWG über missbräuliche Klauseln in Verbraucherverträgen in Deutschland, dem Vereinigten Königreich, Frankreich und Italien. Auswirkungen nationaler Umsetzungstechniken auf dem Harmonisierungserfolg. 2003.

Band 83 Alexander Thünken: Das kollisionsrechtliche Herkunftslandprinzip. 2003.

Band 84 Barbara v. Daumiller: Die Rechtswahl im italienischen internationalen Erbrecht: und ihre Auswirkungen im deutsch-italienischen Rechtsverkehr. 2003.

Band 85 Robert Mödl: Macht, Verantwortlichkeit und Zurechnung im Konzern. Eine rechtsvergleichende Untersuchung auf der Grundlage des deutschen, spanischen und US-amerikanischen Rechts. 2003.

Band 86 Ursula Kerpen: Das Internationale Privatrecht der Persönlichkeitsrechtsverletzungen. Eine Untersuchung auf rechtsvergleichender Grundlage. 2003.

Band 87 Barbara Ploeckl: Umgangsrechtsstreitigkeiten im deutsch-französischen Rechtsverkehr. Bestehende internationale und nationale Regelungen und der geplante *europäische Besuchstitel*. 2003.

Band 88 Katrin Wannemacher: Die Außenkompetenzen der EG im Bereich des Internationalen Zivilverfahrensrechts. Der räumliche Anwendungsbereich des Art. 65 EGV am Beispiel der EuGVO und der EheVO. 2003.

Band 89 Maren B. Eilinghoff: Das Kollisionsrecht der ungerechtfertigten Bereicherung nach dem IPR-Reformgesetz von 1999. 2004.

Band 90 Patrick Niehr: Die zivilprozessuale Dokumentenvorlegung im deutsch-englischen Rechtshilfeverkehr nach der deutschen und der englischen Prozessrechtsreform. 2004.

Band 91 Anna Christina Gördes: Internationale Zuständigkeit, Anerkennung und Vollstreckung von Entscheidungen über die elterliche Verantwortung. Die VO(EG) Nr. 1347/2000, ihre geplanten Änderungen und das Verhältnis beider zum Minderjährigen- und Kinderschutzabkommen. 2004.

Band 92 Martin Rädler: Rechtsbehelfe des Käufers eines Unternehmens oder einer unternehmerischen Beteiligung gegen den Verkäufer im deutschen und französischen Recht. 2004.

Band 93 Marc-Yngve Dietrich: Rechtsstellung und Beteiligung der Gläubiger im französischen Insolvenzverfahren. 2004.

Band 94 Katia Niemann: Die rechtsgeschäftliche und organschaftliche Stellvertretung und deren kollisionsrechtliche Einordnung. Deutschland und England im Vergleich. 2004.

Band 95 Daniel Ludwig: Neuregelungen des deutschen Internationalen Insolvenzverfahrensrechts. Eine Untersuchung unter vergleichender Heranziehung der Europäischen Insolvenzverordnung. 2004.

Band 96 Cordelia Faulenbach: Der gemeinschaftsrechtliche Vorbehalt im europäischen Wettbewerbsrecht. Die Herkunftslandanknüpfung der E-Commerce-Richtlinie unter dem Einfluss der Grundfreiheiten. 2004.

Band 97 Ulf Dörner: Der Vertragsgerichtsstand nach dem Protokoll von Buenos Aires. 2004.

Band 98 Martin Schmidhuber: Verhaltenskodizes im nationalen und grenzüberschreitenden elektronischen Geschäftsverkehr. Zur Frage der Integration der Selbstregulierung durch Private in die staatliche Rechtsordnung. 2004.

Band 99 Florian Kienle: Die fehlerhafte Banküberweisung im internationalen Rechtsverkehr. Unter besonderer Berücksichtigung des Artikels 4A US Uniform Commercial Code. 2004.

Band 100 Thomas Alexander Brandt: Die Adoption durch eingetragene Lebenspartner im internationalen Privat- und Verfahrensrecht. 2004.

Band 101 Florian Pulkowski: Subunternehmer und Internationales Privatrecht. Der Subunternehmer als Quasi-Verbraucher im Europäischen Kollisionsrecht. 2004.

Band 102 Ulrich Becker: Grundrechtsschutz bei der Anerkennung und Vollstreckbarerklärung im europäischen Zivilverfahrensrecht. Bestimmung der Grenzen für die Einführung eines europäischen Vollstreckungstitels. 2004.

Band 103 Thomas Badelt: Aufrechnung und internationale Zuständigkeit unter besonderer Berücksichtigung des deutsch-spanischen Rechtsverkehrs. 2005.

Band 104 Florian D. Wagner: Vorvertragliche Aufklärungspflichten im internationalen Franchising. Zur Harmonisierung von Delikts- und Vertragsstatut im internationalen Privatrecht unter besonderer Berücksichtigung der Franchise-Gesetzgebung des US-Bundesstaates Kalifornien. 2005.

Band 105 Vera Heine: Die Umsetzung der *EG-Richtlinie über missbräuchliche Klauseln in Verbraucherverträgen* im englischen und deutschen Recht. 2005.

Band 106 Alexander Franz: Überregionale Effektentransaktionen und anwendbares Recht. Eine kollisionsrechtliche Untersuchung unter besonderer Berücksichtigung der Vorschrift des § 17 a DepotG. 2005.

Band 107 Hanna-Maria Uhlenbrock: Gesetzliche Regelungen für nichteheliche Lebensgemeinschaften in Deutschland und Frankreich. Ein Vergleich des Unterhaltsrechts bei der eingetragenen Lebenspartnerschaft und beim Pacte civil de Solidarité. 2005.

Band 108 Katrin Stieß: Anknüpfungen im internationalen Urheberrecht unter Berücksichtigung der neuen Informationstechnologien. 2005.

Band 109 Hendrik Otto: Der gesetzliche Abschlussprüfer im italienischen Recht. Eine rechtsvergleichende Untersuchung unter besonderer Berücksichtigung der zivilrechtlichen Haftung. 2005.

Band 110 Frauke Stuphorn: Bankhaftung für Kreditauskünfte im deutschen und französischen Recht. 2005.

Band 111 Nina Fürer: Die zivilrechtliche Haftung für Raucherschäden. 2005.

Band 112 Giovanni B. Barillà: *Contratto autonomo di garanzia* e *Garantievertrag*. Categorie civilistiche e prassi del commercio. 2005.

Band 113 Timo Torz: Gerichtsstände im Internationalen Insolvenzrecht zur Eröffnung von Partikularinsolvenzverfahren. 2005.

Band 114 Martina Schmid: Die Grenzen der Auslegungskompetenz des EuGH im Vorabentscheidungsverfahren nach Art. 234 EG. Dargestellt am Beispiel der überschießenden Richtlinienumsetzung. 2005.

Band 115 Stephan Lesage-Mathieu: Dispositives Kollisionsrecht im prozessualen Kontext. 2005.

Band 116 Jürgen Görtz: Die subjektiven Grenzen der Rechtskraft US-amerikanischer Urteile. 2005.

Band 117 Vera Hoppe: Die Einbeziehung ausländischer Beteiligter in US-amerikanische class actions. Unter Berücksichtigung des Class Action Fairness Act 2005. 2005.

Band 118 Silke Pütz: Parteiautonomie im internationalen Urhebervertragsrecht – Eine rechtsdogmatische und rechtspolitische Betrachtung der Grenzen freier Rechtswahl im internationalen Urhebervertragsrecht unter besonderer Berücksichtigung des neuen deutschen Urhebervertragsrechts. 2005.

Band 119 Alice Nieroba: Die europäische Rechtshängigkeit nach der EuGVVO (Verordnung (EG) Nr. 44/2001) an der Schnittstelle zum nationalen Zivilprozessrecht. 2006.

Band 120 Jan Kayser: Alternative Formen gerichtlicher und außergerichtlicher Streitbeilegung im deutschen und französischen Zivilprozess. Les modes alternatifs judiciaires et extrajudiciaires de résolution des conflits en procédure civile allemande et française. 2006.

Band 121 Mirko Ehrich: Der internationale Anwendungsbereich des deutschen und französischen Rechts gegen irreführende Werbung. Freie Wahl von Form und Mittel, Rom II und Herkunftslandprinzip. 2006.

Band 122 Daniel Thelen: Die Haftung des Sekundärschädigers für Gewalttaten anderer im US-amerikanischen Deliktsrecht ausgehend von dem Problem rechtsextremistisch motivierter Gewalttaten. 2006.

Band 123 Anne Winterling: Die Entscheidungszuständigkeit in Arbeitssachen im europäischen Zivilverfahrensrecht. 2006.

Band 124 Sarah Gerling: Die Gleichstellung ausländischer mit inländischen Vollstreckungstiteln durch die Verordnung zur Einführung eines Europäischen Vollstreckungstitels für unbestrittene Forderungen. Im Vergleich zum bisherigen Recht und zur Rechtslage in den USA. 2006.

Band 125 Christian Bank: Präventivmaßnahmen börsennotierter Gesellschaften zur Abwehr feindlicher Übernahmeversuche in Deutschland und Großbritannien. Eine rechtsvergleichende Untersuchung des deutschen und britischen Rechts unter Berücksichtigung der Europäischen Übernahmerichtlinie. 2006.

Band 126 Christian Weis: Kaufrechtliche Gewährleistung und Garantievergabe in Deutschland und Spanien. Unter besonderer Berücksichtigung des Unternehmenskaufs. 2006.

Band 127 Emilio Maus Ratz: Der Nacherfüllungsanspruch nach UN-Kaufrecht. Im Lichte der deutschen, spanisch-mexikanischen und US-amerikanischen Rechtswissenschaft. 2006.

Band 128 Constanze Jacobs: Die Sachmängelgewähr im deutschen und belgischen Kaufrecht nach Umsetzung der Verbrauchsgüterkauf-Richtlinie. 2006.

Band 129 Ulrike Teichert: Lückenfüllung im CISG mittels UNIDROIT-Prinzipien – Zugleich ein Beitrag zur Wählbarkeit nichtstaatlichen Rechts. 2007.

Band 130 Sascha Reichardt: Internationale Zuständigkeit im Gerichtsstand der unerlaubten Handlung bei Verletzung europäischer Patente. 2006.

Band 131 Bilgehan Cetiner: Die Sachmängelhaftung des Verkäufers im UN-Kaufrecht und im neuen deutschen Schuldrecht. Eine rechtsvergleichende Studie. 2006.

Band 132 Jan Streer: Die Umsetzung der Verbrauchsgüterkaufrichtlinie im englischen Recht durch die Sale and Supply of Goods to Consumer Regulations 2002. 2007.

Band 133 Kathrin Wannenmacher: Einstweilige Maßnahmen im Anwendungsbereich von Art. 31 EuGVVO in Frankreich und Deutschland: Eine Betrachtung ausgesuchter Verfahren des einstweiligen Rechtsschutzes im internationalen Zivilverfahrensrecht – gerichtliche Zuständigkeit, Anerkennung und Vollstreckung. 2007.

Band 134 Wim Kreytenberg: Die individuelle Schwerpunktbestimmung internationaler Schuldverträge nach der Ausweichklausel des Artikel 4 Absatz 5 Satz 2 EVÜ. Ein Beitrag zur Förderung von Rechtssicherheit und Einzelfallgerechtigkeit im europäischen Kollisionsrecht der Schuldverträge. 2007.

Band 135 Nikolaus Geiben: Der Vorvertrag im Internationalen Privatrecht. Unter besonderer Berücksichtigung des Immobilienerwerbs im portugiesischen und brasilianischen Recht. 2007.

Band 136 Predrag Maksimovic: Der Kapitalschutz im europäischen, serbischen und deutschen Recht der Gesellschaft mit beschränkter Haftung. 2007.

Band 137 Alexander Rathenau: Die Anwendung des EuGVÜ durch portugiesische Gerichte unter Berücksichtigung des autonomen internationalen Zivilverfahrensrechts. 2007.

Band 138 Matthias Creydt: Die Besicherung von Weltraumvermögenswerten. Ein neues einheitliches internationales Sicherungsrecht und dessen Vergleich zum US-amerikanischen Mobiliarsicherungsrecht. 2007.

Band 139 Oliver Borkhardt: Registerpublizität und Kollisionrecht besitzloser Mobiliarsicherheiten nach dem neuen Art. 9 UCC. 2007.

Band 140 Jens Engelmann-Pilger: Deliktische Haftung für das Fehlverhalten Dritter im Common Law. 2007.

Band 141 Bastian Rotmann: Der Schutz des Dritten in der europäischen Mobiliarzwangsvollstrekkung. Eine rechtsvergleichende Untersuchung vor dem Hintergrund der Verordnung (EG) Nr. 805/2004 zur Einführung eines Europäischen Vollstreckungstitels für unbestrittene Forderungen. 2007.

Band 142 Oliver Ratzel: Die Präklusion isolierter Unterhaltsverfahren durch den ausländischen Scheidungsverbund. Zugleich ein Beitrag zur internationalen Verbundszuständigkeit im Lichte der Quellenveränderung. 2007.

www.peterlang.de